MIDDELL · HERMANN HESSE

Universal
Bibliothek

BIOGRAFIEN

Eike Middell

HERMANN HESSE

Die Bilderwelt seines Lebens

1990

Verlag Philipp Reclam jun. Leipzig

ISBN 3-379-00603-3

© Verlag Philipp Reclam jun. Leipzig 1975

Reclams Universal-Bibliothek Band 169
5. Auflage
Umschlaggestaltung: Irmgard Horlbeck-Kappler
Lizenz Nr. 363. 340/102/90 · LSV 8023 · Vbg. 19,5
Printed in the German Democratic Republic
Grafischer Großbetrieb Völkerfreundschaft Dresden
Gesetzt aus Garamond-Antiqua
Bestellnummer: 660 499 3
00400

Ich habe schon seit Jahren den ästhetischen Ehr-
geiz aufgegeben und schreibe keine Dichtung,
sondern eben Bekenntnis, so wie ein Ertrinken-
der oder Vergifteter sich nicht mit seiner Frisur
beschäftigt oder mit der Modulation seiner
Stimme, sondern eben hinausschreit.

Hermann Hesse an Heinrich Wiegand,
14. November 1926

Lektüre ohne Unschuld

Hermann Hesses Romane, Erzählungen, Märchen und Gedichte gehören für viele Menschen zum geistigen Besitz. Die internationale Verbreitung, die sein Werk in Millionenauflagen erneut vor allem in dem Jahrzehnt zwischen 1970 und 1980 gefunden hat, spricht hier eine beredte Sprache. Unverkennbar sind dabei auch Akzentverschiebungen in der besonderen Wertschätzung einzelner Bücher. Das gilt insbesondere für den *Siddharta* und den *Steppenwolf*, die aus Gründen, von denen noch zu sprechen sein wird, zu den favorisierten Hesse-Büchern avancierten. Doch darüber darf das Gesamtwerk nicht aus dem Auge verloren werden. Der *Peter Camenzind* und *Unterm Rad* wirken immer noch frisch und lebendig. Vertreter der älteren Generation verteidigen nach wie vor den *Demian* als ein bestimmendes literarisches Jugenderlebnis aus der Zeit nach dem ersten Weltkrieg. Und aus der geistigen Entwicklung vieler, die nach dem zweiten Weltkrieg den Zugang zu einer ihnen unbekannt gebliebenen humanistischen Literatur suchten, ist die Auseinandersetzung mit dem *Glasperlenspiel*, das 1943 zuerst in der Schweiz erschienen war, nicht wegzudenken. Als es nach Kriegsende auch den Lesern in Deutschland bekannt wurde, waren die Kulturkritik des Buches, die elegische Beschwörung einer Goetheschen Tradition, Möglichkeit oder Unmöglichkeit einer pädagogischen Provinz Kastalien von unabweisbarer Aktualität.[1] Der historische Augenblick hatte vor allem diesem Werk über das rein Literarische hinaus besonderes Gewicht gegeben, zumal mahnende Äußerungen des Autors zum Zeitgeschehen[2] eindrucksvoll bekräftigten, was als Botschaft aus dem Romanwerk entnommen wurde. Die Eigentümlichkeit der Situation bestimmte in erheblichem Maße die erneut einsetzende Hesse-Rezeption, für die auch keineswegs von geringem Belang war, daß Thomas Mann in seinem Roman eines Romans „Die Entstehung des Doktor Faustus" die geistige Parallelität von Hesses Buch zu dem eigenen Werk einer bitteren Auseinandersetzung mit der deutschen Geschichte und Geistesgeschichte im 20. Jahrhundert hervorhob.[3] So schien Hesse als der zweite große Repräsentant der Bewahrung klassisch-romantischer Traditionen und eines in die Zukunft hinüberweisenden bürgerlichen Humanismus neben Thomas Mann gestellt: der Nobelpreisträger des Jahres 1946 neben den vom Jahre 1929. Eine deutsche Lesergemeinde, der dieser Autor freilich auch in den Jahren des Faschismus zumindest mit einzelnen Werken[4] immer nahegeblieben war, konnte sich wieder an die wohlvertrauten Bücher halten. Das nämlich gehört zur Eigentümlichkeit in der Rezeption dieses Autors, daß sich nicht allein Etappen oder Wellen gesteigerter Hesse-Lektüre ausmachen lassen, daß oftmals auch die Verehrung, die er gefunden hat, über alles Literarische hinaus ins Kultische übersteigert wurde. „Jedes kunstgewerbliche Mädchen, alle ältlichen Damen schwärmten für seinen Camenzind", hat Oskar Maria Graf einmal über die Hesse-Gemeinde gespottet.[5] Dem entsprach später die übersteigerte Begeisterung für den „Guru aus Montagnola", der nach der Vorstellung Marjorie Stricklands, der Gründerin der Hermann Hesse Society International, den Platz von Lao Tse, Buddha oder Jesus einnehmen sollte.[6] Durchaus denkbar, sogar wahrscheinlich, daß Hesse über die im Siddharta-Restaurant in Manhattan bei Sitar-Musik und Hesse-Diskussionen nach dem Dinner versammelten Damen in Saris gespottet hätte, wäre er noch Zeitgenosse solcher Veranstaltungen geworden. Die *süßen Glückwünsche von alten Jungfern, sentimentalen Postkarten von Knulplesern, nach Baumkuchen und Wachs riechenden Briefe mit eingeklebten Photos von kinderreichen pommerschen Familien* hatte er ehedem durchweg *zum Speien*[7] gefunden.

Diese Leute hatten nach dem *Peter Camenzind* und *Unterm Rad* zwar den *Demian* mit zeitgemäßem Erstaunen über die Wandlung eines Romanciers und mit modischer Bejahung von Symbolkonstruktionen und Formexperimenten zur Kenntnis genommen, waren jedoch über den *Steppenwolf* zutiefst entrüstet gewesen, bis sie wiederum die dort störend empfundenen Kühnheiten des Details entzückt genossen, als in *Narziß und Goldmund* das Gewand der zwanziger Jahre durch mittelalterliche Kostümierung ersetzt worden war. Nach dem zweiten Weltkrieg wurden in der Auseinandersetzung um Werk und Persönlichkeit Hermann Hesses schließlich die alten Polemiken aus der Zeit nach 1918 wiederholt im erneuten Bestreben, den Dichter als zeitlosen Romantiker allgemein-

menschlicher pazifistischer Appelle gegen die gesellschaftskritischen Konsequenzen in seinen wichtigsten Büchern und
erst recht gegen seine antinationalistische Kritik auszuspie-
len.

In Deutschland geriet der Dichter aber auch in das Feld von
Polemiken heimkehrender Emigranten gegen das Verhalten
ihrer Kollegen, deren Bücher zumindest eingeschränkt im
faschistischen Dritten Reich hatten erscheinen können.
Mochte ihn da auch in der Tat ein zeitüberhobener Kult reiner
literarischer Geistigkeit, wie Hesse ihn in seinem Protest gegen
den unlizensierten, verstümmelten Abdruck eines seiner Gedichte in einer von der amerikanischen Armee herausgegebe-
nen, von Hans Habe redigierten Zeitung bekundete, ins
Zwielicht rücken, so dominierte doch in den westdeutschen
Polemiken gegen ihn im wesentlichen ein Fortwirken konservativ nationaler, aber auch noch faschistisch inspirierter Argumentationen.

Folgerichtig waren, als Reaktion darauf, Ende der vierziger
Jahre beispielsweise auch in der Berliner Täglichen Rundschau
geführte Polemiken gegen politische Auffassungen Hermann
Hesses[8] zugleich bestimmt gewesen von respektvoller Verteidigung des Humanisten und Friedensfreundes gegen re-
staurativ nationalistische Kritiken und Verunglimpfungen,
unter denen der Dichter litt. So begründeten die Übereinstimmung in der Abwehr der „Geschäftemacher und Streber"[9] und
die Überzeugung, „daß es andere Wege zum Frieden und
andere Mittel zur Ordnung und Entgiftung der Welt gibt als
die Bomben und den Krieg"[10], 1952 Willi Bredels Bekenntnis,
Thomas Manns Werk „gehöre den Deutschen, die es, bei aller
Kritik im einzelnen, als Gesamtwerk lieben und verehren.
Dasselbe trifft für Hermann Hesse zu ... Wir sind jedenfalls
sehr glücklich darüber, daß bei uns in der Deutschen Demokratischen Republik endlich auch die großen humanistischen Werke von Thomas Mann und Hermann Hesse wieder
erscheinen und von unserem Volk gelesen werden können. Sie
werden bei uns die Anerkennung und Verbreitung finden, die
diesem besten deutschen Kulturgut zukommt."[11]

Hesses Bücher erhielten ihren angemessenen Platz in den
Verlagsprogrammen.[12] Und sowohl 1952 als auch 1957 und
abermals 1962 ist der Dichter in der Deutschen Demokratischen Republik als großer Erzähler deutscher Sprache ge-

würdig worden. Im Beileidstelegramm der Deutschen Akademie der Künste an die Witwe des Schriftstellers hieß es schließlich 1962, daß „sein Bild des Menschen ... auch zum Vorbild der neuen Welt" geworden sei.[13] Das war, anfechtbar gewiß in dieser Verallgemeinerung und Absolutheit, entsprechend seither auch kritisch angefochten,[14] noch einmal das Postulat dialektischen Aufgehobenseins eines Hesseschen Erbes in der literarischen Entwicklung der Deutschen Demokratischen Republik. Und es war gewiß auch gedacht als polemischer Akzent beispielsweise gegen die lapidare Antwort auf eine westdeutsche Zeitungsumfrage, ob Hesse zur deutschen Gegenwartsliteratur gehöre, wo im Hinblick auf die jungen Männer der westdeutschen Nachkriegsliteratur festgestellt worden war: „Für sie fanden die neuen Wirklichkeiten in der Literatur ohne Hermann Hesse statt..."[15] In der Tat war dort auch, nachdem die Beliebtheit dieses Schriftstellers um 1957 in der BRD ihren Höhepunkt erreicht hatte, das Interesse außerordentlich gesunken, hatte der Absatz von Hesse-Büchern bei Suhrkamp 1965 „den absoluten Tiefpunkt"[16] erreicht. Und während zwei Jahre zuvor die 90. Geburtstage Thomas Manns und auch Rainer Maria Rilkes erhebliche, im letzteren Falle zumindest in der germanistischen Fachwelt doch überraschende Aufmerksamkeit und Beachtung gefunden hatten, ging 1967 der 90. Geburtstag Hermann Hesses überall still und eigentlich unbemerkt vorüber.[17] Als „durchschnittlicher Entwicklungs-, Ehe- und Innerlichkeitsromancier — eine typisch deutsche Sache"[18], wie sich ein böses Wort durch Kritik und Essayistik weiterschleppt, schien Hesse abgetan.

In der Deutschen Demokratischen Republik hatte sich mit innerer Folgerichtigkeit das Interesse der marxistischen Literaturwissenschaft stärker auf die unmittelbaren Traditionen sozialistischer Literatur und die kritische Rezeption derjenigen Vertreter der spätbürgerlich-humanistischen Literatur gerichtet, die wie Heinrich und Thomas Mann zu klareren und deutlicher formulierten Einsichten in Gesetzmäßigkeiten der historischen Entwicklung gelangt waren. So ehrte man zwar stets in dem weltfremden Friedensfreund von Montagnola einen respektablen Humanisten und einen angesehenen Schriftsteller, aber das hat geraume Zeit, von Ausnahmen abgesehen, nur wenig zu einer umfassenderen kritischen

Analyse von Hesses Werk durch marxistische Germanisten
geführt. Jedenfalls resümierte Erwin Neumann 1964 unmutig
die Versäumnisse der marxistischen Literaturwissenschaft,
deren Ergebnisse er mager fand und deren Verhältnis zu Hesse
allzu unkritisch rühmend gewesen sei.[19]
Neumanns materialreiche und die Auseinandersetzung pro-

vozierende Arbeit blieb, im Gegensatz beispielsweise zu Käte Nadlers Menschen-, Welt- und Gottesliebe nachspürender Studie aus christlicher Sicht,[20] ebenso ungedruckt wie voraufgegangene Dissertationen. Und wenn auch das Hessebild der marxistischen Literaturwissenschaft an kritischen Akzenten gewonnen hat,[21] bei Hans Kaufmann beispielsweise gegen den späten Rilke der Naturfreund und unzeitgemäße Feind des Maschinenzeitalters Hesse mit deutlicher Schärfe abgehoben wird,[22] so bleiben doch, trotz der Erschließung des Briefwechsels mit Wiegand durch Klaus Pezold, die editorischen Bemühungen Fritz Hofmanns, auch die monographische Darstellung Fritz Böttgers Desiderata nicht nur in der erneuten Auseinandersetzung mit dem Spätwerk[23], sondern auch in der über Hans-Joachim Bernhards Ansatz[24] hinausgehenden Analyse der aktuellen Wirkung Hesses, die sich, über ein Jahrzehnt andauernd, durchaus als ein relativ stabiles Phänomen in der Gegenwart erwiesen hat.

Dabei geht es gewiß nicht darum, Hermann Hesse auf einmal in das Zentrum germanistischer Forschung zu rücken oder unter veränderten Vorzeichen eine Mode neu-innerlicher oder steppenwölfisch-anarchistischer Hesse-Rezeption mitzumachen. Aber es geht angesichts einer erheblichen Verbreitung von Hesses Werk auch in der DDR durch eine Vielzahl schnell vergriffener Editionen um die Frage, wieweit hier ein unabgegolten weiterwirkendes Erbe vorliegt und wieweit auch eine Analyse von Hesses Werk helfen kann, bis in die Gegenwart hinreichende und hineinwirkende ideologie- und literaturgeschichtliche Zusammenhänge genauer zu erklären.

Dazu genügt freilich nicht allein die Würdigung einzelner, durch sprachliche Schönheit ausgezeichneter Werke des Dichters, dazu muß genauer nach Hesses Platz in der Tradition des Realismus und Humanismus gefragt werden. Zweifellos gehört Hesse mit seinem Werk und seiner Wirkung zu den für charakteristische Entwicklungstendenzen der spätbürgerlichen Literatur repräsentativen Autoren. Der Ausgangsposition nach verbindet ihn manches mit Autoren wie Thomas und Heinrich Mann, Lion Feuchtwanger oder Arnold Zweig. Hesse war nicht anders als sie zur Auseinandersetzung und Positionsbestimmung in einer Zeit gezwungen, für die die Jahre 1917/18, 1933 und 1945 entscheidende Zäsuren bedeuten. Nach wie vor gilt er vielfach als bedeutender spätbürgerlicher Humanist.

Aber es bleibt — als ein wesentliches Kriterium für eine neuerliche, stärker differenzierende Bestimmung seiner Position in einem integrierbaren Erbe — die Frage nach der Bewährung dieses Humanismus in den Entscheidungssituationen der ersten Jahrhunderthälfte, wobei es nicht allein genügen kann, abermals nur Hesses Gegenposition zur chauvinistischen Kriegshysterie von 1914 oder sein Nichteinverständnis mit dem Faschismus hervorzuheben, sondern vielmehr notwendig ist, auch nach der positiven Leistung zu fragen. Und was für den Humanismus gilt, gilt auch für das Realismusproblem, wobei die Schwierigkeiten in der Sache nicht bagatellisiert werden sollen.

Zweifellos gibt es auch von Hesses verklärender Auffassung der klassischen und romantischen Tradition, seinem Goethebild beispielsweise, nur schwer Verbindungslinien zur spätbürgerlichen humanistischen, entschieden kritischer intendierten Klassikrezeption bei Thomas Mann oder gar zur sozialistischen Klassikerinterpretation bei Johannes R. Becher oder (ganz anders) Bertolt Brecht. Hesse gehört zu jenem Kreis bürgerlicher Autoren in der ersten Jahrhunderthälfte, die humanistische geistige Werte gegen einen bourgeoisen imperialistischen Kulturverfall zu verteidigen strebten, für die die Entscheidung für oder gegen einen militanten Humanismus zur wesentlichen Bewährungssituation wurde. Es gibt bei Hesse keine Beziehungen zur proletarisch-revolutionären Literatur der zwanziger und frühen dreißiger Jahre, wie andererseits für linksbürgerliche Autoren, für Mitarbeiter der „Linkskurve" und Mitglieder des Bundes proletarisch-revolutionärer Schriftsteller Deutschlands Wege nach Montagnola wie im Falle Brechts, Brentanos, Kläbers, aber auch eines Eduard Claudius, für den sich Hesse wie für Musil, Döblin und Ehrenstein bei den Schweizer Behörden einsetzte, nur ausnahmsweise in der Exilsituation führten. Den durch schwere Emigrationserfahrungen Gezeichneten wurde später ein mehr als höflich respektvolles Verhältnis zu Hesse, der unmittelbar nach dem Kriege nicht nur Carossa, sondern auch Ludwig Finckh freundlich empfing und Ernst Jüngers Werken mehr als ein lobendes Wort widmete, gewiß nicht leicht gemacht.

Aber Hesse gehört dennoch weitaus mehr zu jener Gruppe spätbürgerlicher Humanisten, die ihre Lage in der gesellschaftlichen Realität „als unangemessen, als Qual empfinden und, wenn auch in ohnmächtiger, hilfloser Weise, dieser Situation Ausdruck verleihen", als zu den Künstlern, „die die Isolierung der Kunst vom fortschreitenden Leben für die Kunst angemessen halten und dies zum Ausgangspunkt elitärer und esoterischer Programmbildung machen"[25].

Demnach besteht, auch um der Aneignung des gültig Gebliebenen aus seinem Werk willen, hinreichend Veranlassung zu höchst kritischer Prüfung und Zerstörung gängiger, in der nichtmarxistischen Literatur dominierender Hesse-Legenden, deren eine in Franz Bleis freundlicher Karikatur „der Hesse" aus den zwanziger Jahren so lautet: „So wird eine liebliche Waldtaube genannt, die man aber wild nicht mehr antrifft. Ihrer Zierlichkeit wegen wurde sie ein beliebter Käfigvogel, der den Beschauer damit ergetzt, daß er im Käfig immer noch Gebärden tut, als wäre er im freien Walde. Er verschafft dadurch dem ihn haltenden Stadtbewohner die Sensation der Natur und wird solches erhöht von ganz kleinen Drüsen unserer Hesse, aus denen sie einen Geruch absondert,

der leise an Tannenduft erinnert."[26] Aber Hesse ist nicht nur als der Idylliker, der Mann einer schwäbischen Tradition und Herkunft zu sehen, wie es Bernhard Zeller möchte.[27] Auch der dagegengesetzte Versuch von Franz Baumer, ihn zum Existentialisten zu deklarieren,[28] scheint ebenso fragwürdig wie Gnefkows in der Ball-Nachfolge[29] stehende Betrachtung des psychopathologischen „Falles" Hesse.[30] Die überlieferten Dokumente, zum Teil noch von der Witwe, Ninon Hesse, ediert,[31] zum anderen Teil vorwiegend von amerikanischen Germanisten im Marbacher Schiller-Nationalmuseum, dem der Hesse-Nachlaß übergeben wurde,[32] ausgewertet und in Zeitschriften veröffentlicht, beweisen anderes, fordern zur erneuten Beschäftigung mit dem Dichter heraus.

Nicht nur, daß in Hesses Werk stärker eine Linie, die vom *Steppenwolf* über die *Morgenlandfahrt* zum *Glasperlenspiel* führt, in den Vordergrund der Betrachtung tritt, auch die editorische Erschließung des Briefwechsels Hermann Hesses mit dem sozialdemokratischen Redakteur und Literaturkritiker Heinrich Wiegand[33] hat, wie anfechtbar auch viele der hier geäußerten Ansichten sind, unser Bild des Dichters als das eines kritisch empfindsamen Zeitgenossen spannungsvoller historischer Entwicklungen eindrücklich gegen die Liebhaberfotografie abgesetzt, die den einsam frommen Gärtner in Montagnola zeigt.

Schließlich wurde nach dem Tode des Verfassers auch das folgende Gedicht bekannt, das lyrische Porträt des *Louis Soutter, Maler und Musiker, lebte von 1871 bis 1942; als Maler und Violinist akademisch ausgebildet, Lieblingsschüler von Ysaye, übte wechselnd beide Berufe aus. Nach einem schweren Typhus erholte er sich nie wieder, die beiden letzten Jahrzehnte lebte er in einer Anstalt interniert. Dort zeichnete er die wilden genialen Blätter, die der Lausanner Verlag Mermod lang nach seinem Tod herausgab.*[34]
Das Gedicht lautet so:

> Louis Soutter
>
> Schöne korrekte Bilder malen,
> Schöne Sonaten tadellos geigen,
> Frühlings- und Kreutzersonate
> Lernt ich einst und war jung,
> Lief in die offene lichte Welt,

War jung, würde gelobt, wurde geliebt ...
Aber einmal sah mir durchs Fenster
Lachend mit kahlen Kiefern
Der Tod herein, und das Herz
Fror mir im Leibe, fror mir,
Friert mir noch heut. Ich floh,
Irrte hin, irrte her.
Aber sie fingen mich, sperrten mich ein,
Jahr um Jahr. Durch meine Fenster
Hinter dem Gitter glotzt er,
Glotzt und lacht. Er kennt mich. Er weiß.
Männer male ich oft auf rauhes Papier,
Male Weiber, male den Jesus Christ,
Adam und Eva, Golgatha,
Nicht korrekt, nicht schön, sondern richtig
Mal ich mit Tinte und Blut, male wahr. Wahrheit
                   ist schrecklich.
Aber ich decke mein Blatt mit Strich an Strich,
Loser, dichter, grau, silbern, schwarz,
Lasse die Züge der Hieroglyphen
Wollig wuchern wie Moos,
Prasseln wie trockner Hagel, kämmen wie
                   Fischgeripp,
Schleiere graue Netze aus Liniendünn, Spinnweb,
Wind im Gras, Wurzelgeflecht, Kalligraphie,
Kratze Lage um Lage zehntausend Striche,
Glatte, schwellende, haarsträubende,
Fedrig geflammte, stehende, fließende,
Spare aus ihrem Gekräusel schneeweißen Leib,
Drücke den Jesus zu Boden
Mit Kreuzes Last. Vogelgeflatter
Geistert durch Traumgehölz, flockige Blumen
Lachen traurig aus welkem Gekräut.
Manchmal vergeß ich,
Manchmal bann ich die Angst,
Manchmal hör ich aus Fernen
Dunkler Jahre, vieler Jahre, Musik,
Kreutzersonate ... Aber am Fenster
Weiß ich, in meinem Rücken,
Jenen stehen und lachen.
Er kennt mich. Er weiß.[35]

Das Gedicht kann als ein geheimes Selbstbildnis des Dichters Hermann Hesse gelesen werden, als Summe der Mannes-, Glaubens- und Künstlerproblematik und -krisen, die es in diesem Leben gegeben hat. Hesse kannte diesen Dualismus: die schönen, korrekten Bilder, die tadellos gegeigten schönen Sonaten auf der einen Seite, auf der anderen das, was *nicht korrekt, nicht schön, sondern richtig* gemalt ist aus dem Wissen heraus: *Wahrheit ist schrecklich.* Da ist, bei allen Anfechtungen, Gefährdungen und Irrungen, auch ein Grund aufspürbar, daß Hesse schließlich doch nicht herabgesunken ist auf eine „Sütterlin-Schrift der heilen Welt...", eine Querverbindung von expressionistischem Aufbruch und Schollenfrieden, Waldzauber der Wagneropern und Fremdwortausmerzung im radikal alldeutschen Sinn Eduard Engels", um Robert Minders auf Heidegger gemünzte geistreiche Formulierung aus dem Aufsatz über die „Sprache von Meßkirch" zu zitieren.[36] Einer frühen Gefährdung, sich bei nobler „Heimatliteratur" zu bescheiden, begegnete der Dichter durch immer neue Aufbrüche ins Ungesicherte, aber auch in die Isolation eines elitären geistigen Aristokratismus.

Hesse hat von sich gemeint, *im Spätherbst eines Äons* zu leben, *in einer untergehenden, sich auflösenden Welt, die für viele zur Hölle, für beinah alle unbehaglich geworden ist und deren Bedrohungen ständig zunehmen.*[37] Auch für ihn stießen, wie für viele seiner dichtenden Zeit- und Generationsgenossen, Bürgerlichkeit und Künstlertum zusammen. Die zunächst unvermittelte Berührung der Sphären hatte die naiv-realistische Komik von Camenzinds Begegnung mit den jungen großbürgerlich-städtischen Nietzscheanern ergeben. Darin schwang Kritik an dieser wirklichkeitsentfremdeten intellektualisierten Welt mit, aber es war auch — erster Ansatz eines lebenslangen Hesse-Themas — der Versuch eines Ausbruchs aus pietistisch determinierter Kleinbürgerlichkeit. Der Weg ins Bourgeois-Großstädtische erwies sich jedoch allemal nur als selbstquälerische Flucht, auf die in umgekehrter Richtung der Rückzug in die beschränkt-gute Boppi-Welt von Nimikon folgte. Denn Hesse setzte schließlich doch wenig Vertrauen in die Möglichkeiten spätbürgerlicher Kunst, die ihm oft nur als empfindliche Störung natürlicher menschlicher Beziehungen fragwürdig und wenig geeignet erschien, lebensvolle Gemeinschaft zu begründen. So baute er seine Flucht-

position aus, strebte fort, sowohl aus allzu engen traditionellen Bindungen als auch aus der großstädtischen Bürgerwelt und einer ihm intellekt-bedroht erscheinenden Kunst in die Natur, zu dem, *was uns inmitten der Verödung noch an Naturnähe, aber auch an geistiger Nahrung und geistigem Genuß geblieben ist. So gesehen, gehört das Blümchen in der Wiese und der Vogelgesang ins selbe Reich wie Bach oder Hölderlin.*[38] Natur und klassisch-romantische Tradition sind zusammengerückt. Hesse will die Natur gegen Zivilisation und Technik, Dichtung und Musik der Vergangenheit gegen deren Aushöhlung in einem spätbürgerlichen *feuilletonistischen Zeitalter*, wie er es nannte, verteidigen. Eine stille, vornehme Humanität macht seine Größe aus, ihre Welt- und Zeitabgewandtheit begründet zugleich die Problematik seines Werkes.

Es bleibt der bedeutende realistische Einsatz der frühen großen Erfolge *Peter Camenzind* und *Unterm Rad*. Es bleibt die zugespitzte Gesellschaftskritik an einer Welt extremer Entfremdung im *Steppenwolf* ebenso wie die Kulturutopie der kastalischen pädagogischen Provinz im *Glasperlenspiel*. Und es bleibt die liebevolle Bewahrung oder Wiederentdeckung der zu einer *Bibliothek der Weltliteratur* vereinten Schätze von überzeitlicher Gültigkeit. Zugleich bedeutet aber eben diese *Bibliothek der Weltliteratur* — auch ganz unmittelbar als Hermann Hesses private Büchersammlung — ein Refugium, eine imaginierte heile Welt innerhalb einer geschlossenen, spätbürgerlichen *Welt, die zu zwei Dritteln Hölle ist*,[39] aus der es für diesen Dichter keine Auswege, in die es aber auch keine verändernden Eingriffe von außen gibt.

Der Verteidiger humanistischer Werte lebte in einer Isolation, aus der ein moralischer Subjektivismus und ein apolitischer geistiger Aristokratismus erklärlich sind, die den dezidierten Feind faschistischer Barbarei veranlassen konnten, nach 1945 engere Beziehungen zu alten Freunden und Gefährten zurückliegender Jahre jugendlichen Suchens zu unterhalten, wenn auch einzelne mehr oder weniger weit und deutlich mit dem deutschen Faschismus konform gegangen waren und noch nach 1945 Auffassungen vertraten, die von faschistischen Denkelementen keineswegs frei waren. So hat es bei aller Freundschaft, die Hermann Hesse vor allem mit Thomas Mann verband, doch gerade in den letzten Lebensjahren nicht an überraschenden und befremdlichen Bekenntnissen zum elitären geistigen Aristokratismus eines Ernst Jünger gefehlt.[40] Es gibt, bei allem Leiden Hesses an der Bürgerwelt und deren Preisgabe der hohen Humanitätsideale des deutschen 18. Jahrhunderts, hier keinen Weg über eine in sich geschlossen aufgefaßte, über die bürgerliche Welt hinaus.

Eine „Lektüre ohne Unschuld", die im Sinne des so überschriebenen Brecht-Gedichts ein Ausweichen vor den gesellschaftlichen Widersprüchen in die Symbolik einer ewig glücklich und heil geordnet vorgestellten Natur nicht gelten läßt,[41] kann an den Kompliziertheiten und tiefen Fragwürdigkeiten in Hesses Denken und Werk nicht vorübergehen, und das um so weniger, als dieser Dichter in sonderbarer Weise immer wieder als ethischer Ratgeber aufgefaßt worden ist und aufgefaßt wird, vielfach die moralische vor die literarische Wirksamkeit getreten ist und Hesses resigniert kontemplatives Verhältnis zu Zeit und Umwelt als fragwürdiges Vorbild verstanden wurde und wird. Indessen, gerade was die oft gerühmte und von manchen zum Vorbild genommene Haltung dieses Dichters angeht, so kann bei allem Respekt vor der ihr

Martin Andersen Nexö bei Brecht im dänischen Exil

zugrunde liegenden Konsequenz und persönlichen Lauterkeit gelten, was Brecht mit Bezug auf den Konfuzius formulierte, daß „eine Unmenge von Verbrechen denkbar (sind), die ein Mann begehen könnte, ohne auf die Anerkennung mancher Tugend zu verzichten, die den Konfutse ausgezeichnet hat. Die Haltung des Konfutse ist sehr leicht im äußerlichen kopierbar und dann außergewöhnlich nützlich."[42]

Als ein gleichermaßen für geistige Bewegungen in der Gegenwart aufschlußreiches wie auf Eigentümlichkeiten der weltanschaulichen und dichterischen Position des Autors verweisendes Phänomen fordert das erstaunliche Anwachsen von Hesses Ruhm in den siebziger Jahren seinerseits zu kritischer Analyse heraus. Was hier, von Amerika ausgehend, auch in Europa wirksam wurde und schließlich bis Japan reicht, ist der — unter verschiedenen gesellschaftlichen Bedingungen je und je unterschiedlich motivierte — Versuch, unter Berufung vorzugsweise auf *Siddharta* und den *Steppenwolf* den „Linksromantiker" Hesse, den „romantischen Anarchisten"[43] rezipierend, Kritik an der bürgerlichen Gesellschaft zu artikulieren und Auswege in Richtung auf eine neue undogmatische Religiosität zu suchen. Bei Hesse glaubte und glaubt man die entsprechende Botschaft gefunden zu haben; mit der Autorität eines Schriftstellers von weltliterarischem Rang dekretierte Henry Miller: „Siddharta ist für mich eine bessere Medizin als das Neue Testament"[44], und Timothy Leary verwies eine gegen den Vietnamkrieg und dessen Verfechter und Nutznießer in der amerikanischen Bourgeoisie sich auflehnende, aber in drogenabhängige Verneinung der Gesellschaft schlechthin flüchtende Jugend auf den *Steppenwolf*. Unter dem Einfluß dieser Hesse-Welle wurde möglich, was zu Lebzeiten des Dichters, der selbst eine Hörspielfassung des *Siddharta* aus prinzipiellen Gründen abgelehnt hatte, nicht hatte realisiert werden können: Conrad Rooks verfilmte 1973 *Siddharta*, ein Jahr später Fred Haines mit Max von Sydow als Harry Haller den *Steppenwolf*. Nach diesem Roman nannte sich nicht nur eine amerikanische Rock-Gruppe, sondern auch ein Restaurant in Kalifornien. Aber sieht man von solchen und anderen eher kurios anmutenden Auswüchsen des Hesse-Kults ab, in denen man ebensoviel naiven Überschwang wie geschickte Manipulierung erkennen kann, so zwingt doch gerade der unverkennbare Ernst, mit dem sich in diesem Hesse-Kult weniger als literarischem denn kulturellem Phänomen[45] aktuelle politische und weltanschauliche Probleme offenbaren, auch zur Frage nach den Momenten in Hesses Werk selbst, die eine derartige, ja keineswegs auf kapitalistische Länder beschränkte Rezeption und Wirkung ermöglichen. Sind es die Stärken dieses Werks oder vielfach eben auch seine Schwächen, die hier wirksam werden?

Unter sehr verschiedenen Aspekten also ist die Frage nach Leistung und Erbe, Rang und Geltung Hermann Hesses gestellt, die erneuter Beantwortung bedarf.

Krisen der Kindheit

Das Geburtshaus Hermann Hesses steht in Calw an der Nagold, in einem Schwarzwaldstädtchen, das im 17. Jahrhundert als Sitz der Zeughandelskompanie und der „Engelsaitweberei" (von „english satin") Mittelpunkt des württembergischen Handels und Gewerbes gewesen war und danach acht Jahrzehnte als Zentrum des württembergischen Salzhandels eine bedeutende Rolle gespielt hatte. Im 19. Jahrhundert allerdings gehörte das Herzogtum, weitgehend ein Agrarstaat, dessen bäuerliche Wirtschaften fortwährende Erbteilung parzellierte und zersplitterte, zu den ökonomisch zurückgebliebenen, fabrikarmen deutschen Staaten und bewies, angespornt durch das bayrische Vorbild, bei der Bismarckschen Reichsgründung 1871 ausgesprochen partikularistische Tendenzen.[1] Hier war in erheblichem Maße öffentliche Meinung immer noch, was ein Finanzminister Weckherlin dem „Reutlinger Demagogen" Friedrich List einst entgegengehalten hatte, gerade die Fabrik sei die schwerste Gefahr, denn sie erziehe den Menschen entweder zum Bettler oder zum Aufrührer.[2] Stark war der pietistische Einfluß auf die arbeitenden Schichten. Hesses Mutter gründete um die Jahreswende 1877/78 beispielsweise einen frommen Verein für Fabrikmädchen. Soweit die Anfänge einer politisch organisierten Arbeiterbewegung auch in den Gesichtskreis schwäbischer Theologenfamilien rückten, wurde davon wie von einer Krankheit gesprochen. *Es gibt wirklich ziemlich viel Aufregung, da die Arbeiterbewegung (Sozialismus, Streik) auch hier auftritt,* weiß der knapp vierzehnjährige Hesse den Eltern zu berichten.[3] Und eine Schulepisode reflektiert ebenfalls das politische Klima. *Dann waren diese Woche die Reichstagswahlen, woran wir Lateiner eifrig teilnahmen. Einige Demokraten der Klasse wurden durchgeprügelt. Sonst waren alle „Konservative" oder „Deutschreichsparteiler".*[4] Und schließlich verrät der Achtzehnjährige: *Das Gedicht „Trost" verdankt seinen Ursprung wohl meist meinem warmen Haß gegen den Sozialismus.*[5] Freilich kennzeichnen solche Äußerungen eher eine allgemeine kleinbürgerliche

Reaktion auf das Erstarken der deutschen und internationalen Arbeiterbewegung in den Jahren nach dem Fall des Sozialistengesetzes als bereits ausgeprägte politische Überzeugungen eines jungen Menschen, der mit klassenbewußten Proletariern noch kaum in Berührung gekommen ist.

An Calw erinnert sich Hesse so: *Durch meine Vaterstadt im Schwarzwald floß ein Fluß, ein Fluß, an dem damals nur erst ganz wenige Fabriken standen, wo es viele alte Mühlen und Brücken, Schilfufer im Erlengehölz, wo es viele Fische und im Sommer Millionen von dunkelblauen Wasserjungfern gab...*[6] *Eine wunderlich aus materieller Enge und geistiger Großartigkeit gemischte Schwabenwelt, die in den schwäbischen Lateinschulen, in den evangelischen Klosterseminaren und im berühmten Tübinger „Stift" sich gegen zwei Jahrhunderte lang erhalten und immerzu mit*

Hesses Geburtshaus in Calw

wertvoller Tradition bereichert und ausgedehnt hat, war es, in die am 2. Juli 1877 Hermann Hesse hineingeboren wurde. *Dies ist nicht bloß die Welt der schwäbischen Pfarrhäuser und Schulen, zu der auch Männer von großem Geist und vorbildlicher Seelenzucht wie Bengel, Oetinger, Blumhardt gehört haben, sondern in der auch Hölderlin, Hegel, Mörike groß geworden sind.*[7]

Diese schwäbisch pietistische Welt hat Hermann Hesse geprägt, und wenn auch schließlich im Alterswerk des Dichters radikal säkularisiert, bleibt sie doch immer noch spürbar, wird sie von Hesse als der feste Boden verstanden, auf dem überhaupt ein krisenreiches Leben wie das seine möglich war. „Ich sehne mich nach einem Korporationsleben, überhaupt nach einem großen Ganzen, dem ich als dienendes Glied aus Überzeugung und Pflicht mich unterordnen kann, um zur Erreichung eines großen Ziels mitzuwirken oder wenigstens mitzustreben. Eine solche Korporation scheint mir: die Missionsgesellschaft", hatte einst der Vater geschrieben, um seinen

Dr. Hermann
Gundert

Eintritt in das Basler Missionshaus zu begründen.[8] Für den Sohn wurde aus dieser Sehnsucht eines einzelnen nach der „Korporation", aus einem schwer und immer nur für kurze Fristen herzustellenden positiven Verhältnis zur Gemeinschaft ein Lebensthema. Im Bund der Morgenlandfahrer und in der kastalischen Gemeinschaft der Glasperlenspieler findet das spannungsvolle Verhältnis der einzelnen zur Korporation literarische Ausprägung.

Welche Bedeutung Hesse selbst der festen Verwurzelung in der Familienüberlieferung beimaß, wird spürbar, wenn er 1952 in seiner liebevollen Erinnerung an den Großvater mütterlicherseits, Dr. Hermann Gundert, Bemerkungen eines Pariser Germanisten bekräftigt: *Ich konnte das im Fall von Albert Schweitzer studieren; vielleicht wissen Sie auch, daß J. P. Sartre sein Großneffe ist, nämlich der Enkel seines Oheims aus Paris. Dieser Oheim war ein Germanist und Hans-Sachs-Forscher, der selbst zuletzt ganz dem Sachs glich mit seinem weißen Bart und dem derben Humor. Mit einer solchen Lehrer- und Pastoren-Ahnenschaft kann Sartre sich ohne Risiko den Nihilismus erlauben, seine Anhänger, die meist keine solche Schutztruppe im Hintergrund haben, verkommen dabei oft...[9]*

Die Familiengeschichte der Hesses hat freilich nur zu einem Teil mit Schwaben zu tun. Der Großvater mütterlicherseits, Dr. Hermann Gundert, war den üblichen Weg minderbemittelter begabter Schwabensöhne gegangen: über das Landexamen nach Maulbronn und schließlich nach Tübingen, wo er unter den Einfluß des damaligen Repetenten am Tübinger Stift David Friedrich Strauß geriet, sich jedoch von der junghegelschen Richtung wieder ab- und dem schwäbischen Pietismus Bengelscher Prägung zuwandte. Er schloß sich als Begleiter dem englischen Fabrikanten Groves an, der mit der Herstellung künstlicher Gebisse sein Brot verdiente und sich im übrigen die Verbreitung des Evangeliums in Indien angelegen sein ließ. Zur Basler pietistischen Mission übergetreten, heiratete Gundert in Indien Julie Dubois aus Neuchâtel, eine asketisch strenge Calvinistin und fanatisch eifrige Missionarin. Beider Tochter Marie, zunächst mit dem Missionar Charles Isenberg verheiratet — der Name kehrt mit Bezug auf Hesses Neffen Karl Isenberg im *Glasperlenspiel* als Carlo Ferromonte wieder —, ehelichte 1874 Carl Otto Johannes Hesse.

Dessen Vorfahren stammten aus Norddeutschland. Einer

Marie Hesse

wuchs im Lübecker Waisenhaus auf und starb in der Trave-
stadt als armer Schlachtersknecht. Seinem Sohn allerdings
gelang es bereits, in die Dorpater Brauerkompanie einzuhei-
raten, wo er Gunst und Hand der Altermannstochter errungen
hatte. Eines der sechs Kinder aus dieser Ehe bezog die Dorpater Universität und verließ sie als Doktor der Medizin und
wurde schließlich der angesehene Kreisarzt in dem seit 1710
zu Rußland gehörenden estnischen Weißenstein. Der Arztsohn
Carl Otto Johannes Hesse, der in Reval die Schule besucht
hatte, entschloß sich zum Studium der Theologie und ging
schließlich ans Basler Missionshaus, wo er 1868 zum Missions-
prediger ordiniert wurde. Nach vierjährigem Aufenthalt in
Indien kehrte er aus Gesundheitsgründen nach Europa zurück
und ging als Gehilfe und schließlich als Schwiegersohn
Dr. Hermann Gunderts an das Missionsmagazin des Calwer
Verlagsvereins.

Johannes Hesse

Die gütige Weisheit des Großvaters, die unerschöpfliche Phantasie und Liebeskraft unserer Mutter und die verfeinerte Leidensfähigkeit und das empfindliche Gewissen unseres Vaters, sie haben uns erzogen, schrieb Hesse.[10] *Viele Welten kreuzten ihre Strahlen in diesem Hause. Hier wurde gebetet und in der Bibel gelesen, hier wurde studiert und indische Philologie getrieben, hier wurde viel gute Musik gemacht, hier wußte man von Buddha und Lao Tse, Gäste kamen aus vielen Ländern, den Hauch von Fremde und Ausland an den Kleidern, mit absonderlichen Koffern aus Leder und aus Bastgeflecht und dem Klang fremder Sprachen, Arme wurden hier gespeist und Feste gefeiert, Wissenschaft und Märchen wohnten nah beisammen ... Es war eine Welt mit ausgesprochen deutscher und protestantischer Prägung, aber mit Ausblicken und Beziehungen über die ganze Erde hin, und es war eine ganze, in sich einige, heile, gesunde Welt ... Diese Welt war reich und mannigfaltig, aber sie war geordnet, sie war genau zentriert, und*

Zahl der Geretteten	Tauf-Name des Kindes.	Eltern.	Ort und Zeit der Geburt.	Ort und Zeit der Taufe.
52.	*[...]* † 21. Juli	*[...]*	15. Juli	21. Juli
53.	*[...]* Wilhelm	Johann Friedrich *Werner* *[...]* Christiane *[...]*	7. Juli	29. Juli
54.	Karl Friedrich	Karl Friedrich *[...]* *[...]*	7. Juli	5. Aug.
55.	*[...]* † 25. Sept.	Johannes *[...]* *[...]*	13. Juli	5. Aug.
56.	Anna *[...]*	Georg Gottlieb *[...]* *[...]* Caroline *[...]*	16. Juli	5. Aug.
57.	Karl *[...]* † 15. Febr. 1880.	Christian *Müller* *[...]* *[...]*	14. Juli	5. Aug.
58.	Maria Karoline	Herbert Martin *Herzog* *[...]* Sophie Rosine *[...]*	21. Juli	5. Aug.
59.	*Herman*	Karl Otto *[...]* *[...]* Marie *[...]*	2. Juli	5. Aug.
60.	Paul Albert	Karl *[...]* *[...]* Luise Pauline *[...]*	21. Juli	9. Aug.

Auszug aus dem Taufregister

28

sie gehörte uns, wie uns Luft und Sonnenschein, Regen und Wind gehörten.[11]

So ist Hesse später immer wieder bemüht gewesen, die eigene Jugend aus dem Abstand des Alters vergoldet, idyllisiert zu sehen und darzustellen. Das wird schließlich bei ihm zum Programm: *die goldene Legende unserer Kindheit,*[12] die einige, heile, gesunde Welt, die geordnete, genau zentrierte, zu rühmen und gegen eine kranke spätzeitliche Welt zu stellen.

Die Lebensdokumente aus Hesses Jugend, zusammengestellt und herausgegeben von Ninon Hesse, sprechen eine andere, härtere, bizarrere Sprache als die Erinnerungen und nachträglichen poetisierenden Deutungen. Verständlicher werden da das Aufbegehren des Jungen gegen seine Umwelt und sein Leiden an dieser Welt, in die er hineingeboren wurde. In einem anderen Lichte erscheinen die Eltern: als Fremdling in der schwäbischen Welt, auch sprachlich durch das streng bewahrte reine Hochdeutsch mit baltischem Akzent von ihr geschieden, der übernervöse, in seiner Arbeit letztlich unbefriedigte Vater, der den sechsjährigen Sohn gern schon aus dem Haus gegeben hätte, denn „wir sind zu nervös, zu schwach für ihn und das ganze Hauswesen nicht genug diszipliniert und regelmäßig"[13]. Und dem sechzehnjährigen Sorgenkind der Familie erklärt der Vater: „Wenn du dich so hältst wie in der letzten Vakanz, so geht es wohl daheim. Wäre es anders, so könnte ich es mit meinen Nerven freilich nicht aushalten."[14] Später in dem Einleitungsstück *Kinderseele* zu *Klingsors letztem Sommer* hat sich Hesse, nun die eigene Kindheit psychoanalytisch deutend, die Haßliebe zum gefürchtet-verehrten Vater, die selbstquälerische Lust auch an einem wilden Aufbegehren von der Seele geschrieben: *Vielleicht zum erstenmal in meinem kindlichen Leben empfand ich fast bis zur Schwelle der Einsicht und des Bewußtwerdens, wie namenlos zwei verwandte, gegeneinander wohlgesinnte Menschen sich mißverstehen und quälen und martern können, und wie dann alles Reden, alles Klugseinwollen, alle Vernunft bloß noch Gift hinzugießt, bloß neue Qualen, neue Stiche, neue Irrtümer schafft. Wie war das möglich? Aber es war möglich, es geschah. Es war unsinnig, es war toll, es war zum Lachen und zum Verzweifeln — aber es war so.*[15] Und als letzter Satz des Textes steht da die dissonante Quintessenz: *Als ich im Bette lag, hatte ich die Gewißheit, daß er mir ganz und vollkommen verziehen hatte — vollkommener als ich ihm.*[16]

Die Mutter, außer mit dem Hauswesen noch mit Arbeiten für den Verlagsverein belastet, um etwas hinzuzuverdienen, erträgt ihr oftmals nicht leichtes Leben mit frommer Schicksalsergebenheit und verliert gerade auf diese Weise den Sohn, der in Bibelsprüchen und frommen Redensarten, nachdem er sie jahrelang nachgebetet und altklug in seinen Briefen gebraucht hatte, keine zureichende Hilfe mehr finden kann. Und Hugo Ball verweist darauf: „Diese Mutter aber schätzte nicht, was der ein wenig flagellantisch veranlagte, allem Lockenden, Sinnenhaften, Verführerischen geneigte Sohn ihr an Proben einer unfrommen Denkart vorlegte. Ein einziges Wort, das den roheren Trieb verriet, hatte genügt, ihr die ‚Romantischen Lieder‘ und so auch ‚Eine Stunde hinter Mitternacht‘ abstoßend erscheinen zu lassen."[17]

Die Kinderjahre verbrachte Hesse in Calw (bis 1881), in Basel

Hesse
als Vierjähriger

Die Familie Hesse um 1889:
Hermann, der Vater, Marulla, die Mutter, Adele und Hans

(bis 1886) und wiederum in Calw (bis 1890). Dann kam der Knabe auf die Lateinschule in Göppingen zur Vorbereitung auf das schwäbische Landexamen.

Dem unorthodoxen Rektor Bauer, der *in früheren Jahren im Ruf eines rauhen Prügelpädagogen* gestanden hatte und nun für ein *wunderliches Original* galt, hat Hesse dankbare Erinnerung bewahrt, *denn Bauer war nicht bloß ein verehrter Sokrates, er war*

Ein Brief des Schülers

Zeugnis mit der Unterschrift des Rektors Bauer

außerdem auch ein geschickter und höchst origineller Schulmeister, der es verstand, seinen dreizehnjährigen Buben die Schule immer wieder schmackhaft zu machen.[18]

Vollgestopft vor allem mit Latein — *Ein bedeutender Schlauch ist es auch, Schillers Wallenstein ins Lateinische zu übersetzen, was wirklich unsere Klasse stark in Anspruch nimmt*[19] —, schlüpfte Hesse als 28. — und nicht wie später in *Unterm Rad* Hans Giebenrath glanzvoll als zweiter — durchs Landexamen. Die

Kloster Maulbronn

Voraussetzung für die Zulassung zum Landexamen war gewesen, daß der Vater, offiziell immer noch russischer Untertan, dem Sohn die württembergische Staatsangehörigkeit erworben hatte. Die ersten Berichte aus Maulbronn klingen dann zufrieden und zufriedenstellend. Das Korporative des Lebens auf Stube Hellas — die Details werden später in der Geschichte Hans Giebenraths literarisch verarbeitet — hat dem Knaben zunächst gefallen, die Aufgeschlossenheit für das Musische entsprach seinen Neigungen. Doch plötzlich, im März 1892, ohne erkennbaren Grund, läuft Hesse ohne Geld, ja ohne Mantel fort, bleibt für die alarmierten Gendarmerieposten und Schultheißen der umliegenden Ortschaften zunächst unauffindbar und taucht erst am nächsten Tage völlig erschöpft, müde und hungrig wieder auf. Der Seminarordnung Genüge

zu tun, bestrafte man den Ausreißer mit achtstündigem
Karzer. Schwerer wog, daß der Gebrandmarkte, der so spon-
tan wie unklar seine inneren Nöte offenbart hatte, im Kreise
der Kameraden vereinsamte. Im Schreiben des Professor
Paulus als Vertreter des Maulbronner Ephorus wird nun auch
berichtet: „Nach den Angaben mehrerer seiner Mitschüler
befand sich Hermann Hesse schon seit längerer Zeit, teilweise
schon vor Weihnachten, öfters in einem Zustand größter
Erregtheit, in welchem er überschwengliche, zum Teil über-
spannte Gedichte zu verfassen pflegte."[20] So wird er, der
fortwährend über Kopfschmerzen und Mattigkeit klagt, vor-
zeitig in die Ferien geschickt. Der Maulbronner Konvent hält
schließlich den Verbleib des Knaben im Seminar nicht für
wünschenswert, da es „ihm in hohem Grad an der Fähigkeit
fehlt, sich selbst in Zucht zu halten" und „sein Aufenthalt im
Seminar für seine Mitschüler eine Gefahr werden könnte. Er
ist zu erfüllt von überspannten Gedanken und übertriebenen
Gefühlen, denen sich hinzugeben er nur zu geneigt ist."[21]
Man weiß mit dem schwierigen Jungen nichts anzufangen, und
so wird er kurzerhand, der „moral insanity" Verdächtigte,
nach Bad Boll in die Nervenheilanstalt zu Pfarrer Blumhardt,
einem berühmten Exorzisten, der mit Gebetsheilung Erfolg
hatte, gesteckt.
Glaubenszweifel des Theologensohnes waren es wohl, die
Hesse damals pubertär gequält haben, die ihn frühzeitig zu der
Erklärung veranlaßten, er werde ja doch nicht Theologie
studieren. In einer extremen persönlichen Krisensituation nach
dem ersten Weltkrieg hat Hesse dann sogar vernichtend über
die pietistische Tradition seiner Herkunft geurteilt: *Es war mir
nicht bestimmt und lag nicht in meinem Plan, die Bequemlichkeiten
und Genüsse einer haltbaren, einer guten, schönen und gesunden
Religion zu den Stützen meines Lebens zählen zu dürfen; es war
mir notwendig, in einer aufrührerischen, überhitzten und selbst-
quälerischen, in einer unglücklichen, kurzfristigen, sich selbst zer-
störenden Religion aufzuwachsen, die ich mir mit dem ersten
Erwachen des Denkens selbst vernichten mußte.*[22] Hinzu kam die
absolute Unmöglichkeit für den Knaben, mit den Eltern darüber zu sprechen.[23] Der Vater erklärte dem Sohn kategorisch:
„Unser höchster Lebenszweck ist, Gott zu gefallen und Ihm
in Seinem Reich zu dienen. Wenn das auch Dein Lebenszweck
geworden ist, dann haben wir Gemeinschaft untereinander,

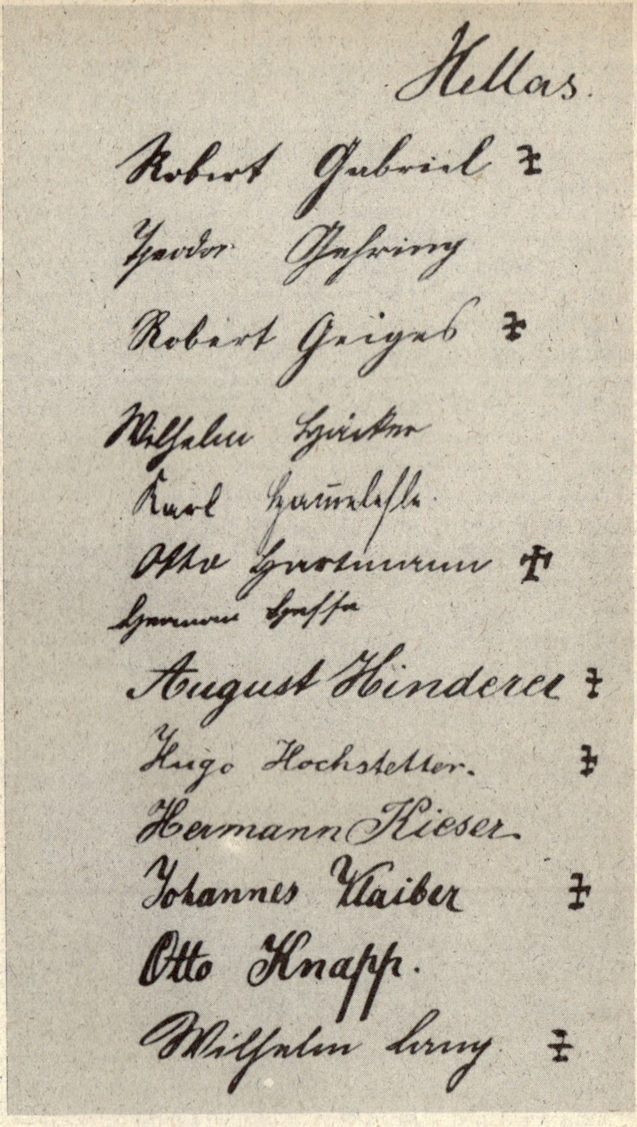

Hellas.

Robert Gabriel ✝

Theodor Gehring

Robert Geiger ✝

Wilhelm Gürtner

Karl Hämmerle

Otto Hartmann ✝

Hermann Hefte

August Hinderer ✝

Hugo Hochstetter. ✝

Hermann Kieser.

Johannes Klaiber ✝

Otto Knapp.

Wilhelm Lenz ✝

Die Bewohner von Stube „Hellas"

dann ist alles Licht, Liebe und Freiheit. Solange das nicht der Fall ist, ist ein völliges Verständnis und darum auch ein völliges Einverständnis nicht möglich."[24]

Man geht wohl auch nicht ganz fehl in der Annahme, daß die religiösen Krisen des Vierzehn- und Fünfzehnjährigen in gewissem Zusammenhang mit dem landeskirchlichen Skandalfall des Pfarrers Christoph Schrempf stehen, der sich von der Kanzel herab geweigert hatte, nach bisheriger Sitte auf das Apostolikum zu taufen, weil er nicht daran glaube. In seinem Nachruf auf den Theologen hat Hesse, der bei dem Kierkegaardübersetzer und -kritiker und Nietzscheverehrer Schrempf die ihn angehende Frage nach den Kraft- und Glaubensquellen eines unendlich dunklen, schwierigen Lebens fand, sich 1944 des Jugenderlebnisses erinnert. *Mochte dieser*

Kloster Maulbronn

Schrempf recht haben oder nicht; auf alle Fälle hatte da ein Mann sein Amt und Brot weggeworfen um seines Glaubens, vielmehr Unglaubens willen, und hatte sich auf die Straße hinaus begeben, zu den Ausgestoßenen und Verfemten. Das war nichts Geringes, und so wurde mir Schrempf, ohne daß ich von seinen damaligen Problemen eine Ahnung gehabt hätte, doch zu einer Gestalt, die ich nicht vergaß, die nach Höllenschwefel roch, aber auch nach Mut und Stolz.[25]

So konnte auch der Aufenthalt bei Blumhardt kaum die Probleme des Knaben lösen, und unter Selbstmorddrohungen lief er im Juni 1892 fort. „Er hatte dort ein Fräulein getroffen, das auch je und je mit ihm spielte, obwohl schon zweiundzwanzigjährig, und der hatte er seine Liebe gestanden und sie damit sehr verblüfft, weil nun nichts daraus werden wollte, mußte er doch vom Schauplatz abtreten", referierte der Großvater das hinzukommende Pubertätsliebeserlebnis.[26]

Die Familie gab den Jungen in die württembergische Irrenanstalt Stetten bei Stuttgart, wo er Gartenarbeit zu erledigen hatte und ein wenig beim Unterricht geistesschwacher Kinder half, mit Gott und aller Welt, den Eltern vor allem hadernd. Immer wieder bittet er, auf einem Gymnasium seine Ausbildung weiterführen zu dürfen, doch Reutlingen lehnte den gewiß unbequemen Schüler ab, und als der Vater, wie stets in solchen Fällen, einen befreundeten Pfarrer um Rat fragte, riet der ebenfalls von Reutlingen ab wegen des „herrschenden leichtfertigen Geistes — man spürt die Nähe von Tübingen"[27].

Endlich gelingt es Hesse, die Eltern zu bewegen, daß er nach Cannstadt darf, das Einjährige zu machen. Die Zeit wird wiederum zur Qual, doch 1893 besteht Hesse das Einjährige und beginnt eine Buchhändlerlehre in Eßlingen, aus der er nach wenigen Tagen schon fortläuft. So wird er im Juni 1894 Lehrling bei dem Calwer Turmuhrenfabrikanten Perrot, und bei der täglichen manuellen Arbeit kommt er, der nach dem glaubwürdigen Urteil des Basler Pfarrers Pfisterer für sein Alter zu entwickelt war, auch geistig zur Ruhe.

Ein Blick auf die Lektüre des fünfzehn- bis achtzehnjährigen Hermann Hesse und seine Urteile über das Gelesene läßt die außerordentliche geistige Sensibilität des Knaben, seine Erregbarkeit durch gewiß sehr unpietistische Fragestellungen erkennen.

Klassenfoto in Cannstadt

Da gibt es früh die Begeisterung für klassische deutsche Literatur, vor allem Goethe, Schiller, Klopstock, aber der Fünfzehnjährige hat auch schon den 1888 in Clara Zetkins Übersetzung erschienenen utopisch-sozialistischen „Rückblick aus dem Jahr 2000" von Edward Bellamy gelesen und sich als Patient in Bad Boll für *eine schöne märchenfarbige Zeit* begeistert, *wo Mensch und Natur wieder gelten und Privilegien und Stand, Rang und Vorurteil, überhaupt unsere jetzige Ordnung und „Gesellschaft" aufhört,* und hinzugesetzt, *daß ein Bellamy-Schwärmer fast nötig entweder die Theorie Schopenhauers oder die entgegengesetzte annehmen muß.*[28] Erstmals ist die Entscheidungsfrage, die später im literarischen Werk zugunsten eines Geschichtspessimismus beantwortet wird, gestellt: Der Heranwachsende spürt zumindest bereits den Widerspruch zwischen utopischer Konstruktion und realem historischem Prozeß. In der Belletristik ist für Hesse Turgenew insbesondere, von dem er etwa acht bis zehn Bücher gelesen hat, geraume Zeit der bevorzugte Lieblingsautor, „Dunst" das Buch, das ihn am unmittelbarsten berührte.

Starke Eindrücke empfing der junge Hesse, gleich Thomas Mann und vielen anderen Altersgenossen, von Heine, dessen Werke gegen das ausdrückliche Verbot des Vaters erworben und nach Entdeckung denn auch erbarmungslos konfisziert

Heinrich Perrot

wurden. Die *Heineische Mundart*[29] in einem bitter ironischen Abschiedsgedicht Hermann Hesses an das Elternhaus 1892 war selbst dem toleranten verständnisvollen Großvater Gundert ein verdächtiges Indiz. In einem Brief an den ehemaligen Maulbronner Kommilitonen Theodor Rümelin hat sich Hesse 1895 über Heine geäußert: *Ich bekämpfe den moralischen schlimmen Einfluß dieses Genies, ich wünschte fast, er hätte nie gedichtet, aber hassen, hassen im Herzen kann ich ihn nicht; lese ich seine Lieder, so umstrickt mich wunderbar ein buntes Zaubernetz mit geheimem Bann — Heine hat wohl der Romantik ein Ende gemacht, aber er hat doch noch die letzten, reifsten Lieder der Romantik gesungen, Klänge, die in naiver Einfachheit das Herz erobern. Ich lese und verliere mich in diese lockenden Verse, staunend sehe ich eine geniale, mächtige Individualität offen vor mir ihr freies Wesen treiben, spielen und weinen, lachen und elend sein...*[30] Doch dann versucht der aufsässige Missionarssohn mit dem schlechten Gewissen des mit seinem Glauben Zer-

40

fallenen offenkundig Heine als Pendant eigenen Erleidens moralisierend zu verstehen. *Mir tut der arme Heine im Herzen leid, im Grunde der Ritter der Romantik, der Schwärmer und Träumer, der flimmernden Mondschein und versunkene Ritterpracht und Minnezeit so innig zu besingen weiß, ward er in den esprit des Spottes gedrängt, begann über alles seinen aristophanischen, glänzenden, witzigen Hohn zu gießen, am meisten über*

Zeugnis von Perrot

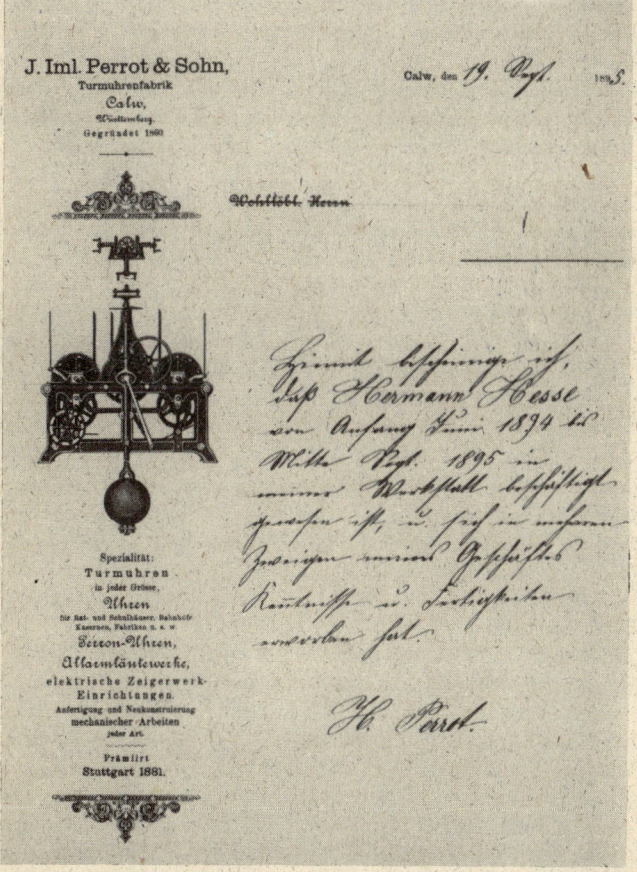

sein eigenes, verdorbenes, tief elendes Herz, so ward er am Ende zur „deutschen Spottdrossel" und zum Weltschmerzdichter.[31]

Die zeitgenössische Literatur erscheint ihm in einem drastischen Bild: *Ja, der liebe deutsche Helikon! Er erinnert an die Walpurgisnacht ... Wir erblicken da um den Hexenkessel versammelt die Herren Hauptmann, Bleibtreu, Sudermann etc., Wilbrandt und Lindau fehlen nicht. Auch ein kecker Sozialist und mehrere Söhne Israels sind da, gleich hinter ihnen ein verirrter Antisemit mit zerrissenen Hosen, daneben ein paar moderne Schauspieler, lauter Ibsenianer. Mehr rechts haben sich Turgenews Anhänger gelagert, ganz links sitzen Herrn Zolas Parteigänger. Die ganze Gesellschaft hängt an den Lippen Hauptmanns, ihres Zeus, der eben über die Unabhängigkeit der Kunst von der Moral spricht. Die Ästhetik ist längst abgeschafft. Im Hexenkessel brodeln einige hundert realistischer Romane, aus denen eine neue Art des Ehebruchs herausgekocht werden soll, da dieses wichtige Thema allmählich nahezu erschöpft worden ist. Wir verlassen diese Edlen, da vermutlich das Absud noch lange nicht fertig sein wird, und wenden uns zu einem dusterrot glimmenden Feuer, in das fortwährend Weihrauch geschüttet wird. Um dasselbe sitzen die Nachkommen der Romantiker, trübe und „vom Vaterland getrennt — die letzten Zehn vom vierten Regiment". Lauter wohlmeinende, hoffnungslose Trauerwedel. Alle diese Gruppen lagern rund um den Brockenwipfel, auf dem der Satan einen Teeabend für die Vertreter der politischen Oppositionspresse veranstaltet hat. Satan präsidiert, Kontrapräses ist Eugen Richter, Vizepräses Bebel. Wir lassen diese saubere Gesellschaft ungeschoren und bleiben bei den kleineren Gruppen. Da finden wir vor allem eine große Schar bunter, zwickertragender, auffallender Frauenzimmer, die Amazonen des deutschen Helikon, absurd, geschmacklos, kraftlos, stillos. Sie gehören sämtlich dem von Satan gegründeten „Verein für Ruinierung der Sprache" an und sind neben den Naturalisten und Feuilletonschreibern die tätigsten Mitglieder. In einer kleinen Höhle haben sich die wenigen besseren Lyriker zusammengefunden. Sie hängen Blumenzweige, mit Eau de Cologne bestreut, herum und bauen sich so in harmloser Kinderlust einen Frühling im kleinen. Auf dem Sitz der Unsterblichen, wo einst Goethe, Klopstock, Lessing, Schiller gesessen, finden sich ganz vereinsamt ein paar Historiker, Ranke und Hettner nehmen zu zweien den Platz des toten Schlosser ein.*[32] Eine am Stil satirischer Blätter geschulte kecke Pauschalaburteilung damals aktueller politischer und literarischer Bestrebungen und Richtungen weist den jugendlichen Räsoneur als allzu flotten Spötter aus. Zwar überrascht die zunächst wohl unvermutete Wertschätzung des liberalen Literarhistorikers Hermann Hettner, aber durch ihre Verquickung mit den ignorantenhaften Witzeleien eines sich reichlich altklug gebenden Jünglings über August Bebel wird sie als bloße Lesefrucht abgewertet, offenbart sich das Unverständnis des in kleinbürgerlich konservativem Elternhaus Aufgewachsenen für den Fortschritt in Geschichte und Gegenwart. Auch die wiederum rühmlichen Bekenntnisse zu literarisch-geistigen Qualitätsnormen der klassischen Tradition, deutlich beeinflußt von Hettners Auffassungen, werden nur allzubald fragwürdig, wenn der jugendliche Hesse seine eigentliche Vorliebe für eine antiaufklärerische, antiintellektuelle Gemütlichkeit erklärt. Denn so bestimmte er sein eigenes literarisches Ideal: *Einen Kerner kann es heute leider nimmer geben, aber seine Lieder werden gesungen werden, wenn man von Voltaire, Schiller und unsern Dichtern von heute nimmer spricht... Am rührendsten sind die Lieder an und über sein liebes Weib, sein treues „Rickele"...*[33]

Der junge Mann hat, wie er immer wieder aufzählt, viel gelesen. Er nennt Ibsen, Dostojewski, Lie, Zola, Vrchlicky, Turgenew. Wagner gilt ihm als der Erste der sich *aus dem Epigonenfluch emporringenden titanischen Geister.*[34] Er äußert eine gewisse Vorliebe für Wilhelm Raabe[35] und wünscht sich: *In unsern Literaturjahrmarkt sollte ein lustiger, vernichtender Blitz schlagen, ein „Don Quijote". Aber wie Don Quijote müßte das Werk neben der vernichtenden eine bauende Kraft besitzen.*[36]

Bei aller Belesenheit Hesses: sein Urteil verrät mehr als einmal provinzielle Enge, zugleich erscheinen die ersten Formulierungen in allen Modifikationen beibehaltender Grundpositionen. Da ist eine fast einseitig anmutende Orientierung des Urteils auf die klassische Tradition, verbunden mit äußerster Skepsis gegenüber aller derzeit neuen Literatur: *Den Richtungen der heutigen Literatur gegenüber verhalte ich mich ziemlich neutral. Es gibt nur ein Thema, das mich in Feuer setzt, das ist die Sozialdemokratie ... Doch spielt sie ja zum Glück in der schönen Literatur noch keine bedeutende Rolle.*[37] Und es wird das Spätzeitthema angeschlagen: *Irrenhaus, Spital, Leihhaus, Bordell, Ehebruch, Selbstmord, Nirwanaträume — lauter „schöne Gegenstände",* aber alle zusammen bilden sie einen Wust ohnegleichen.

Justinus Kerner

Alles nervös, überreif, faul. Aber unser Volk! Das liebe, gute, treue deutsche Volk! Singt es nicht noch die alten schlichten Lieder und lebt in naiver Unschuld? Die alten Lieder? Ja, des Werktags wohl hie und da, wenn es kein Geld hat. Des Sonntags aber beim Bier, da geht kein Mühlenrad, da singt kein Waldvöglein mehr, da klingt es jauchzend und mächtig, das Lied der Lieder: „Im Grunewald, im Grunewald ist Holzauktion." Die Männer aber sind über diese Kindereien doch hinaus, die wackern Männer der Arbeit, auf deren Schultern der Staat ruht? Jawohl! Die singen überhaupt keine Lieder, höchstens ein unschuldiger Achtundvierziger noch; die anderen aber sitzen und horchen auf den Redner, der mit kühnem Wort aller Tyrannei den Stab bricht, sie lesen den „Vorwärts" und den „Wahren Jakob" — und trinken Bier dazu, viel Bier. Ich weiß wohl, daß ich da sehr übertreibe. Aber sooft ich mich dem Volk nähere, mit ihm umgehe, wozu ich in Fabriken etc., selbst ein Arbeiter im blauen Wams, reichlich Gelegenheit habe — immer begegne ich wieder den bösen Mächten, der seichten Leichtfertigkeit, die von Wien und Berlin stammt, und dann der Sozialdemokra-

F. M. Dostojewski

tie![38] So stellten sich dem Mitarbeiter Meister Perrots in Calw
zeitgenössische Literatur und Politik dar. Unüberhörbar ist die
Klage über eine verlorengegangene patriarchalische Romantik
nicht nur im Literarischen, sondern ebenso im Politischen. Die
hohe Achtung für die Männer von 1848 wird ein Leben lang
bewahrt, aber sie bleibt schließlich theoretisch, denn Hesse
findet keine Beziehung zu den revolutionären Bewegungen
seiner Zeit.

Im Zentrum philosophischer Auseinandersetzungen steht für
den jungen Hesse Schopenhauer. Überraschend schroff wird
die Ablehnung der Nirwana-Philosophie formuliert, aber da
Hesse gleichzeitig mit gewiß nicht unbegründetem Mißtrauen
gegen die revolutionären Gesten und Attitüden einer spätzeitlichen Literaturentwicklung allen Kräften der Epoche
mißtraut, kommt er doch selbst auch wieder auf einen romantischen Pessimismus: *Unsere jetzige literarische Periode ist
nicht glänzend, aber höchst interessant. Neue Positionen haben wir
nicht, wir zehren vom Glanz der letzten und vorletzten Periode.*

Das Neue unserer Zeit ist ein Negatives. Wir sind in unserem Universalismus zu weit geraten, die „maya"-Philosophie benebelt manchen tüchtigen Kopf. Und das Ende davon ist Nirwana. Diese lockende sophistisch-pessimistische Anschauung genügt aber nicht, unser Leben und unsre Literatur aus dem augenblicklichen großen Katzenjammer zu befreien … Jetzt soll eine neue Weltkunst, Weltdichtung entstehen, die zwar international sein möchte, aber so ziemlich auf östlichem, slawischem Geiste ruht. An ihr bauen unsere Naturalisten etc. Sie entsteht durch Revolution. Aber wie unendlich verschieden ist die Revolution der Franzosen vom Nihilismus! Jene war jugendlich optimistisch, dieser ist alternd pessimistisch. Jene war die glückliche Begeisterung im Weinrausch, dieser ist das Zucken im Katzenjammer, ohne Ideal, ohne eigenen Glauben. Daraus soll eine ganz neue Ästhetik und Literatur entstehen.[39] Das ist einstweilen in erster Linie ein großes Erschrecken vor allem über die Radikalität im Werk Dostojewskis. In dieser frühesten Zeit gibt es eine unverkennbar scharfe und entschiedene Abgrenzung gegen vorherrschende Tendenzen der literarischen Entwicklung, in diesem Falle gegen die naturalistische „Literaturrevolution".

Bis Mitte September 1895 hat Hesse bei Perrot gearbeitet. In dieser Zeit wurde ihm der vierzehn Jahre ältere Cannstädter Gymnasialvikar Dr. Ernst Kapff zum vertrauten Ratgeber, dem er seine dichterischen Versuche schickte, Rechenschaft über seine umfangreiche Lektüre gab. Die Briefe an Kapff, die zu den aufschlußreichsten Dokumenten der Frühzeit gehören, sind ebenso wie die im Ton burschikoser, ironischer gehaltenen an ehemalige Maulbronner Kameraden Zeugnisse der Selbstverständigung, des Bemühens, die eigene Position, auch schon im literarischen Leben, zu bestimmen.

Am 17. Oktober 1895 begann Hesse die Buchhändlerlehre in Tübingen in der Buchhandlung Heckenhauer, wo er vier Jahre lang — als Lehrling, zuletzt als zweiter Sortimentsgehilfe — täglich zehn bis zwölf Stunden im Laden arbeitete. *Für die erste Zeit war mir das Schwimmen im Neuen und Neuesten der Literatur, ja das Überschwemmtwerden damit ein beinah rauschähnliches Vergnügen,* erinnerte sich Hesse.[1] Und unter diesem Neuen und Neuesten dürfen ebenso die Romane Wilhelm Raabes und Theodor Fontanes — 1894 war „Effi Briest" erschienen, 1895 kamen „Die Akten des Vogelsangs" und 1896 „Die Poggenpuhls" — zu verstehen sein, wie die Dramen Gerhart Hauptmanns und Sudermanns, die Gedichte Liliencrons, aber auch schon Werke Ricarda Huchs, Wedekinds, Hofmannsthals, Schnitzlers und Stefan Georges. Dann fährt Hesse aber in seinem Bericht fort: *Doch merkte ich freilich nach einer Weile, daß im Geistigen ein Leben in der bloßen Gegenwart, im Neuen und Neuesten unerträglich und unsinnig, daß die beständige Beziehung zum Gewesenen, zur Geschichte, zum Alten und Uralten ein geistiges Leben überhaupt erst ermöglicht.*[2] So ist es vor allem Goethe, der dem angehenden Buchhändler in diesen Jahren zum stärksten Erlebnis wird; weiterhin liest Hesse auch Brentano, Eichendorff, Tieck, Schleiermacher und Schlegel, Lessing und Schiller, Virgil und Horaz, insbesondere Novalis.

Die geistige Welt des jungen Mannes deutet die Ausstattung seines Tübinger Quartiers an: *ein schneeweißer Gipsabguß der*

Hermesbüste des Praxiteles. Ich würde ihn wahrscheinlich heute in keinem Zimmer ertragen, aber damals empfand ich noch beinah ebenso stark wie als Knabe mit meinem tönernen Kaiserbild den primitiven Zauber der Plastik, der körperlichen, greifbaren, abtastbaren Naturnachahmung.[3] Hinzu kamen Fotografien bewunderter Männer, für einen etwas teuren Preis erworben ein Bild des jungen Gerhart Hauptmann, *dessen „Hannele" ich damals gelesen hatte,*[4] und — nicht minder aufschlußreich — zwei Bilder von Nietzsche und eines von Chopin. Als Credo formulierte Hesse: *Ich bin schlechterdings seit langem des festen Glaubens, daß die Moral für Künstler durch die Ästhetik ersetzt wird.*[5] So begann sein Weg als Schriftsteller: 1898 erschienen in E. Pierssons Verlag, Dresden und Leipzig, die *Romantischen Lieder,* Hesses erste Buchveröffentlichung, nachdem bereits an die Wiener Zeitschrift „Deutsches Dichtertum" eingesandte Gedichte dort zum Teil gedruckt worden waren oder aber statt der Veröffentlichung Ablehnung erfahren hatten mit der publizierten Begründung: „Wer wird aber auch so menschen-hasserisch sein? In zwanzig Zeilen gleich zweimal ‚Ekel' über die ‚Menge' zu empfinden und auszusprechen ... Schade um die zwei hübschen Schlußstrophen, die eine gelungenere Ein-leitung und Fortsetzung verdienen würden!"[6] Neben Versen Gustav Falkes, des heute vergessenen Richard von Schaukal, aber auch den poetischen Ergüssen einer Eufemia von Ad-lersfeld-Ballestrem standen die *Romantischen Lieder* in Piers-sons Verlagsprogramm. Den Druck hatte der junge Poet selbst finanzieren müssen, und für die innerhalb eines Jahres ver-kauften vierundfünfzig Exemplare von insgesamt sechshun-dert wurden dem Autor vom Verlag 35,10 Mark gezahlt.[7] Eichendorff und Geibel hat Hesse später als Vorbilder dieser frühen Versuche hervorgehoben.[8] Charakteristische Wider-sprüche sind evident. Einem nietzscheanischen Ästhetizismus in der Theorie steht in der Praxis die Berufung auf Eichendorffs romantische Volkstümlichkeit, aber auch Emanuel Geibels bürgerliche Biederkeit gegenüber.

Respektabler war schon der Verlag, in dem das zweite Buch, wenn auch lediglich in der nur mühsam verkauften Auflage von sechshundert Exemplaren, erschien. Helene Voigt, die später als Schriftstellerin die „schollenfrohe Mühsal" auf schleswig-holsteinischen Gutshöfen bedichtete, vermittelte daß ihr Verlobter Eugen Diederichs das Bändchen mit dem Märchentitel *Eine Stunde hinter Mitternacht* und einem Novalis-Motto in seinem Verlag herausbrachte. Die Abhängigkeit dieser neun kürzeren oder längeren Stücke — Lyrik in Prosa, Naturidyllik und Märchen — von Maeterlinck hat Hesse unter Hinweis auf den *Schatz der Armen* und *Tintagull* zugegeben, eine von Wilhelm Scholz ebenfalls behauptete Beziehung zu Stefan George indessen nicht ohne Entrüstung zurückgewie-sen.

Rainer Maria Rilke hat dies Büchlein, „welches fürchtig ist und fromm von einer dunklen betenden Stimme, denn die Kunst ist nicht ferne von diesem Buch"[9], gelobt und vor allem *An Frau Gertrud* auf seine Weise interpretiert. Und da zeigt sich, wie sehr Gedanken-, Bilder- und Sprachwelt des jungen Rilke und des jungen Hesse verwandte Züge aufweisen, wie mühelos und kongruent Hesses Weg zum Märchen aus Le-bensekel, die Verfeinerung künstlerischer Empfindsamkeit durch Leiden, durch die *Fiebermuse* der Aufbruch in ein neues

Leben, nachdem er *der Einsamkeit auf den Grund geblickt*,[10] in dem Idiom des jungen Rilke adäquat wiederzugeben sind. „Es ist eine gewisse Sonntagssprache darin", fand allerdings Rilke, „und der Autor scheint noch wenige Sonntage gefühlt zu haben: zu neu und unbenützt erweist sich manches Wort. Dennoch ist das Buch sehr unliterarisch. An seinen besten Stellen ist es notwendig und eigenartig. Seine Ehrfurcht ist aufrichtig und tief. Seine Liebe ist groß, und alle Gefühle darin sind fromm: es steht am Rande der Kunst."[11]

Wenn Hesse in seinem nächsten Buch, den 1901 in Basel publizierten *Hinterlassenen Schriften und Gedichten von Hermann Lauscher, herausgegeben von Hermann Hesse,* diesen *Dokumenten der eigentümlichen Seele eines modernen Ästheten und Sonderlings,*[12] sogleich betont, *sie entbehren fast ganz die fleißig geschliffene, preziöse Form, welche Lauschers Dichtungen eigen ist,*[13] so darf das gewiß auch als Urteil über die eigenen frühesten Versuche verstanden werden. Lauscher selbst kann als bemerkenswerter Übergang vom Typus der „Sonderlings"[14] zu dem des „Seelen- oder Stimmungsvagabunden"[15] verstanden werden.

Was Hesse der Preziosität der ersten Prosa entgegensetzt, ist eine kaum verhüllte Darstellung eigenen Erlebens und Lebens, die Rekapitulation der Calwer Kindheit, die Erinnerung an Tübinger Kneiptouren, eine Kirchheimer Episode. Von daher erhält das Buch zumindest einen Ansatz von innerer Festigkeit, seinen Objektbezug als Gegengewicht zu dem auch hier unverkennbaren esoterischen Wortgeklingel. Im *Tagebuch 1900* des in Basel Angekommenen gipfelt der *Hermann Lauscher.* Und da ist das Werk wiederum nur oberflächlich verhüllte Selbstaussage, die gleichzeitig mit den wohlbekannten Stilmitteln romantisch-ironischer Selbstzitate arbeitet. Der Autor zeigt, daß er auch Tiecks „Gestiefelten Kater" gelesen und für sich verarbeitet hat. „Hesse will mir einen Artikel über Tieck abjagen, den er doch besser kennen müßte als ich", notiert Lauscher. „Dabei fiel mir plötzlich die fabelhafte Ähnlichkeit auf, die zwischen jenem Märchendichter und mir besteht."[16]

Selbstbekenntnisse Hesses sind diese fiktiven Tagebuchblätter, Notizen eines jungen Poeten, der einigermaßen reizempfindlich auf die Möglichkeiten moderner Dichtung seiner Zeit reagiert, der sich erschreckt und abgestoßen zeigt durch alle Radikalität, mit der er sich konfrontiert sieht. Tolstoi, Ibsen, Zola sind unbequem, Mißbehagen empfindet

Rainer Maria Rilke 1901

der Tagebuchschreiber auch gegenüber Hebbel. Und wenn
Vorbehalte gegen Luther anklingen, begegnet sich hier die
Pietismusproblematik des Missionarssohns mit dem Nietzscheanismus des jungen, von dem Basler Philosophen „be-
zauberten" Literaten, hatte doch Nietzsche den Reformator
gelegentlich als „Mönch mit allen rachsüchtigen Instinkten
eines verunglückten Priesters" charakterisiert.[17]
Der fordernde Ernst moralischer Fragestellungen, der Realismus vor allem der russischen, skandinavischen und französischen Literatur sind es, die Hesse verstören, denn er erkennt
zwar ein Recht auf die aufgeworfenen Fragen, aber er selbst
hat keine Antworten parat. So kommt es zu den später be-
dauerten törichten Bemerkungen über Leo Tolstoi gelegentlich
der Lektüre der „Auferstehung": *Tolstoi ist von einer im-
ponierenden seelischen Größe, er hat einmal die Stimme der
Wahrheit gehört und folgt ihr nun wie ein Hund und wie ein
Märtyrer, durch dick und dünn, durch Schmutz und Blut. Was*

ihn so häßlich macht, ist eben das Russische an ihm, dessen Schwere, Düsterkeit, Mangel an Kultur, Mangel an Freude sogar den zarten Turgenew oft ungenießbar macht. Die Heiligen Martin und Franziskus haben dieselbe Lehre wie Tolstoi gepredigt, aber bei ihnen ist Person und Lehre ebenso hell, elastisch und erfreuend wie bei Tolstoi dunkel, spröde und niederdrückend. Vielleicht, ich will nicht leugnen, kommt von dorther die Erneuerung der Welt; aber ehe aus diesen herben, frischen, rohen Keimen Kunst werden kann, müssen sie noch hundert Jahre und länger reifen ... Seine Stimme hat nicht nur die zitternde Glut des Fanatikers, sondern auch den peinlich rohen Gurgelton des östlichen Barbaren. Ich habe Sehnsucht danach, mich am nächsten warmen Tag in den hellen Frühlingswald zu legen und dort ein paar Seiten Goethe zu lesen.[18] Beruhigung und Ausgleich werden in der Natur und in einer ganz unliterarisch erlebnisunmittelbar aufgefaßten klassischen Überlieferung gesucht. Ein Grundzug von Hesses Goetheverständnis, die betonte Zuneigung zum Naturlyriker Goethe, ist hier bereits, drei Jahrzehnte vor dem *Dank an Goethe*, formuliert.

Daß es sich indessen auch im Falle Tolstoi um mehr als simples Fehlurteil handelt, daß dahinter eine Grundüberzeugung Hermann Hesses deutlich wird, erhellt aus der Antwort, die der Dichter neun Jahre später gab, als man in ihm einen „deutschen Flaubert" sehen wollte, was in der Konsequenz auf die Mahnung hinauslief, der Romantik abzusagen: *Das mit dem Flaubert wäre schön, und ich will als noch junger Mann nichts versprechen. Aber vor dem künstlerischen Risiko solcher Werke graut mir doch sehr. Daran sind große Könner wie Zola völlig gescheitert. Und mir steht, als heimlichen Lyriker, der Wunsch nach einer Melodie vielleicht zuletzt doch höher als der nach Durchdringung großer Stoffe, sosehr mich solche im „Privatleben" rein intellektuell fesseln können.*[19]

Lauscher-Hesse hat — als „geheimer Lyriker" — freilich nur Surrogate anzubieten. Luther ist ihm, der wenig später im Bild des Franz von Assisi eine Annäherung von Protestantismus und Katholizismus versuchen wird, unbequem, und so folgt auf die Frage „Glaubst du an Christus?" der bezeichnende Verweis *und vor dem Schlafengehen lasen wir den dritten der Hymnen des Novalis,*[20] in dem die Absage an „das Band der Geburt, des Lichtes Fessel"[21] ausgesprochen ist. So wird die Parallele zu Novalis erstrebt, der am 29. Juni 1797 in sein

Tagebuch eintrug: „Xtus und Sophie."[22] Die frühromantische religionsphilosophische Überhöhung persönlichen Erlebens und natürliche Beglaubigung religiöser Überlieferung, ablesbar auch am später unterdrückten Frühwerk des Theologen Schleiermacher „Vertraute Briefe über Schlegels Lucinde", kommen hier ins Spiel. In solch halsbrecherische Höhen versuchte der junge Hesse seine ungeklärten religiösen Probleme und seine schwärmerische Liebe zu Elisabeth, der Tochter aus dem Basler Hause Laroche, hinaufzustilisieren.

Da offenbart sich Gefühlsunsicherheit. Flucht in die Romantik erscheint als Ausweg, eingeschlossen ist die erbittert ironische Abfertigung aller zeitgenössischen Literatur der Hofmannsthal und George und zugleich ein zynisches Akzeptieren literarischen Ziselierhandwerks: *Ziehen wir das Fazit! Mir bleibt bei leidlich jungen Jahren der noch respektabel konservierte Rest einer ehemals recht ansehnlichen Phantasie, eine gewisse, wenn schon etwas abgenutzte Fähigkeit zum Genießen und Arrangieren schillernder Stimmungen sowie ein kleiner Fonds von „Seele", der bei vorsichtigem Gebrauch eventuell noch eine und die andere Liebe leichteren Genres zu inszenieren und zu überdauern vermag. Rechnen wir dazu eine durch lange Gewohnheit erworbene Fertigkeit im Tragisch-Idealischen und in der souverän duldenden Pose, so muß ich mir selbst zu so schönen dichterischen Fähigkeiten gratulieren und habe keinen Grund, um meine Zukunft als Autor besorgt zu sein. Ich werde Niels Lynhe nicht ohne persönliche Note imitieren und die sublimsten Wiener in Ekstasen übertreffen. Das heißt auf deutsch: Pfui Teufel. Aber wozu habe ich Neudeutsch und Wienerisch gelernt?*[23] Mit sicherem Instinkt spürt Hesse das Gekünstelte, Halbwahre neuromantischer Fin-de-siècle-Dichtung, die ihm seiner ganzen Natur und Herkunft nach fremd sind. Zugleich ahnt er die Unmöglichkeit klassischer Vollendung in einer spätzeitlichen Literatur. Einstweilen — freilich nur für eine kurze Weile — scheint romantische Ironie, ein Oszillieren des Kunstwerks zwischen dem Realen und dem Phantastischen, dem Dichter die gemäße Haltung. Da ist E. T. A. Hoffmann, sein literarischer Favorit, die „Prinzessin Brambilla" schätzt er am höchsten.[24]

Hoffmanns Gedächtnis widmete Hesse die 1900 geschriebene, allerdings erst in die zweite Auflage des *Hermann Lauscher* 1907 aufgenommene *Lulu*-Erzählung, die Erinnerung an ein Jugenderlebnis, wie im August 1899 Hesse mit seinen Tübinger

Le petit cénacle:
Otto Erich Faber, Oskar Rupp, Ludwig Finckh,
Carlo Hamelehle, Hermann Hesse

Freunden, dem Jurastudenten Ludwig Finckh, Carlo Hamelehle, Oskar Rupp, Otto Erich Faber und Schöning — dem
„petit cénacle" —, fröhliche Ferientage in Kirchheim verlebt
und sich in Julie Hellmann, die Nichte des Kronenwirts,
verliebt hatte. Hoffmannesk ist insbesondere der phi-
losophierende Herr Drehdichum.[25] Der *Hermann Lauscher* ist
vor allem Dokument von Hesses Aufenthalt in Basel, wohin
er im Herbst 1899 als Gehilfe in der Reichschen Buchhandlung
gegangen war: in die *Stadt Nietzsches, Jacob Burckhardts und
Böcklins.*[26] Im Hause des damaligen Basler Stadtarchivars
Rudolf Wackernagel lernte Hesse die jüngeren Basler Gelehrten kennen: neben Mez, Bertholet und Haller vor allem den
Kunsthistoriker Heinrich Wölfflin und den über Nietzsche und
die Romantik arbeitenden und referierenden Philosophen Karl
Joel, die alle ihn ebenso beeinflußten wie der Theologe Carl
Albrecht Bernoulli. In erster Linie wurde aber Jacob
Burckhardt für Hesse, der 1901 ins Watterwylsche Anti-
quariat überwechselte, zum geistigen Erlebnis.
Mit den Begriffen „Vertrauen, Ehrfurcht und dankbare

54

Jüngerschaft" wird später das Verhältnis zu dem Autor der „Weltgeschichtlichen Betrachtungen" charakterisiert.[27] Was Hesse zweifellos anziehen mußte, war die in Basel lebendige Erinnerung an Burckhardts radikalen Rückzug von aller Politik auf die Verteidigung der Überlieferung, auf den Privatmenschen als erklärtes Ziel.[28] Durch Wölfflin mochte ihm wohl die Meinung des Historikers bekannt geworden sein, *das Leben sei ein schlechtes Geschäft, es sei viel zu kurz, um etwas zustande zu bringen. Ein Trost liege im Bewußtsein, nur das Glied, nie die Kette zu sein.*[29] Solcher Überzeugung hat Hesse, dem sie sich mit pietistischen Gedanken und korporativen Idealen der Mission ebenso verband wie mit einem von Hegel beeinflußten Entwicklungsdenken, das stets als Gegenpol zur Burckhardtschen statischen Geschichtsauffassung lebendig blieb, sein Leben lang angehangen; sie begründet noch die poetische Konzeption wie die allenthalben spürbaren Spannungen im *Glasperlenspiel* und findet poetischen Ausdruck im *Stufen*-Gedicht.

Burckhardts Geschichtspessimismus als Reaktion auf eine historische Entwicklung im Zeichen Bismarckscher Machtpolitik, der Rückzug mithin des einstigen Freundes der Jungdeutschen und der Männer von 1848 auf eine bald schon bemerkte Position an der Peripherie[30] beeindruckten den jungen Schwaben, für den die bürgerlich liberale Tradition der Jahrhundertmitte, auch der Demokratismus eines Gottfried Keller noch unmittelbar lebendig waren, dem sich, wie die überlieferten Zeugnisse beweisen, die politischen Kämpfe seiner Zeit in einer abstrakten Gut-Böse-Antithetik darstellten. Aufgewachsen in einer eindeutig preußen- und Bismarckfeindlich orientierten Umwelt, lernte der junge Hesse das Böse im Burckhardtschen Sinne als *einen Teil der großen weltgeschichtlichen Ökonomie* verstehen.

Schaudernde Abkehr von der tief empfundenen Krise der Zeit, verbunden mit dem Bekenntnis zur Schopenhauerschen Willensphilosophie, gipfelte bei Burckhardt im Streben nach Überwindung der Demokratie, in einer Rückzugsposition, die auch durch die schließliche Ablehnung Nietzsches wie aller Gewaltmenschen und Outlaws in der Geschichte gekennzeichnet ist. Die Entsprechung dazu wird später Hesses geistiger Aristokratismus sein.

Burckhardts „Genuß der Askese"[31] mußte dem Calwer Missionarssohn ebenso vertraut anmuten wie die Ablehnung einer Ästhetisierung von Dekadenz zuungunsten der vollen ganzen Schönheit.[32] Hier hat man bereits einen Ansatz für die wenig später im *Peter Camenzind* verkündete Ablehnung der damals modernen Literatur und ihres gesellschaftlichen Hintergrundes in der bürgerlich-kapitalistischen Metropole Paris, das ein Camenzind nur als Sündenbabel zu sehen vermag.

Burckhardt hatte die Konsequenz gezogen, gegen die Macht der Masse für den Aristokratismus des Geistes votiert.[33] Hesse ist ihm hier durchaus und, wie Äußerungen sogar noch aus der zweiten Nachkriegszeit belegen, bis zuletzt gefolgt.

Was er von Burckhardt lernte, wurde schließlich im *Glasperlenspiel* auf die Formel gebracht, Knecht habe beim Pater Jakobus, der bekanntlich die Züge des Baslers trägt, *Geschichte nicht als Wissensgebiet, sondern als Wirklichkeit, als Leben* erlebt, *und dazu gehört als Entsprechung die Wandlung und Steigerung des eigenen persönlichen Lebens zu Geschichte.*[34] Aber berechtigt ist auch auf des Paters *Mißtrauen gegen alle Geschichtsphilosophie*[35] aufmerksam gemacht und betont worden, wie hier geschichtsverändernde Praxis ausgeschlossen ist.[36]

Zu den Hesse prägenden Momenten des Burckhardtschen Denkens gehören die Überlegungen des Historikers über den Zusammenhang von Kunstform und Gesellschaftsstruktur, über das Phänomen geschichtlicher Krisen. Burckhardts an Schopenhauer orientierte Bevorzugung der Poesie vor der Geschichte als bedeutsamer für die Erkenntnis des Wesens der Menschheit teilte Hesse, freilich nicht die Höherbewertung Schillers gegenüber Goethe. Ein Burckhardtsches Diktum, daß Schiller „einzig unter allen lyrischen Dichtern (stehe), weil er mit starkem, geläutertem Willen der Verewigung des einzelnen Momentes, der einzelnen Situation wesentlich entsagt ... Tausende haben schöne Liebeslieder gedichtet, nur Er die Würde der Frauen..."[37], vermag Hesse nicht zu teilen. Da verteidigt er Natur bei Goethe gegen Schillers Intellektualismus, der ihm niedriger steht und als Gefahr für die Poesie erscheint.[38]

Der Zweiundzwanzigjährige lebte *inmitten eines Kreises von Menschen, deren Wissen und Interessen, deren Lektüre und Reisen, deren Denkart, Geschichtsauffassung und Konversation von nichts und niemand so stark beeinflußt und geformt waren wie von J. Burckhardt.*[39] Stark sind die Rückverbindungen zum Histo-

rischen. Doch dann heißt es in einem Brief an Ludwig Finckh: *Du weißt, ich bin hier in Basel in einem Antiquariat und verkaufe alte, kostbare Bücher. Aber ich bin daran, neue zu schreiben, die noch keiner geschrieben hat.*[40]

Für den jungen Schriftsteller ist es nicht einfach, sein Thema, seine Form zu finden. *Schopenhauer. Ich habe oft das Gefühl, er mime und habe nicht recht, ohne daß ich doch etwas Besseres wüßte. Oder doch, ich weiß etwas Besseres, aber es ist zu schwer und unversucht zum Sagen,* notierte er.[41] Oder: *Kann man sich einen sprachlichen Pointillisten denken? Und doch — was ist Blaugrün? Was ist Perlblau? Wie läßt sich das leichte Überwiegen etwa des Gelb, des Kobaltblau, des Violett aussprechen? — und doch liegt in diesem leisen Überwiegen das ganze süße Geheimnis einer Stimmung, einer beglückenden Kombination beschlossen.*[42] Impressionismus ist hier zum sprachlichen Problem geworden.

Von hundert Franken Monatsgehalt lebte Hesse damals, durch Honorare für Gedichte und Aufsätze — vor allem über die erste Italienreise 1901 — seine Barschaft aufbessernd und auf diese Weise materiell so unabhängig, daß er 1902 eine angebotene Assistentenstelle am Leipziger Buchgewerbemuseum zugunsten der *größeren Bewegungsfreiheit ... in der ... so heimisch gewordenen Schweiz*[43] ausschlug. Zeitweilig muß freilich sein poetisches Talent dem Dichter zweifelhaft gewesen sein. Nach Ninon Hesses Bericht habe es in einer unvollendeten „Vorrede an seinen Freund Ludwig Finckh" geheißen, nach dem *Hermann Lauscher* wäre es Hesse vorgekommen, als hätte er damit seine Jugend und seine Poesie begraben. Aber das sei töricht gewesen, *und nun will ich dir die Geschichte meines Freundes Julius Abderegg erzählen.*[44]

Durch Paul Ilg, einen Schweizer Schriftsteller, wurde Samuel Fischer auf Hesses *Hermann Lauscher* aufmerksam, und der bereits berühmte Verleger lud Hesse zur Mitarbeit ein. Der schickte schließlich eine kleine Prosadichtung an Fischer. 1903 erschien als Vorabdruck in der Neuen Rundschau der *Peter Camenzind.* Nach der Anfang Februar 1904 ausgelieferten Erstauflage von dreitausend Exemplaren folgte bis 1906 ein rascher Absatz von dreiunddreißigtausend Exemplaren. Dieser Lebensbericht eines *Dichters, Wanderers, Trinkers und Einspänners*[45] ist abermals eine Künstlergeschichte, und als solche steht Hesses erster großer, später von ihm nicht ohne Mißtrauen und als Mißverständnis nicht ohne Unbehagen betrachteter Publikumserfolg neben Thomas Manns „Tonio Kröger", der im gleichen Jahre ebenfalls in Samuel Fischers Verlag erschien. Die Beziehungen beider Werke zueinander sind überraschend eng, zugleich erhellt aus der Gegenüberstellung die eigentümliche, lyrisch-rückwärtsgewandte Haltung Hesses, seine Entfremdung von dem scharf ironischen Realismus Thomas Manns.

Camenzind als Künstlergeschichte ist die Darstellung einer Entwicklung, die zunehmend von der Kunst wegführt, die offenbar machen möchte, wie wenig künstlerische Leistung als menschlich-ethische zu erreichen ist. Camenzind ist ein um seiner menschlichen Vollendung willen scheiternder Künstler, der sich vom Feuilletonismus trennt und schließlich im einfachen Leben aufgeht, das ihm für das große und gültige Werk zu stehen hat. Skepsis gegen die gesellschaftliche Möglichkeit des Künstlertums ist ein sich bis zum *Glasperlenspiel* und Knechts Ausscheiden aus der kastalischen Provinz durch Hesses Werk ziehendes Problem. Indem aber als Gegenposition zu echtem Künstlertum der Feuilletonismus einer Spätzeit immer wieder Gegenstand Hessescher Polemik ist, bleibt die Kritik, wie sehr sie auf scharfer Beobachtung des aussagekräftigen Details beruht, schließlich doch an der Oberfläche, stößt sie nur selten — etwa im *Steppenwolf* und auch da unter spezifisch ideologiegeschichtlichem Aspekt — zu Epochenbewegungen, im Grunde nie zu den eigentlichen Triebkräften gesellschaftlicher Entwicklungen vor.

Hesses Buch hat mit dem problematisch empfundenen Gegensatz von Kunst und Leben zu tun, einem Zentralthema der Literatur des Jahrhundertbeginns, hier sogleich mit der charakteristischen Verabsolutierung, daß jeglicher Schritt in die Bereiche der Zivilisatorischen — mag er technische Neuerungen, mag er höhere Schulbildung betreffen — als Narretei belächelt und schließlich aufgehoben wird. Denn daß Camenzind aus Nimikon überhaupt in die Bereiche des Intellektuellen vorstößt, gehört zu den „Ideen" des immer scheiternden Onkels. Und wenn Camenzind für seinen Freund Richard durch irgend etwas überhaupt in Betracht kommt, so ist es seine naturverbundene Robustheit, seine Unkenntnis, was Wagner oder Nietzsche betrifft. Die zivilisierte — und das meint: kapitalisierte — Welt, der Hesse damals allerdings mehr dem Hörensagen nach bekannten europäischen Metropolen wie Paris, ist das Negative schlechthin, Zentrum eines Kulturbetriebes, wo *unter idealer Etikette allerlei unsaubere Menschlichkeiten zum Himmel stanken.*[46] Und das ist eine zeittypische Ablehnung des Feuilletonismus, die bereits 1897 Otto Julius Bierbaum in seinem Roman „Stilpe" formulierte: „Du kannst zwar versumpfen, aber es bleibt dir immer noch die Möglichkeit, Journalist zu werden ... Ich bin eine zersplitterte Natur. Der Fluch der modernen Menschen lastet auf mir, daß wir uns nicht sammeln können."[47] Auch gegen dieses Sich-Verzetteln, „bis sie eines Tages leer und unfähig sind, harmonisch im Harmonischen aufzugehen"[48], setzt Camenzind trotzig sein *Seht, wir Wilde sind doch bessere Menschen.*[49] 1951 schrieb der Autor darüber an einen Studenten: *Er wiederholt im kleinen die halb tapfere, halb sentimentale Revolte Rousseaus, er wird auf diesem Wege zum Dichter.*[50] Aus dem Ungenügen an einer Welt der decadence, diesem *halbflüggen Volk seltsam gekleideter und frisierter Dichter und schöner Seelen*[51] sucht der junge Camenzind einen Ausweg.

Möglich ist dem Erzähler Hesse nur der rückwärtsgewandte in die Natur, in die naive, urwüchsige, zivilisationsfremde Menschenwelt des Camenzinddorfes Nimikon. Der Dichter Camenzind *brauchte nicht Interessantheiten, sondern Typen. Das bot mir weder das Volk der Akademiker noch der Kreis der Gesellschaftsmenschen.*[52]

Darin liegt die Differenz zu Thomas Manns Novelle, daß es im *Peter Camenzind* für den Schwaben zwischen dem Künstler und den Bürgern, zwischen Ästhetizismus und decadence einerseits, blonder Banalität andererseits noch eine idealisierbare Zwischeninstanz, die Welt der kleinen Leute und eines naturnahen nützlichen Lebens gibt. „Der ‚Camenzind‘ selbst ist ein offener Affront der modernen Kultur und Gesellschaft", bemerkt dazu Hugo Ball. „Will man dies aber nicht gelten lassen, so ist doch die Wirklichkeit, die das Buch vertritt, von der üblichen sehr verschieden. Wenn man die Notizbücher, von denen im ‚Camenzind‘ die Rede ist, neben die gleichzeitigen eines Zola hält, dann fehlen die Zylinderhüte der Minister, die Strumpfbänder und die Warenhäuser, dann fehlen die Parfüms der feinen Damen, die schwieligen Arbeiterhände und die Karosserie einer heutigen Stadt. Dann ist Hesses Wirklichkeit ein Ausschnitt, ein Paradies helläugiger Knabenjahre, dann werden die sichtbaren Bilder nur anerkannt, soweit sie Dauer und Tragkraft haben für Ton und fromme Beschwörung. Aber man täusche sich nicht! Dasselbe Werk, das erst harmlos und idyllisch aussieht, enthält einen Gegensatz zur heutigen Bildung, der unbehaglich und gefährlich werden kann."[53] Hesse hatte versucht, eine Antwort auf die Frage zu geben, wie man die Zeit umgehen, aus Nimikon und Assisi sein und sich trotzdem behaupten kann.[54] Der diese Antwort gibt, aber „schreibt schon und publiziert in angesehenen Verlagen, ohne außer sich selbst auch nur einen einzigen zeitgenössischen Dichter gesehen zu haben"[55]. Jedenfalls erkundigte er sich in absoluter Ahnungslosigkeit auf einem Münchner Empfang des Fischer-Verlages bei Thomas Mann, ob der mit dem Verfasser der drei Romane der Herzogin von Assy verwandt sei.[56]

Aus solchen Spannungen, dem Ungenügen an einer Umwelt, die ihm widerstrebt, in der er sich fremd fühlt (wenn ihre Hektik vielfach auch geradezu verzweifelt genossene Ablenkung bietet), schreibt Hesse seinen *Peter Camenzind*, sucht er Ersatzlösungen anzubieten, wenn unerwiderte Geschlechtsliebe abgebogen wird in allgemeine Menschenliebe, projiziert er gesellschaftliche Problematiken in die Natur. Denn eben weil er den Menschen so sehr als Teil der Natur betrachtet, die stumme Natur der Berge, Wälder und Wiesen anthropomorphisiert, gibt es für ihn als Übertragung gesellschaftlicher Phänomene in die Natur auch eine gleichsam naturgegebene decadence, ein ohnehin alterndes Geschlecht mit einer Neigung zum Tiefsinn, der keine erfreulichen Resultate zeitigt.

Auch das führt wieder zu dem romantischen Nietzscheanismus des jungen Hesse, für den freilich charakteristisch ist, daß er seinen Camenzind — *ohne daß ich jemals zu Zarathustra gebetet hätte, doch eigentlich ein Herrenmensch*[57] — einen Weg zu den Kleinen, Bedrückten und Armen finden läßt. Im Zeichen des Franz von Assisi vollzieht sich diese Entwicklung Camenzinds, und sie reproduziert und reflektiert den nachhaltigen Eindruck, den der heilige Franziskus auf Hesse gemacht hatte, übrigens nicht auf Hesse allein.

Auch Hesses Bild des umbrischen Heiligen ist — in freilich charakteristischer Einseitigkeit — bestimmt durch die auf den vatikanischen Index gesetzte Franziskus-Biographie Paul Sabatiers. Ohne sie ist ebenfalls das Assisi-Thema im ,,Stundenbuch" Rainer Maria Rilkes nicht denkbar.[58] Wenn da der Poverello hinter jenem ,,Denn Armut ist ein großer Glanz von Innen..."[59] steht, so gibt es offenkundige Beziehungen zu Hesses Boppi-Figur im *Peter Camenzind*, und hinter allem steht Sabatiers antikapitalistisch akzentuierte Franziskus-Interpretation.[60] Während aber bei Rilke, fast überraschend, dieses Moment in den Vordergrund tritt und bei allem sozialen Quietismus im Vers zur Idee einer großen Gemeinschaft der Armen führt,[61] betont Hesse mit seiner Vorliebe für den franziskanischen Sonnenhymnus und dessen an Mallarmé gemessener Sprachalchemie den individualistischen Ausbruch aus der Gesellschaft[62] zu dem schlichten Volk[63], die Herstellung eines brüderlichen Verhältnisses zu den Menschen und Dingen, zum Guten und Bösen. Naturalistische Elends- und Mitleidsschilderung wird in der romantisch versöhnlichen Idylle aufgelöst; der *Humor des Lebens*[64] entdeckt, der in der Darstellung an die Stelle aggressiver Ironie tritt. Charakteristische Hesse-Themen werden angeschlagen. Da ist bereits, vorausweisend auf die Hermine des *Steppenwolfs*, das weibliche

Pendant in der Gestalt der unglücklich liebenden Malerin Erminia, wie überhaupt auch Steppenwolf-Züge in der Person Camenzinds angelegt sind. Aus verschmähter oder nicht zu erwidernder Geschlechtsliebe folgt die Wendung zur Natur und zu den armen Menschen, die Freundschaft mit dem Krüppel Boppi. Weiter gefaßt ist es die Flucht aus dem rein Geistigen in Bereiche praktischer Lebensbewährung, die hier erstmals erscheint und bis zur Entscheidung Josef Knechts im *Glasperlenspiel* ein Thema Hermann Hesses bleiben wird. Allerdings führt diese Flucht im *Camenzind*-Buch zunächst nur bis zum Rückzug vor der Auseinandersetzung, zum Vorsatz, des Außenseiters der Gesellschaft *als eines Seligen und Lieblings Gottes zu gedenken.*[65] Der junge Brecht scheint hier gar einen aus Baals Verwandtschaft gesehen zu haben, wenn er notierte: „Ich lese H. Hesses ‚Klingsors letzter Sommer'. Diese Novelle ist sehr schön, es ist etwas Edschmid darin, aber viel besser. Wenngleich der ‚Camenzind' nimmer erreicht scheint, den ich fern in Erinnerung habe als etwas Kühles, mit Herbstbuntheit und Herbheit gefülltes Papier. Es ist einer darin, der am Schluß nurmehr roten Wein trinkt und verkommt und die Jahreszeiten anschaut und den Mond aufgehen läßt, das ist seine Beschäftigung!"[66]

Es ist zunächst bei Hesse Flucht vor einer persönlichen Problematik, der Unmöglichkeit, ein ästhetisches Ideal zu realisieren, das mit einer größeren Dichtung ohne Menschengestalten gespielt hatte. Indem aber Hesse diesen *Naturalismus*, dem *die Geschichte eines Baumes, ein Tierleben oder die Reise einer Wolke auch ohne menschliche Staffage interessant genug gewesen war*,[67] aus der Kritik an der Deformierung des natürlichen Menschen durch die Gesellschaft entwickelte, gelangte er trotz aller Momente beschaulicher Idyllik zu kritischen Akzenten. Er vermochte als der letzte Romantiker, der Verteidiger einer Nachhut,[68] mit seinem *Camenzind* aber keine Lösungen zu geben. Daran hinderte ihn eindeutig, daß „er sich zu früh zurückgezogen, zu früh gebunden und festgelegt (hat), seine Kraft an Figuren verschwendet, die keine mehr sind"[69]. Der Biograph Hugo Ball hatte das Gespür für die Gefährdung von Hesses Begabung durch eine zwar effektvolle, aber oberflächliche Alternative. Zumindest aus der Sicht des Jahres 1927, als die Hesse-Biographie des ehemaligen Züricher Dadaisten Ball zuerst herauskam, mußte der *Peter Camenzind* eher als Endpunkt einer literarischen Entwicklung erscheinen denn als zukunftsträchtiger Höhepunkt. Immerhin aber war Hesse durchaus die eindringliche Formulierung einer zeittypischen Problematik gelungen, und zwar in einer Form, die Wolfgang Joho bei der Erstveröffentlichung des Buches in der Deutschen Demokratischen Republik rühmte: „Die sprachliche Meisterschaft, Schönheit und Einfachheit des ‚Camenzind‘ kann unseren heutigen Schriftstellern, die vielfach mit der Muttersprache weniger pfleglich umgehen, zum Vorbild dienen, ebenso wie die rückhaltlose Ehrlichkeit, mit der Hesse hier den Problemen seiner Zeit auf den Grund geht."[70]

Es geht um die Stellung des begabten Menschen in der bürgerlich-kapitalistischen Umwelt, um eine Problematik, die Friedrich Huchs „Peter Michel" nicht minder prägt als noch Carl Hauptmanns „Einhard der Lächler". Auch Hesses frühes Werk bereits ist charakterisiert durch eine als problematisch empfundene Abgelöstheit der deutschen Dichter um die Jahrhundertwende von der Gesellschaft.[71] Aber für Hesse ist es, seinem ganzen Bildungsweg entsprechend, einstweilen noch eher ein Widerspruch zwischen Natur und decadence, als daß er die Entwertung und Gefährdung klassischer Tradition in ihren Ursachen erkannt, die Lebensuntauglichkeit des Intellektuellen in der Warenwirtschaft nicht nur erfahren, sondern durchschaut hätte. Das unterscheidet ihn vom frühen Thomas Mann, unterscheidet ihn auch von Rilke, der in der Fünften Duineser Elegie die Frage nach dem Wesen eines verzweifelten Artistentums stellt,[72] erlaubt die Flucht in die Isolierung einer Idylle, führt erst später zu schärferer Formulierung, welche Möglichkeiten schriftstellerischer Redlichkeit der Dichter Hesse in einer Klassizität nicht mehr erlaubenden Bürgerwelt noch sieht.

Charakteristisch ist Hesses Position. Zu einer Literatur im Stile von Heinrich Manns 1900 erschienenem Roman „Im Schlaraffenland" fehlt ihm jede Beziehung. Nach Herkunft und Tradition von der Wiener Gruppe um Bahr, Schnitzler und Hofmannsthal getrennt, empfindet Hesse auch hier nur Distanz. So kann er sich am Schluß des *Camenzind* noch einen Synchronismus von Föhndarstellung und Gefühlsinterpretation leisten, der nicht literarisches Klischee einer Heimatkunst ist, sondern bei aller bewußten artistischen Ausnutzung unmittelbaren Lebensbezug genug enthält, um menschlich und künstlerisch zu überzeugen, der aber weit entfernt ist von der intellektuellen Stilisierung solcher Natursymbolik beispielsweise später in Thomas Manns „Zauberberg". Daß verzweifeltes, am Schluß des *Peter Camenzind* ein Verschweigen erfahrener Krisen einschließendes Bemühen um erneute Bindung an eine Gemeinschaft nicht zur Heimatkunst wurde, die etwa die Bartels und Lienhard in ihrer Halbmonatszeitschrift „Heimat. Blätter für Literatur und Volkstum" propagierten und deren Feindschaft gegen die „undeutsche Großstadt" sich mit der antigroßstädtischen Idyllik des *Camenzind* berührt, verhinderte die Berufung auf eine andere Tradition: auf Gottfried Keller und Wilhelm Raabe.

Die Beziehungen des *Peter Camenzind* als Künstlergeschichte vor allem zur Erstfassung des „Grünen Heinrich" sind deutlich. Und wenig später gibt sich Hesse Rechenschaft über den ruhigen Fluß von Kellers Sprache, darin die Norm seines eigenen Prosastils erblickend.[73] Kellers Realismus hat auf Hesse gewirkt, was freilich der *Camenzind*-Autor nicht immer wahrhaben wollte, wenn er gegen den Keller-Interpreten Brandes polemisiert, *der beständig in der Literatur das Stoffliche überschätzt, dem es stets um das Aufdecken von Zusammenhängen und Zeitrichtungen zu tun ist*,[74] wogegen Hesse zwei Gewalten in jeder Dichtung stellt, *die nicht Kunstmittel, sondern das Genie selbst sind. Die eine ist das, was ich die Ewigkeit des Stoffes nennen möchte, die zweite Gewalt ist die Sprache.*[75] Der Weg zu einer Theorie des Wortkunstwerkes, bei der sich Hesse und der späte Thomas Mann einmal treffen werden, ist angedeutet. Und schließlich heißt es: *Denn bleibend ist nur das Sinnbild, nie das Abbild.*[76] Dennoch bleibt im *Peter Camenzind*, diesem streng und genau komponierten Buch, der urwüchsige demokratische Realismus Gottfried Kellers spürbar, allerdings auch Kellers Beziehung zur romantischen Tradition. Der Dichter, der „weiß, daß ich eigentlich kein Erzähler bin"[77], und darum eine Prosa will, die „den einsamen Einzelnen"[78] darstellt, hat eine natürliche Affinität auch zum Wilhelm Raabe des „Abu Telfan". Als Rückzugsposition ist Hesse-Camenzinds Nimikon eine andere „Katzenmühle". Dennoch, darum die Berufung auf Keller kontemplativ und folgenlos zu nennen,[79] scheint insofern bedenklich, als dabei der dem *Hermann Lauscher* gegenüber mit dem *Peter Camenzind* getane Schritt zur weiteren Verfestigung der Prosa, zur Aufnahme von Welt- und Zeit-

Wilhelm Raabe

problematik, zur kritischen Distanz auch gegenüber Nimikon
unberücksichtigt bleibt.

Hesse, der sich als Greis ebenso gegen eine einseitig psycho-
logisierende wie eine obenhin soziologisierende Interpretation
gewandt hat,[80] sah schließlich Grenzen und Gültiges im *Peter
Camenzind* so: *Er ist nicht für das Leben im Kollektiv geschaffen,
er ist ein einsamer König in einem von ihm selbst geschaffenen
Traumreich. Ich glaube, hier haben wir den Anfang des roten
Fadens gefunden, der durch mein ganzes Werk geht. Ich bin zwar
nicht bei der etwas kauzigen Eremitenhaltung Camenzinds
geblieben, ich habe mich im Laufe meiner Entwicklung den Problemen der Zeit nicht entzogen und nie, wie meine politischen
Kritiker meinen, im elfenbeinernen Turm gelebt — aber das erste und
brennendste meiner Probleme war nie der Staat, die Gesellschaft
oder die Kirche, sondern der einzelne Mensch, die Persönlichkeit,
das einmalige, nicht normierte Individuum.*[81]

Hesses Werk merkt man die Mühen an, mit denen es gearbeitet
ist. Am Beispiel einzelner Motive oder Bilder ließe es sich
verdeutlichen. Da steht beispielsweise im *Peter Camenzind* das

Gedicht an Elisabeth, dessen erste Strophe mit dem direkten Vergleich *Wie eine weiße Wolke ... Bist du, Elisabeth* fast unkünstlerisch platt wirkt. Aber das Wolkenbild, in den folgenden Strophen bei aller volksliedhaft schlichten Eingängigkeit mit mehr Diskretion verwendet, enthält einen Bezug nicht allein auf das Naturerlebnis des Dichters, sondern nicht minder auf die Malkunst des italienischen Impressionisten Giovanni Segantini und dessen lichtklare, farbintensive Hochgebirgsdarstellungen.

In seiner Haltung berührt sich Hesse durchaus mit dem Autor des „Peter Michel" und „Mao", Friedrich Huch, wie ihn 1913 in seinen Gedenkworten Thomas Mann charakterisiert hat, ein Dasein zum Programm überhöhend: „Mit dieser zwiefachen Orientiertheit, dieser persönlichen Mischung von geistiger Verfeinerung und Körperfreudigkeit und betonter Verehrung des Leibes, mit dieser wiedergewonnenen Vollmenschlichkeit schien er mir ein führender Verkünder jenes neuen Humanismus, dessen Heraufkunft wir fühlen."[82] Solche idealistische Aufhebung einer Körper-Geist/Leben-Kunst-Antithetik entsprach auch den kulturphilosophischen Intentionen Walter Rathenaus, des großbürgerlichen Freundes der Künstler und Künste, der sich als einer der ersten Rezensenten warm in der „Zukunft" für den *Peter Camenzind* aussprach.[83]

Schülernot und Künstlerleiden

Im April 1903 reiste Hesse, einer Einladung nach Florenz folgend, zum zweitenmal nach Italien. Mit ihm fuhr Maria Bernoulli, die mit ihrer Schwester zusammen in Basel ein Fotoatelier leitete. Damals schrieb Hesse an Alexander Freiherrn von Bernus: *Jetzt freilich fange ich an mich zu brüsten und üppig zu werden und habe sogar neustens den festen Plan gefaßt, im Herbst zu heiraten. Wenn der ,,Camenzind", wie der Verleger halb und halb hofft, die dritte Auflage erlebt, soll es losgehen.*[1]

Im Sommer 1904 heiratete Hesse in Basel Maria, die neun Jahre Ältere, die einer angesehenen Basler Gelehrtenfamilie entstammte. *Sie war älter, als er sich seine Frau gewünscht hatte. Sie war sehr eigen, und es würde schwierig sein, neben ihr zu leben und seinem gelehrten Ehrgeiz zu folgen, denn von dem mochte sie nichts hören. Auch war sie nicht sehr stark und gesund und konnte namentlich Gesellschaft und Feste schlecht ertragen. Am liebsten lebte sie, mit Blumen und Musik und etwa einem Buch um sich, in einsamer Stille, wartete, ob jemand zu ihr käme, und ließ die Welt ihren Gang gehen. Manchmal war sie so zart und empfindlich, daß alles Fremde ihr weh tat und sie leicht zum Weinen brachte. Dann wieder strahlte sie still und fein in einem einsamen Glück, und wer es sah, der fühlte, wie schwer es sei, dieser schönen, seltsamen Frau etwas zu geben und etwas für sie zu bedeuten.*[2] So hat der Dichter 1919, als die Ehe bereits zerstört war, er dennoch das Märchen mit der Widmung *Für Mia* versah, in *Iris* Maria Bernoulli beschrieben. Und er hat die offenbar gewordene innere Unmöglichkeit der inzwischen gescheiterten Verbindung zurückgeführt auf das Auseinanderklaffen von Schein und Sein, Bild und Wirklichkeit, auf die Entfremdung des Mannes von der heilen Naturwelt der Kindheit. Das Märchen, das mit allen Requisiten eines romantischen Platonismus arbeitet, in dem Hoffmanns Student Anselmus ebenso präsent ist wie die ,,blaue Blume" aus dem ,,Ofterdingen" des Novalis und als Ziel der ,,Weg nach Hause", postuliert auch im psychoanalytischen Sinn die Notwendigkeit einer ,,Ich-Einigung", die Rückkehr zu Kindheit und Natur als Voraussetzung

Hesse mit seiner ersten Frau Maria, geb. Bernoulli

für den Weg zu Iris, der Blume und der geliebten Frau, zu dem
Geheimnis, das hinter allen Bildern liegt.[3] Das Märchen ist die
poetisch verschlüsselte, aber auch zu einer wenigstens (und
nur) poetischen Lösung geführte Selbstaussage, Klage über den
Verlust kindlicher Unschuld, Negation vor allem jeglicher
Tätigkeit im bürgerlich gesellschaftlichen Leben zugunsten
einer Rückkehr in das Reich von Natur und Kindheit. Dorthin
führt ein *Pfad ... leise abwärts in die Heimat.*[4]
Unbehagen am Ästhetentum hatte Hesse früh gespürt, seine
Abneigung gegen das Schauspielerhafte im Schriftsteller — übrigens ein lebenslanges Thema Thomas Manns[5] — formuliert:

> *Das ist mein Leid, daß ich in allzu vielen*
> *Bemalten Masken allzugut zu spielen*
> *Und mich und andre allzugut*
> *Zu täuschen lernte. Keine leise Regung*
> *Zuckt in mir auf und keines Lieds Bewegung,*
> *In der nicht Spiel und Absicht ruht.*[6]

Als Alternative zum fragwürdigen Künstlertum kam der
Philister im Sinne einer zeittypischen Konfrontation[7] natürlich
nicht in Frage.[8] Gleich Camenzind, auf den Spuren von Ru-

skin, Morris und Tolstoi, strebte Hesse, *ein ländliches, einfach aufrichtiges, natürliches, unstädtisches und altmodisches Leben zu führen.*[9] Auch hier kommt die für ihn so charakteristische Neigung zum Ausdruck, Gegebenheiten seines Lebens zu romantisieren, humorvoll zu idyllisieren. *Fürs Soziale, das bei Ihnen gelegentlich anklingt, fehlt mir eigentlich der Sinn ganz — vielleicht weil ich selber stets ein armer Teufel war und die Poesie und den Humor des Nichthabens kenne und gern habe.*[10] Später hat Hesse mit einiger Schärfe über seine *Bauernjahre* und *eben diese hübschen, aber unklaren Glaubensartikel in unseren Köpfen, wie sie auch im „Peter Camenzind" zum Ausdruck kamen,*[11] geschrieben und seine zeitmodische Flucht aufs Land, seine Entgegensetzung von Stadt und Land als eine andere Form seines späteren *Nomadentums,* seiner Bauer-Nomade-Anti-thetik verstanden.

Die *Sicherheit, die ein nicht von Vernunftsätzen, sondern von Instinkten geleitetes Leben auszeichnet,*[12] ist ein ständig wieder-kehrendes Thema und wird immer wieder zum Problem, denn *daß mein ländliches Ideal selber nur ein Vernunftsatz war, störte*

Hesse bei Emil Strauß

mich dabei nicht. Unsere Neigungen haben ja stets eine erstaunliche Begabung, sich als Weltanschauungen zu maskieren. Der Fehler meines Gaienhofener Lebens war denn auch nicht der, daß ich falsche Gedanken über Bauerntum und so weiter hegte, sondern daß ich zum Teil mit meinem Bewußtsein etwas ganz anderes wollte und anstrebte, als meine wirklichen Triebe meinten.[13]

Den Schriftsteller Emil Strauß in Emmishofen besuchend, hatte Hesse die Schönheiten der Bodenseelandschaft kennengelernt, und als seine Frau das Dorf Gaienhofen entdeckte, mietete Hesse dort für hundertfünfzig Mark im Jahr einen Teil eines Bauernhauses auf dem Kirchplatz, dort ein Leben fern der Zivilisation zu führen, von dem Hugo Ball meint, angestrebt gewesen sei „ein gleichwohl sehr christlich gefärbtes Heidentum, eine Konkordanz von Natur und Frömmigkeit ...

Man läßt zwar die Kinder nicht taufen, die Ehe nicht segnen; das menschliche Urbild gilt vom natürlichen nicht als verschieden. Aber man ist in Dingen, die das kreatürliche Leben der Frau betreffen, weit entfernt etwa von der Realistik des Mittelalters. In diesem Punkt ist man nicht homerisch, nicht heidnisch. In diesem Punkt ist man Illusionist und gleicht man ein wenig dem Manne im Mond, der seine Reinheit ver-

Hesse mit Ludwig Finckh

sichert."[14] Bald folgte Ludwig Finckh, Hesses Tübinger Freund, inzwischen Arzt und mit seinem „Rosendoktor"[15] als Schriftsteller bekannt geworden, nach Gaienhofen, logierte zunächst für zwanzig Pfennige täglich im Gasthof „Zum Deutschen Kaiser", bis er ein Häuschen erwarb, das zwar niederbrannte, während sein Besitzer sich auf Hochzeitsreise befand, dann aber mit Hesses Unterstützung wieder aufgebaut wurde.

In Gaienhofen vollendete Hermann Hesse *Unterm Rad*, das zum größten Teil 1903 im Frühling und Sommer 1904 in Calw niedergeschriebene Werk. Vorabdrucke erschienen in der „Neuen Zürcher Zeitung" und im „Kunstwart" des Ferdinand Avenarius. Samuel Fischer brachte das Buch in seiner taschenbuchartigen „Bibliothek zeitgenössischer Romane" in einer Erstauflage von dreißigtausend Exemplaren heraus, für die er mit einem zehnprozentigen Honorar als Vorauszahlung garantierte.

Erzählt wird die kurze Lebens- und Leidensgeschichte Hans Giebenraths, den eine zensurenerpichte, den Menschen vergewaltigende Umwelt zugrunde richtet, indem sie die Schule zum Selbstzweck erhebt und nicht als Instrument zur Ausbildung von Menschen versteht. Giebenrath, ein zarter, empfindsamer Junge, zerbricht an der Begegnung mit einer ihn überwältigenden Macht, die ihre Aufgabe darin sieht, ihn *nach obrigkeitlicherseits gebilligten Grundsätzen zu einem nützlichen Gliede der Gesellschaft zu machen und die Eigenschaften in ihm zu wecken, deren völlige Ausbildung alsdann die sorgfältige Zucht der Kaserne krönend beendigt.*[16] Und vom Schulmeister heißt es ... *seine Pflicht und sein ihm vom Staat überantworteter Beruf ist es, in den jungen Knaben die rohen Kräfte und Begierden der Natur zu bändigen und auszurotten und an ihre Stelle stille, mäßige und staatlich anerkannte Ideale zu pflanzen.*[17]

Mit diesem bitteren, ironisch aggressiven Akzent geht die Erzählung über die bloße Rekapitulation inzwischen bis ins Detail bekannter Fakten der Hesseschen Biographie[18] hinaus und trifft ein zentrales Thema deutschsprachiger Literatur um die Jahrhundertwende — in freilich charakteristisch Hessescher Eigentümlichkeit.

Dabei entsprach auch das künstlerische Herangehen an die Gestaltung durchaus allgemeinerer literarischer Gepflogenheit. Man findet in *Unterm Rad* bis ins Detail genau Stationen,

Umgebung und Lebenssituationen des jungen Hesse wieder. Gar nicht anders war Bierbaum verfahren, der „erzählt, wie sein Jugendtagebuch neben ihm lag, als er den ‚Stilpe‘ schrieb"[19]. Und von Thomas Mann ist bekannt, wie präzise er bis zu Formulierungen in den „Buddenbrooks" den Details der Familiengeschichte und eigens zu diesem Zweck erbetenen Auskünften folgte. Was dahinter steht, ist — wenn auch dem einzelnen Autor so oder so nur bewußt — europäische realistisch-naturalistische Literaturtradition, die Detailgenauigkeit Flauberts, Tolstois und Fontanes. Bei Thomas Mann wurde — 1906, im gleichen Jahr, da *Unterm Rad* erschien — eine Theorie daraus: formuliert in „Bilse und ich", niedergelegt auch in einem großen Brief an Kurt Martens: „Ich sage, daß sehr große Dichter ihre Lebtage nichts erfinden, sondern nur Überliefertes mit ihrer Seele erfüllt und neu gestaltet haben."[20] Die Konsequenz ist übrigens bei Hesse wie bei Thomas Mann eine überraschende Absage an die Epik, das Selbstbekenntnis, eigentlich Lyriker sein zu wollen. So heißt es bei Thomas Mann: „Ich sage, daß ich in der Gabe, Figuren und Intriguen zu erfinden, nicht das Criterium des Dichterthumes sehe. Jeder Lyriker, der nichts kann, als direkt seine eigene Seele aussprechen, beweist, daß ich Recht habe. Und ich bin ja ein Lyriker (wesentlich)."[21] Vergleichbar damit gibt es für Hesse, der das Lyrische in seinem Werk im Gegensatz zu Thomas Mann beibehalten und sublimiert hat,[22] lebenslang bis zum Altersroman vom *Glasperlenspiel* die Vorherrschaft eines essayistischen Lyrismus vor der epischen Konsistenz handfester Fabeln.

Im Ausgangspunkt gab es Gemeinsamkeiten. „Ich erinnere mich wohl", hat Thomas Mann über die früheste „Buddenbrooks"-Konzeption bekannt, „daß, was mir ursprünglich am Herzen gelegen hatte, nur die Gestalt und die Erfahrungen des sensitiven Spätlings Hanno waren — eigentlich also nur das, was aus frischer Erinnerung, aus dichterischer Introspektion geleistet werden konnte."[23] Was auf diese Weise zu leisten war, lieferte Hesse in *Unterm Rad*. Es wurde zugleich ein Buch mit einer sehr eigentümlichen schwäbischen Thematik. Landexamen und Stift als Weg armer begabter Knaben zum theologischen oder pädagogischen Amt haben mehr als ein schwäbisches Schicksal bestimmt, und unter der „Stiftlerneurose" hat mehr als einer gelitten. In der späteren Erzählung

Im Presselschen Gartenhaus rückt Hesse dann die drei großen Schwaben zusammen: den wahnsinnigen Hölderlin, Mörike und Waiblinger, der einmal sagt: „Es ist nur gut, daß ich den Hölderlin habe. Ich glaube, dem haben sie auch seinerzeit im Tübinger Stift das Rückgrat gebrochen."[24]

Leiden und Kritik an dieser Überlieferung stehen am Anfang: Es folgen in Briefen wie im epischen Werk Versuche, die verklärte Tradition aufzuheben und zu bewahren, sie einem pädagogischen Ideal zu integrieren, wie es schließlich im *Glasperlenspiel* gestaltet wurde. Die pädagogische Utopie in ihrer Größe wie ihrer vom Dichter selbst gespürten Fragwürdigkeit war nicht denkbar ohne Hesses Hinneigung auch zu einer anderen Seite dieser schwäbischen Tradition, zur Philosophie Georg Wilhelm Friedrich Hegels. *Unterm Rad* richtet sich gegen eine schwäbische theologisch-pädagogische Orthodoxie, der die freiere, menschlichere Religiosität und Pädagogik der pietistischen Brüdergemeinde als romantisch verklärte Bildungsmacht in Gestalt des schlichten Handwerkers gegenübertritt.[25] Es fehlt auch nicht — entsprechend Hesses zu dieser Zeit bekundeten Anti-Wilhelminismus — an Sarkasmen gegen den *scharf geschnäbelten nördlichen Adler*.

Und insofern sie so über Schwaben hinaus auf allgemeinere, historisch begründete pädagogische Problematik zielt, steht die Erzählung neben der Hanno-Episode aus den „Buddenbrooks", neben dem „Freund Hein" von Emil Strauß, den „Verwirrungen des Zöglings Törleß" von Robert Musil oder Rilkes „Turnstunde". Zur Vater-Sohn-Kontroverse zugespitzt und verengt, erscheint diese Macht-Geist-Konfrontation in der Dichtung des Expressionismus, auch noch in Franz Werfels „Nicht der Mörder, der Ermordete ist schuldig" von 1920.

So ist Hesses lyrisch-elegische Erzählung einerseits zu den radikalkritischen Schulromanen, abschätzig zur „durchgängig negierenden Tendenzdichtung"[26] gerechnet worden. „Ungeachtet der im Schulthema keimhaft entwickelten Ansätze zu einer echten Auseinandersetzung mit der Gegenwart" hat marxistische Kritik in dem Werk ein Befangenbleiben „in der moralisierenden Gut-böse-Antinomie" vermerkt.[27] Ein geographisch wie historisch eng umgrenzter Erfahrungsbereich, die prägende Kraft einer oft in Frage gestellten, letztlich aber nie preisgegebenen Tradition hatten zur empfindsamen Beschränkung auf die heimatgefärbte Lyrik dieser Erzählung geführt. Die besondere Position Hermann Hesses ist deutlich. Wohl steht auch hinter seinem Buch die Künstlerproblematik. Aber Giebenraths Schicksal ist nicht das des sensiblen Spätlings und frühreifen Wagnerianers Hanno Buddenbrook im Konflikt mit einer verpreußten, den Schüler schon zum Beamten machenden Schule. Es ist auch nicht das Leiden des feingliederigen österreichischen Geistesaristokraten an der Roheit der Kadettenanstalten, die Kollision des Dekadent mit der brutalen Macht. Bei Hesse entsteht der Konflikt aus der Entfremdung alles Geistigen von einer viel naiver, direkter aufgefaßten Natur.

Heilner — und später Waiblinger — brechen aus einer ihnen zu eng gewordenen Welt aus und scheitern nicht minder als Giebenrath oder auch Hölderlin oder Mörike. Am Ende steht das Dilemma. Denn es gab keine Anklage gegen eine pervertierte Macht, es gab nur das Leiden an einer Umwelt, in der selten — wie die Briefe und Zeugnisse aus Hesses Jugendzeit erschütternd zeigen — zur rechten Zeit das rechte Wort gesprochen, das Rechte mit rechtem Maß betrieben wurde. Aber eben, weil es höchstens Klage, nicht Anklage gegeben hatte, vermochte Hesse später das, woran er gelitten hatte, vorsichtig und spürbar unter dem Gesichtswinkel der im *Glasperlenspiel* entwickelten pädagogischen Idee ins Positive umzudeuten, als er nach dem zweiten Weltkrieg an den ehemaligen Ephorus des Seminars D. Fausel schrieb: *Es ist mir manchmal ein sympathischer Gedanke, daß inmitten des zerrütteten Deutschland und Europa da und dort solche Zellen des Aufbaus bestehen wie die Klosterschulen.*[28]

Drei Jahre lebte Hesse in Gaienhofen in seinem gemieteten Bauernhaus mit der hohen Balkenschwelle des Arbeitszimmers, auf die es zu achten galt. *Wer das außer acht ließ, stieß sich in der niedrigen Tür den Kopf an, es ist manchem passiert. Der junge Stefan Zweig mußte bei seinem Besuch sich erst eine Viertelstunde hinlegen und erholen, ehe er sprechen konnte, er war zu rasch und enthusiastisch eingetreten, als daß ich ihn noch vor der Schwelle hätte warnen können.*[29] Auch andere Besucher — vielfach Nachbarn, Künstler, die ebenfalls am Bodensee siedelten — kamen, denn noch spielten die Unterschiede im Weltanschaulichen und Politischen, die nach 1914 und erst recht nach 1933 Trennlinien bildeten, keine bestimmende Rolle: Wilhelm von Scholz, Emil Strauß und Emanuel von

Bodman waren freundlich begrüßte Gäste. Mit Thomas Mann war Hesse in München bekannt geworden und hatte ihn *fein und sympathisch* gefunden.[30] Alfons Paquet, aber auch Wilhelm Schäfer, an dessen Zeitschrift „Die Rheinlande" Hesse damals mitarbeitete, und Bruno Frank und viele andere zählten zum befreundeten Kollegenkreis. Auch der greise Christian Wagner besuchte Hesse in Gaienhofen, ein Mann, der gleichsam das Camenzind-Ideal verkörperte, *die Gläubigkeit, das lebendige Atmen in einem Lebensgefühl, das niemals vereinzelt und vereinsamt im Dunkel irrt, sondern immer und in jeder Stunde die Gemeinschaftlichkeit alles Lebens empfindet.*[31]

Vor allem aber waren es Maler und Musiker, mit denen Hesse Umgang pflegte: Max Bucherer und Otto Blümel, Ludwig Renner und Fritz Widmann, Hans Sturzenegger, Welti, Amiet, unter den Musikern vor allem Othmar Schoeck, mit dem Hesse die gemeinsame Liebe und Bewunderung für Hugo Wolf verband, die Dirigenten Volkmar Andrä und Fritz Brun und der Pianist Edwin Fischer, der später Hesses Elisabeth-Lieder komponierte. Zu diesem Kreis gehörte auch der Konstanzer Zahnarzt Alfred Schlenker, dem Hesse, im *Vertrauen zu der Begabung meines Freundes,*[32] 1910 das Libretto einer Oper *Die Flüchtlinge* schrieb: eine nachromantische Kolportage vom Grafensohn, der sein Mönchsgelübde bricht, um die schöne Giulietta zu entführen; nach Flucht, Gefangennahme, Gericht folgt *Anerkennung des Paares. Umarmung. Froher Schluß.*[33] Schon hier übte sich Hesse in Stilkopien, wie sie später für *Das Glasperlenspiel* charakteristisch werden sollten: *Das Marienlied habe ich fertig. Absolut 400 Jahre alt; ich bin selig, weil es so stilvoll u. alt ist,* schrieb er nach Konstanz.[34] Das von Schlenker auch tatsächlich komponierte Werk erschien indessen erst 1955 in einem Privatdruck. Zwei weitere Libretti, die Hesse in Gaienhofen schrieb, *Bianca* und *Der verbannte Ehemann,* wurden nicht vertont.

In Gaienhofen erwarb Hesse schließlich eigenen Grund und Boden und ließ sich, das Bauernleben ein wenig weiterzuführen, ein eigenes Haus bauen, dessen Kosten ein Darlehn der Schwiegereltern deckte. Zudem war er, dem 1904 der Bauernfeldpreis mit tausend Kronen verliehen worden war, um diese Zeit bereits ein renommierter Autor, dessen Mitgliedschaft sich der Schwäbische Schillerverein zur Ehre anrechnete, mit dessen Werken sich die Literarhistoriker zu befassen be-

Enthält Beiträge von:
Friedrich Payer (Die Krisis im Reichstag)
Conrad Haußmann (Parlamentarisches Wetterleuchten)
Anatole France, Hermann Hesse, Selma Lagerlöf, R. H. France, Prof. Max Slevogt, Caran d'Ache, und vielen anderen
28 Illustrationen
1 farbige Kunstbeilage

Rundschau   Glossen

Verlag von Albert Langen in München

gannen. Gute Beziehungen unterhielt Hesse, der seine Erzählungen von früh an Zeitungen und Zeitschriften zum Abdruck anzubieten pflegte und bis ins hohe Alter mit ziemlicher Sorgfalt über die Publikationen Buch führte, zu dem Münchner Verleger Albert Langen. Am „Simplizissimus", über den sich Camenzind jedesmal ärgerte, wirkte er mit — zusammen mit seinem Freund Reinhold Geheeb und dem späteren Schriftleiter Dr. Owlglass (Hans Erich Blaich). Mit Albert Langen sowie Ludwig Thoma und Kurt Aram zusammen gründete Hesse die Halbmonatszeitschrift für deutsche Kultur „März", die 1907 zuerst erschien. „Tendenz: nur Positives bringen und freiheitlich sein. Politisch keiner Partei dienen, aber ungefähr die Stimmung der guten 48er halten", wurde das Programm, sofern man es als solches nehmen will, einmal umrissen.[35] „Thoma, der Robuste, hatte die altmodisch-ebenmäßige Handschrift einer gebildeten Dame, Hesse sandte Glossen und wunderbare Lyrik mit einer nicht ganz einwandfreien Schreibmaschine auf der Rückseite abgerissener Kalenderblätter — das war so sparsam als schwäbisch."[36] Vor allem erschienen auch zahlreiche Erzählungen Hesses, die er später in den Bänden *Diesseits* und *Nachbarn* sowie *Umwege* gesammelt herausgab, zuerst in Fortsetzungen im „März" und in anderen Zeitschriften: viel Naturschilderungen, in denen Hesses Liebe zum Wasser, zu Seen und Flüssen sich offenbarte, die auch Eindrücke der von Hesse geschätzten Böcklinschen Wassermalerei reflektieren, außerdem Idyllen, freundliche Jugenderinnerungen, aber auch ein so charakteristisches Stück wie *Der Wolf.*

Zeichnete Hesse im „März" auch nur für den literarischen und literarisch-kritischen Teil verantwortlich und hat er im kurzgefaßten Lebenslauf von 1925 bei Erwähnung der Zeitschrift, *welche vor allem gegen das persönliche Regiment Wilhelms des Zweiten gerichtet war, ohne daß ich doch im Grunde diese politischen Ziele ernst genommen hätte,*[37] Politisches bagatellisiert, so

März

Halbmonatsschrift für deutsche Kultur

Herausgeber:

Ludwig Thoma, Hermann Hesse, Albert Langen, Kurt Aram

Preis des einzelnen Heftes 1 Mark 20 Pf.,
im Abonnement: das Vierteljahr (6 Hefte) 6 Mark,
direkt unter Kreuzband: das Vierteljahr 7 Mark 50 Pf.

Erster Jahrgang
Zweites Dezember-Heft 1907

Albert Langen
Verlag für Litteratur und Kunst
München

darf doch als sicher gelten, daß er weitgehend mit den Tendenzen der Zeitschrift — im positiven wie im negativen — übereinstimmte. Dem Vater bekannte er einmal, daß eine Zeitschrift mit radikal demokratischer Tendenz not tue. *Ein Kampfblatt mit so entschiedener Opposition ist nötig und verdienstlich.*[38]

Als Erinnerung an die revolutionären Traditionen des März 1848 war der Titel der Zeitschrift gemeint, zugleich als Ausdruck allgemeiner Frühlingsstimmung.[39] Programmatisch begann sogleich der erste Jahrgang mit einer kritischen Stellungnahme zum Reichstagswahlkampf,[40] mit einer stark ironischen Rezension der bei Reclam erschienenen Reden Wilhelms II. durch Ludwig Thoma und der von Conrad Haußmann, dem mit Hesse befreundeten demokratischen Politiker, formulierten Frage: „Wie aber steht es in unserm Europa um den politischen Menschen, wie um die wachsende Einsicht des einzelnen in die Bedingungen der Gemeinschaft?"[41] Die Antwort lautete: „Einmal muß die gesetzliche Möglichkeit eingeräumt sein, die Gedanken in eine ihnen entsprechende Handlung umzusetzen ... Zum zweiten aber — und das geht tiefer — muß der Sehnsucht nach Gedankenerneuerung ein Spielraum und ein Anwendungsgebiet gewährt werden ... Die moderne Staatsweisheit kann nur sammeln, wenn sie ausbauen läßt. Sie kann es nicht, wenn sie sich nur auf den Quietismus untätiger Gehirne stützt ... So ist der Fortschritt ein persönliches und ein allgemeines Bedürfnis. Darum muß die kulturelle Regierung, wenn sie die Geister führen will, dem Fortschritt mit eigener Hand den Weg bereiten."[42] Eindeutig auf eine antiwilhelminische, gegen Preußen höchst kritische Linie eingeschworen, widmet die Zeitschrift den Problemen der Sozialdemokratie erheblichen Raum, ließ im Leitartikel den französischen Sozialistenführer Jean Jaurès erklären: „Und doch wird es in Deutschland ein politisches Leben kaum geben, solange nicht das sozialistische Proletariat das Beispiel geschlossenen Vorgehens gegeben hat."[43] Der pessimistische Kulturkritiker Karl Kraus und der theoretische Begründer des Revisionismus Eduard Bernstein schrieben für den „März", und auch Friedrich Naumann erhielt Raum für sein reformerisches Programm einer „Umwandlung Preußens in einen modernen Staat"[44]. Es charakterisiert den oberflächlichen Sozialdemokratismus im Profil dieser Zeitschrift, daß ein heftiger Antiwilhelminismus objektiv dem deutschen Imperialismus förderliche Haltungen bei Bernstein wie Naumann nicht ausschloß.

Hesse lieferte für die Zeitschrift, in der außer ihm auch Anatole France und Martin Buber, Finckh und Strauß, Thoma und die Lagerlöf, aber auch Hans Dominik erschienen, Erzählungen, Lyrik und Buchkritiken, deren erste unter der Überschrift *Mörike für die Wohlhabenden* sogleich charakteristisch einen nie mehr aufgegebenen Ton Hessescher Rezensionen anschlägt: Lob nämlich für die billigen Klassikerausgaben, aber Trauer, daß man die Klassiker wohl billig, nicht aber schön haben könne, Freude also über Ausgaben älterer Literatur, die gleich denen moderner Werke gediegen und aufwendig ausgestattet sind. Die Überschrift der Rezension, die ein Moment der Kritik vom sozialen Standpunkt her zu enthalten schien, hat getäuscht. Als Rezensent wünschte Hesse vor allem — gern bereit, dafür auf zahlreiche Novitäten von heutigen Dichtern zu verzichten — schöne, gediegene Ausgaben von Eichendorff, Lenau und Grimm. Er setzte sich für Alfons Paquet, für Finckh und Bruno Frank ein, für Flaubert, der ihm im Schatten Maeterlincks stand, für Turgenew und Korolenko, die von *der Flut von Gorki-Übersetzungen*[45] verdrängt würden.

In dieser Zeit begann auch Hermann Hesses rege und umfangreiche Tätigkeit als Herausgeber älterer Literatur. Diese Tätigkeit empfand er gewissermaßen als Flucht vor dem *Kram- und Handelsmarkt der Dichter und Künstler und Verleger,*[46] denn *wenn plötzlich mächtige Worte aufblitzen, so nimmt man sie nicht wie aus einem Buch von heute, nicht von einem so oder so genannten Herrn Verfasser, sondern wie aus erster Hand, wie einen Möwenschrei und einen Sonnenstrahl.*[47]

In seinen Erinnerungen hat Ludwig Finckh über Hesse berichtet: „Ich habe noch ein Lichtbild von ihm, das Mia als Fotografin aufgenommen hatte, aus der frühen Basler Zeit. Da war er schmal und jünglingshaft — in Gaienhofen glich er oft Dante mit seiner hohen Stirn und schmalen Nase —, einmal als er sich einen Backenbart hatte stehen lassen, seinem Vater Johannes als Missionar; er hatte viele Gesichter, und wie ich oft empfand, mehr als eine Seele. Er war zwiespältig, driespältig, hundertfältig, er konnte sprunghaft wechseln."[48]

Hesses nächster Roman *Gertrud* reflektiert diese Zwiespältig-

keit des Autors. Das zuerst 1965 von Ninon Hesse heraus-
gegebene Fragment einer früheren Fassung des Romans macht
das noch auf eine andere Weise deutlich. In der noch nicht als
Ich-Erzählung angelegten, vom Autor erzählten Geschichte
wird der Selbstmord Adolf Beyers wesentlich aus unerfüllten
beruflichen Hoffnungen begründet, als die eigentlich problematische Gestalt erscheint Gertrud mit ihrem Drang zur
Künstlerexistenz, der Veranlassungen zur Diskussion über die
Unfreiheit des Menschen im Beruf, auch im künstlerischen,
bietet. Immer wieder wird Kunst als opferheischende, den
Schöpfer aussaugende und auffressende Übermacht, als extreme Form menschlicher Unfreiheit vorgestellt, weibliche
Kräfte bei weitem überstrapazierend.
Da verbindet sich in dem Fragment das Selbstbekenntnis eines
Dichters mit einer stark zeitbedingten Auffassung von der
Frau. Die Umarbeitung des Begonnenen, die Konzentration
der Künstlerproblematik auf die beiden männlichen Figuren,
die Gestaltung von Gertruds Schicksal in starker Abhängigkeit von den Wegen der Männer war schließlich die Entscheidung gegen den Zeit- und Gesellschaftsroman, für einen
lyrischen Subjektivismus, zu dem sich Hesse später so oft
bekannt hat. Mit der schließlich nicht erwiderten Liebe des
Komponisten Kuhn zu Gertrud ist noch einmal das Elisabeth-
Thema der Gedichte und des *Peter Camenzind* aufgenommen;
die qualvolle, über das Maß der Kräfte gehende eheliche
Beziehung zwischen Gertrud und dem Sänger Muoth spiegelt
das Dilemma von Hesses Ehe mit Maria. So tragen die beiden
männlichen Hauptfiguren Hessesche Züge: der nach einem
Unfall körperbehinderte Kuhn mit seiner Bindung an die
begrenzte Welt der Natur, ein in die Kunstwelt entlassener
Bürger mit dem Ziel, *sich neben dem äußeren ein inneres, eigent-
liches, nicht zufälliges Schicksal zu erobern*,[49] und der erfolgreiche,
doch einsame, in sich zerrissene Sänger Muoth, ein Steppen-
wolf-Typ bereits.[50] Zwischen beiden steht Gertrud, die gewiß
am wenigsten faßliche, nur umrißhaft gestaltete Frau. Hesse
hat solchen Mangel mit dem Hinweis auf den Symbolcharakter
der Figur zu entkräften gesucht.[51] Die Titelfigur verliert an
Bedeutung. Dessenungeachtet hatte der Zeichner Olaf Gul-
bransson enthusiastisch über die leicht sentimentale Geschichte geurteilt, als er depeschierte: „Lieber Hermann Hesse,
Du bist ein schöner Kerl. Heute abend ist Deine ‚Gertrud'

Hesse.
Aquarell von
E. Wüstenberger
1905

mich durch Haut und Adern in schwere, heiße Wallungen gegangen, und ich habe oft die Tischplatte festhalten müssen. Ich habe dabei eine Zeichnung machen müssen und die Grete hat vorgelesen. Hier! Ich muß Dich danken! Dein Olaf."[52] Aber auch die bei Hesse immer wieder naheliegende Gefahr, daß die Dichtung zum Kunstgewerbe absinkt, wurde bereits signalisiert. „Hesse ist zu gescheit, um schlechte Sachen zu schreiben, aber er wird leicht in seinem Wollen zu bescheiden. Und er hat sich schon ein bißchen arg mit ‚seinem' Ton beruhigt. Ein guter Ton, aber er könnte etwas Auffrischung vertragen."[53] Und der Vorwurf trifft gewiß zu Recht die sentimentale Trivialität der in *Gertrud* erzählten Geschichte, das getreu der Giebenrath-Heilner-Zusammengehörigkeit wiederholte Gespann Kuhn-Muoth, das Festhalten des Autors am heimatlichen Föhn als bereits stereotypem Symbol für Gefühlsausbrüche, das Übertünchen aller Widersprüche mit endlicher Bescheidung und Beruhigung. Insofern hat der Kritiker des Jahres 1910 zweifellos recht. In der Retrospektive freilich erscheint der Roman auch noch in anderer Konstellation.

Abermals geht es um einen Menschen an der Grenze vom Knaben zum Mann, einem Einschnitt, den Hesse auf Grund eigener Erfahrung als besonders tief und scharf empfand. Abermals geht es wie im *Camenzind* um den Aufbruch aus der Bergwelt in die Stadt. So wiederholt der neue Roman, was früher bereits über die Kunstsnobs des feuilletonistischen Zeitalters gesagt worden war. Abermals ist es eine Künstlergeschichte, die erzählt wird. *Die hohe und nicht schmerzlose Differenzierung der Persönlichkeit, die sinnliche Potenz im Verein oder auch im Kampf mit dem Geistigen* hatte Hesse als Wesenszug seines Komponistenfreundes Othmar Schoeck bezeichnet.[54] Es ist auch die Problematik des Komponisten Kuhn, in der sich die seines Dichters Hermann Hesse spiegelt.

Die Konstellationen sind bezeichnend. Kuhn ist ein moderner Komponist, über Hugo Wolf und Loewe hinaus, und er steht zwischen dem Wagnerianer Muoth und Mozartianer Teiser. Sein Schaffen vollzieht sich in dieser Spannung zwischen Trunkenheit von Liebe und Musik, *die mir wie im Traume quoll,*[55] und Stunden der Klarheit, des Schaffens, die ausdrücklich gegen Tage des Schwärmens und des Rausches gestellt werden.

Erstmals versucht Hesse in diesem Buch die Gestaltung des künstlerischen Produktionsprozesses. Damit erscheint Kunst als Teil der bürgerlichen Welt und als deren Abbild. Hesse umreißt die Situation des Künstlers, indem er den Sänger Muoth eine Theorie daraus machen läßt: *Ein anständiger Künstler hat im Leben unglücklich zu sein.*[56] Charakteristisch sind die Lösungen, die angeboten werden. Muoth begnügt sich mit der Klage: *Wie lange schafft ein armer Teufel an einer schönen Rakete, und die Freude daran dauert dann keine Minute!*[57] Hier gedachte Hesse, der später den Raketen die echten Sterne gegenüberstellte, nicht ohne weiteres zuzustimmen. Anders im Falle Kuhns, der über die *Augenblicke wahren Lebens* reflektiert: *Man kann diese Augenblicke die schöpferischen nennen, weil es scheint, daß sie das Gefühl der Vereinigung mit dem Schöpfer bringen, weil man in ihnen alles, auch das sonst Zufällige, als gewollt empfindet. Es ist dasselbe, was die Mystiker die Vereinigung mit Gott nennen.*[58] Dahinter steht ein ästhetisches Programm des Dichters Hesse: eine Kunst, die trösten und nicht erregen will,[59] als Weg zurück zur verlornen Einheit mit der

Natur zu gebrauchen und zugleich als Mittel, über ein blindes Schicksal zu siegen. *Aber es gibt Gutes und Vernunft in uns, in uns Menschen, mit denen der Zufall spielt, und wir können stärker sein als die Natur und als das Schicksal, sei es auch nur für Stunden.*[60]

Später erschien dem Dichter vieles an diesem Buch suspekt und fragwürdig. Daß er persönlich den Roman nicht mehr anerkenne, wollte er sogar in ein Vorwort zu einer Neuausgabe

aufgenommen wissen. Und als der Vorwortautor Elster diesem Wunsche nicht gefolgt war, nannte Hesse diese Vorrede *noch um manchen Grad bürgerlicher, bejahender und vereinfachender als Eure Auffassung,* wie es in einem Brief an Heinrich Wiegand heißt.[61] Denn nun bekannte sich der Dichter dazu, daß es ihm mit seiner *Arbeit ernst ist und ich sie weder als Geldgewerbe noch als Artistenstück betreibe* und daß er *versuche, etwas weniger zu lügen, als in der Literatur sonst üblich ist.*[62] Und deutlich wird gesagt: *Der Dichter ist nicht, wie Ihr Bürger stets meinet, dazu da, um für die Bürger als Spezialist mit dem Mittel des Wortes das Leben zu bejahen, sondern um Jubel und Jammer des Menschenlebens auszusprechen, unbekümmert darum, ob Leser und Kritik es gerne schlucken oder nicht. Und so werde ich weiterhin das leidvolle Chaos meines Lebens, das fast nur aus Schmerz besteht, aussprechen, auch wenn Ihr Hygieniker und Optimisten es nicht gern höret und so tuet, als machte ich da bloß dumme Späße, wo*

ich gerade mein Blutigstes und Wahrstes ausspreche.[63]
Eine pietistisch-aufklärerische, moralisierende Haltung steckt
in der Bestimmung des Künstlers durch den Autor der *Gertrud*,
zugleich ein romantisch rückwärtsgewandter Zug, wenn er
„moral insanity", Individualismus oder eingebildete Einsamkeit auf dem Wege über franziskanische, theosophische und
buddhistische Gedankengänge überwinden möchte,[64] eine
neue, zeitunabhängige poetische Ursprünglichkeit anstre-
bend.

In diesem Sinne rezensierte Hesse auch Thomas Manns
„Königliche Hoheit", den Roman gegen die „Buddenbrooks",
die vergleichsweise *als wie ein Stück Natur erschienen*, ab-
wertend: *Thomas Mann hat nämlich die Sicherheit des Ge-
schmacks, die auf höchster Bildung beruht, nicht aber die traumwandlerische Sicherheit des naiven Genies. Damit ist alles gesagt:
er ist ein Dichter, ein begabter und vielleicht großer Dichter, aber
er ist ebenso sehr und noch mehr Intellektueller.*[65]

Ein zentrales Hesse-Thema ist formuliert. Der Antinomie von
Dichter und Intellektuellem wird man später noch einmal
begegnen, 1932 im *Dank an Goethe*. Und was bei Thomas Mann
als Mangel festgestellt wird, das Fehlen der traumwand-
lerischen Sicherheit des naiven Genies, wird Hesse weiter
beschäftigen und zur Frage nach der Möglichkeit von Naivität
und Klassizität in der spätbürgerlichen Literatur führen. Und
daß die Abgrenzung von Wissen und Schöpfertum gegeneinander auch eine für die Epoche typische Fragestellung war,
zeigen drei Jahre nach dieser Hesseschen Rezension ebenfalls
im „März" auch Thomas Manns Beiträge „Der Literat" und
„Der Künstler und der Literat".

In Thomas Manns ironisch gehandhabter Leitmotivtechnik
sah Hesse, der Antiwagnerianer, nur einen Mißbrauch der
Kunst und erhoffte von dem Romancier, *der so rein zu beobachten und so rein zu gestalten weiß*, ein Buch, *in dem er an
den Leser gar nicht denkt, in dem er niemand zu verlocken und
niemand zu ironisieren trachtet*, denn, so dekretiert Hesse, *dieses
beständige Spielen mit dem Leser setzt ein beständiges Denken an
den Leser voraus, und dieses Denken gehört nicht zu den Voraussetzungen für das Gelingen reiner Kunstwerke.*[66]

Thomas Mann hat sich übrigens in einem kollegial freundlichen
Brief an Hesse gegen den Vorwurf unkünstlerischer „An-
treibereien des Publikums" verteidigt und, wo er Hesses Ein-

wände anerkennt, entschuldigend gemeint, es handele sich um „ein Ergebnis meines langen leidenschaftlich-kritischen Enthusiasmus für die Kunst Richard Wagners ... — diese ebenso exklusive wie demagogische Kunst, die mein Ideal, meine Bedürfnisse vielleicht auf immer beeinflußt, um nicht zu sagen, korrumpiert hat"[67].

In und aus Indien

Als Hermann Hesse im September 1911 zusammen mit dem befreundeten Maler Hans Sturzenegger nach Genua aufbrach, um von dort eine Seereise nach Indien anzutreten, war das Flucht aus einer Lebensidylle, die er als beengend und unerträglich empfand:

> *Denn auch im Glück kann ich auf Erden*
> *Doch nur ein Gast und niemals Bürger werden.*[1]

Und er resümierte das Ergebnis der Gaienhofener Jahre, in denen seine drei Söhne Bruno (1905), Heiner (1909) und Martin (1911) geboren worden waren — er sagt: *In Gaienhofen bekam ich meine drei Söhne*[2] —, folgendermaßen: *Ich bin vielleicht törichter und zügelloser als je, und zwischen mir und den klugen Leuten und ihren Geschäften ist noch immer kein Verständnis und kein Bündnis aufgekommen. Ich höre auch immer noch die Stimme des Lebens in mir rufen und mahnen, und ich habe nicht im Sinn, ihr ungetreu zu werden. Aber sie ist leise und dringlich geworden und führt mich immer einsamere, dunklere, stillere Wege, von denen ich noch nicht weiß, ob sie in Lust oder in Leid enden sollen, die ich aber gehen will und gehen muß.*[3]

Die Illusion, in Gaienhofen ein Zurück zur Natur verwirklichen zu können, darin überhaupt eine positive Möglichkeit zu erblicken, war bereits um 1906 mehr als fragwürdig geworden. In der Erzählung *Der Weltverbesserer*, die an ironischen Spitzen Vergleichbares von Thomas Mann wie „Gladius Dei" oder „Beim Propheten" übertrifft, waren die Naturschwärmer in Reformkleid und Sandalen mit ihrem falschen Buddhismus oder Tolstoiismus ebenso schlecht weggekommen wie die Münchner Boheme. Das war offenbare Absage an Irrtümer Hermann Hesses, auch wenn mancher Gedanke dieser Erzählung, vor allem die feindselige Abneigung gegen die moderne Industrie, im späteren Werk wiederkehrt.

Als Mitherausgeber des „März" hatte er regelmäßige Reisen nach München zu unternehmen, in jene Stadt, die Carl Stern-

An Bord auf der Fahrt nach Indien

heim einmal „Frank Wedekinds immer auf dem Spielplan stehende, umfassendste, unübertrefflichste Schöpfung" nannte.[4] Außerdem mußte er die modischen Vortragsreisen eines inzwischen bekannt und berühmt gewordenen Autors absolvieren, die ihn 1909 zuerst nach Zürich und seitdem durch viele Städte Deutschlands und der Schweiz sowie nach Prag und Wien, Saarbrücken und Straßburg geführt hatten. Vor der Bremer Ortsgruppe des deutschen Monistenbundes hatte er über „Faust und Zarathustra" gesprochen und gegen den *nach Erkenntnis ringenden höchsten Menschen des alten Weltbildes, dessen Wesen dualistisch geteilt ist in Körper und Seele, in Gut und Böse, dessen Dasein belastet ist mit der traditionellen Vorstellung der Sünde, von welcher er Erlösung finden muß,* Nietzsches Helden als *begeisterten Seher eines neuen, einheitlichen, monistischen Weltbildes gepriesen, der sich jenseits begibt von Gut und Böse.*[5] In solchen Überlegungen wurden auf gefährliche Weise Auswege aus einer Lage gesucht, in der Hesse nur Pein und Zwang empfand, die ihn gereizt und grimmig machte.

Während einem Thomas Mann, der das Heraustreten des Schriftstellers in die Öffentlichkeit, den Zwang, ein gespanntes Publikum nach dessen Erwartungen zu unterhalten, nicht minder lebhaft empfand, eben das Repräsentieren Vergnügen bereitete, spürte Hesse nur Last, Unbehagen, Peinlichkeit: *Die Menschen machen ihre Rechte an einem bekannt gewordenen Namen auf merkwürdige Art geltend, da ist kein Unterschied zwischen Wunderkind, Komponist, Dichter, Raubmörder. Der eine will sein Bild haben, der andere seine Handschrift, der dritte bettelt um Geld, jeder junge Kollege schickt seine Arbeiten ein, schmeichelt gewaltig und bittet um ein Urteil, und antwortet man nicht oder sagt seine Meinung, so wird derselbe Verehrer plötzlich bitter, grob und rachsüchtig. Die Zeitschriften wollen das Bild des Mannes abdrucken, die Zeitungen erzählen von seinem Leben, seiner Herkunft, seinem Aussehen. Schulkameraden bringen sich in Erinnerung, und entfernte Verwandte wollen schon vor Jahren gesagt haben, daß ihr Vetter noch einmal berühmt werde.*[6] Und der, um den sich alles dreht, hat von sich das Gefühl, er *lese unnötige Bücher, schreibe unnötige Artikel und habe unnötige Gedanken.*[7] So bringt der Herbst eines von Krankheit und Unzufriedenheit gekennzeichneten Jahres[8] diese Flucht:

> Seltsam, im Nebel zu wandern!
> Leben ist Einsamsein,
> Kein Mensch kennt den andern,
> Jeder ist allein.[9]

Später im Roman *Roßhalde* kehren in den Gedanken des Malers Veraguth Hesses Indien-Erwartungen wieder: die Sehnsucht nach dem exotischen Reichtum der tropischen Landschaft, der Wunsch nach der Stille einer Welt ohne die heimischen Leiden, Sorgen, Kämpfe und Entbehrungen, die Hoffnungen auf eine neue, noch reine, schuldlose, leidlose Atmosphäre.[10] Die Reise auf der „Prinz Eitel Friedrich" des Norddeutschen Lloyd nach Hinterindien sollte helfen, *Distanz und Überblick* zu gewinnen.[11] Das entsprach ebensosehr persönlichem Bedürfnis wie einer allgemeineren Zeitstimmung, einer Flucht der Dichter aus eng umgrenzten Lebensbereichen hinaus in die Welt. Rilke entdeckte für sich Rußland und Nordafrika, Dauthendey gab poetische Bilder aus Ägypten, Indien, Japan und Amerika, Bernhard Kellermann unternahm einen „Spaziergang in Japan". Und Keyserling erklärte das Ziel: „Europa fördert mich nicht mehr. Zu vertraut ist mir schon diese Welt, um

meine Seele zu neuen Gestaltungen zu zwingen. Und dann ist
sie an sich auch zu beschränkt. Ganz Europa ist wesentlich
eines Geistes. Ich will in Breiten hinaus, woselbst mein Leben
ganz anders werden muß."[12] In solchen Haltungen hat bereits
der Historiker Karl Lamprecht einen Reflex kapitalistischer
Lebensethik gesehen, Flucht vor stagnierender Innerlichkeit.[13]
Bei Hesse verband sich der Versuch eines Rückgriffs auf die
Familientradition der Indienmission mit der zeittypischen

Suche nach dem Wege heim nach Asien. *Eben das ist ja die Hauptquelle alles Elends in der Welt, daß der Mensch seine Wiege und natürliche Heimat im Schoß Asiens verlassen hat. Darin wird der Weg der Menschheit zurückführen, und dann werden wir alle wieder im Garten Eden sein,* predigte dem *Weltverbesserer* ein *halbnackter Vegetarier.*[14] Diese Sehnsüchte, Hoffnungen und Prophezeiungen reflektieren in gewissem Maße auch die Erschütterungen, die von den revolutionären Bewegungen in Rußland ausgingen. Ausdruck dieses revolutionären Aufbruchs war freilich für die Mehrzahl der bürgerlich-humanistischen deutschen Autoren eher Dostojewskis leidvoll ekstatisches Aufbegehren als Gorkis in der „Mutter" bereits gestaltetes Wissen um die geschichtsbildenden Klassenkräfte. Hesse sah schließlich 1919 nicht viel anders als gleichzeitig Thomas Mann in Dostojewskis „Brüdern Karamasow" den Untergang Europas, die Heimkehr nach Asien.[15]

Die Indienreise führte zu keiner „Heimkehr nach Asien", zu keiner Lösung der Probleme. Es erwies sich, daß die Reise nach Asien, von der im Singapur-Traum-Kapitel des Reisebuches die Rede ist,[16] nicht auf einem modernen Dampfer und nicht auf den kleinen Schaluppen Hinterindiens zum Ziele, sondern einstweilen nur in größere Zweifel und Verwirrungen, tiefer in die Krise führte.

Ausgezogen mit dem Einfall, gäbe es drei erfüllbare Wünsche, *so würde ich ohne Besinnen sagen: Gesund sein, eine schöne junge Geliebte bei mir haben und über zehntausend Dollar verfügen,*[17] verbrachte der Reisende nur unangenehme Tage, durch Hitze und seinen angegriffenen Gesundheitszustand behindert.

Aufschlußreich ist das Reisebuch *Aus Indien.* Zumeist fühlt sich der Betrachter nämlich an Europäisches erinnert, an Assisi vor allem.[18] Allzu stark war für Hesse auf seinen zahlreichen Italienreisen das persönliche Erlebnis der franziskanischen Umwelt geworden, allzu stark freilich lebt er auch in einer literarischen Situation, von der Carl Sternheim sagte, Franz von Assisi und Flaubert, letzterer vernachlässigt, seien die Götter der europäischen Literatur, um fortzufahren: „Von satten Besitzern wird dienendes Christentum gefordert und von Schreibenden geliefert … Welt, die am Besitz klebt, will Symbol des Verschenkens, im Geist innig vorgestellt. Israelit und Christ, seines Bankguthabens gewiß, freut sich der ins Papier gedichteten Demut und empfindet durch den Mittler

Dichtung. Achtung vor eigener Frömmigkeit!"[19] In dem Maße erst, wie Hesses Dichtung zu den komplizierten Problemen bürgerlicher Intelligenz der ersten Jahrhunderthälfte vorstößt, wandelt sich Flucht vor der Wirklichkeit in tätige Humanität, in ein mehr als bloß ästhetisches Verhältnis zur franziskanischen Tradition. Eine Durchgangsetappe ist die Indienreise.

Hauptsächlich findet er dabei, Natur suchend, die Ergebnisse des britischen und niederländischen Kolonialismus. *Auf eine Kirche zu blicken, die auf ödem Platz in entwurzelter und entgleister englischer Gotik das kulturelle Unvermögen des Westens predigt, das gehört weit mehr als Schmutz und Fieber zu den Peinlichkeiten einer indischen Reise; denn hier fühlt man sich im Innersten mitverantwortlich.*[20] Solcher Kritik an der Ungemütlichkeit und mangelnden Schönheit der Kolonialbeamtenwelt, vorgetragen als Ärger über mangelnden Sinn für feine Küche oder für Musik,[21] steht der Unglaube des doch einigermaßen oberflächlichen Beobachters gegenüber, daß die armen schwachen Malayen, rettungslos an die europäischen Einflüsse verloren, je Herren einer sich entwickelnden Industrie sein werden. Zwiespältig ist Hesses Verhältnis zu dieser Welt. Die Religion der Hindus und Mohammedaner nennt er minderwertig, verdorben, veräußerlicht, verroht,[22] aber als *Nordeuropäer in unserer intellektualistischen und individualistischen Kultur*[23] beneidet er *diese armen und unterdrückten Völker*[24] um *das selbstvergessene Gefühl der Zugehörigkeit zu einer ideellen Gemeinschaft und des Kräfteschöpfens aus unversieglich magischer Quelle.*[25] Für Hesse hat diese Indienreise über die Kulturkritik hinaus, die in ihrer Schärfe an einigen Stellen schon die Härte des *Steppenwolf*-Romans vorwegahnen läßt, zu einer Zuspitzung seiner Auseinandersetzung mit der überlieferten Religion geführt. *Wir sind weit gekommen, und es ist schön, daß wir, ein kleiner, winziger Teil der Menschheit, diese beiden nicht unbedingt mehr brauchen, den blutigen Kruzifixus nicht und nicht den glatten, lächelnden Buddha. Wir wollen sie und andere Götter auch weiter überwinden und entbehren lernen. Aber schön wäre es, wenn einst unsere Kinder, die ohne Götter aufgewachsen sind, wieder den Mut und die Freudigkeit und den Schwung der Seele fänden, so klare, große, eindeutige Denkmäler und Symbole ihres Innern zu errichten.*[26]

Absage des Sohnes an den Vater — auch als Negation einer

Großvater Hesse

familiären Tradition — bedeutet die Erzählung *Robert Aghion*, die zuerst im Indienbuch erschien. Sie nimmt die Thematik der früheren, kolportagehaft grobschlächtigen Geschichte des *Paters Matthias* auf, der ein Doppelleben als frommer Mönch und feiner Lebemann geführt und am Ende einer Bettelreise für seinen Orden, bei der er sich Greuelmeldungen über die Brandschatzung von Klöstern und Kirchen aus Anlaß einer politischen Revolution zunutze gemacht hatte, unter dem Zwang von Zufälligkeiten vollends aus dem Orden ausgebrochen war. Ihm blieb am Ende nur die tröstliche Erinnerung an das *Bild der hübschen blauen Frau ..., deren Hand er vor dem bittern Gang in die Schande gehalten und geküßt hatte.*[27]

In der Brust Robert Aghions, dessen Weg nach Indien in manchem dem von Hesses Großvater Gundert entspricht, streiten Gottesliebe und Missionseifer mit naturwissenschaftlichen Interessen. Aghion, der fromme Schwärmer, scheitert als Missionar, er erweist sich unfähig, eine Aufgabe zu erfüllen, da er sie als unmöglich empfindet. Visionär sieht er eine Einheit der Religionen, sozusagen einen kollegialen Platzwechsel von Christus und Buddha,[28] der alle Mission überflüssig macht. Aber auch praktisch scheitert er an der Unfähigkeit, zu dem realen Indien einen unmittelbaren, eindeutigen, konkreten, menschlichen Bezug herzustellen.

So bleibt am ehesten als positives Ergebnis von Hesses Reise nach Indien *das starke Gefühl von der Einheit und nahen Verwandtschaft alles Menschenwesens, das ich unter Indiern, Malayen, Chinesen und Japanern gewonnen habe.*[29] Noch war es eben nur eine Reise nach Indien, noch keine Morgenlandfahrt, die mit Recht gegen die Dutzendreisen moderner Indienfahrer zu stellen wäre, gegen die Indienbücher der Keyserling oder Bonsels.[30] Dazu bedurfte es anderer als der Erfahrungen des unmittelbaren Augenscheins, geistiger Begegnungen, war *ein Stück aszetischen und meditierenden Lebens* nachzuholen, ehe die *seit Jünglingszeiten heilige und wahlverwandte Welt des indischen Geistes ... wirklich Heimat werden konnte.*[31] Der Weg führte den Dichter, dem das Karma bereits vertraut war, wenn er diese Lehre auch nur dem mit einiger Distanz gestalteten Präzeptor Lohe in den Mund legte,[32] 1914 über das Studium der Bhagavad-Gita, durch die er *den asiatischen Einheitsgedanken in seiner indischen Gestalt* kennenlernte.[33] Dennoch hat er sich allzeit gegen eine Klassifizierung als *Buddhist* gewehrt.[34] Es geht nicht um ein religiöses Bekenntnis, es geht um Umfassenderes, *wirklich ins Heroische und Magische durchzustoßen.*[35] Magie wird schließlich für Hesse zum Oberbegriff werden, in dem sich bewahrende Romantik und religiöse Humanität aufheben in einer anderen, spezifisch Hesseschen Form des Humors.

Die Beziehung Hermann Hesses, der *das geistige Indertum ganz ebenso von Kind auf eingeatmet und miterlebt (hat) wie das Christentum,*[36] zu Indiens Geist und Kultur bleibt — bei aller profunden Quellenkenntnis — bestimmt durch die Einfühlungskraft der Phantasie, womit er sich einem Albert Schweitzer entgegengesetzt empfindet, der *ganz Abendländer, ganz Aktion und ethische Forderung* ist und *trotzdem so großer Hingabe an das indische Wesen fähig war.*[37]

Künstler und Taugenichts

Aus Indien zurückgekehrt, gab Hesse sein Haus in Gaienhofen auf. Eine Lebensetappe ging für ihn zu Ende. Auf ausgedehnten Vortragstourneen, die ihn nach Wien, Prag, Brünn und Dresden führten, hatte er nach einem neuen Wohnsitz Umschau gehalten, Hellerau ebenso erwogen wie Zürich, das ihm zu teuer war, Bern wie München. Da Maria Hesse eine Abneigung gegen Schwaben hatte, es andererseits ihrem Wunsch entsprach, die Kinder zu Schweizern zu machen, zog man schließlich nach Bern in das Haus des wenige Monate zuvor verstorbenen Maler-Freundes Hans Welti am Melchenbühlweg. In dem Romanfragment *Das Haus der Träume* ist dieser neue Wohnsitz beschrieben, auch als Herrensitz Roßhalde in dem neuen Roman, der 1913 zuerst in Velhagen & Klasings Monatsheften vorabgedruckt wurde und dann in München bei Albert Langen, der fünfunddreißig Prozent Beteiligungshonorar auf der Grundlage der broschierten Ausgabe geboten hatte, erschien und im April 1914 von Kurt Tucholsky in der „Weltbühne" als wesentliche Verheißung künftiger Entwicklungen Hermann Hesses begrüßt wurde: „Nun hat er sich gewandelt; er ist älter geworden, und es bereitet sich da irgend etwas vor. Wenn nicht vorn auf dem Titelblatt der Name Hesses stünde, so wüßten wir nicht, daß er es geschrieben hat. Das ist nicht unser lieber, guter, alter Hesse: das ist jemand anders. Eine Puppe liegt in der Larve, und was da, für ein Schmetterling werden wird, vermag niemand zu sagen. Es ist schön, daß jemand im besten Mannesalter noch einmal frische Triebe ansetzt und wieder neue Blüten entfalten läßt."[1] Die autobiographischen Hintergründe in dieser Geschichte des Malers Johannes Veraguth wurden rasch durchschaut.[2] Doch macht es sich zu einfach, wer sich mit der Identität Hesse—Veraguth begnügt und so nur in den Leiden des Malers an einer unerfüllten Ehe ein Selbstbekenntnis des Mannes und Dichters Hermann Hesse erblickt. Autobiographisches spielt nicht minder mit, wenn der Autor beschreibt, wie sich Veraguths älterer Sohn, der fast erwachsene Albert, in starker Entfremdung vom Vater, als vom Vater aus dem Haus Vertriebener, enger an die Mutter anschließt. Das verweist auf das heikle Verhältnis Hesses zum eigenen Vater. Und wenn bei Gelegenheit von Veraguths großem Bild — dem Kind zwischen den beziehungslos in absoluter Gegenständlichkeit sitzenden Eltern — davon gesprochen wird, die Eltern hauchten Tod und bittere Kühle aus,[3] so ist das gleichermaßen Reminiszenz an Jugenderfahrungen wie hilflose Analyse der eigenen Situation als Vater und Ehemann. Es ist wieder das alte Thema in seiner Hesseschen Abwandlung: das Leiden eines übersensiblen Knaben an einer verständnislosen Umwelt, der romantische Wunschtraum, hier einem Kinde in den Mund gelegt, die Stimmen der Natur zu verstehen.[4] Mit alledem mag das Buch wohl noch immer erschüttern. Hugo Ball hat seinen Wert mit dem Streben des Autors begründet, von der erkannten Gefährlichkeit der Musik (die in *Gertrud* naturgemäß eine große Rolle gespielt hatte) loszukommen, ein mehr episch sachliches als lyrisch musikalisches Verhältnis zu den Objekten der Darstellung zu finden. Und feinfühlig hat er den Tod des Knaben Pierre auf das musikerhafte Versinken des Vaters Veraguth in die Ma-

Hesse mit Maria und dem Sohn Heiner

lerei, in das Werk zurückgeführt.[5] Für ihn „beobachtet (Hesse)
nicht weniger scharf als Strindberg das Theater der
Eifersüchte und der Verfolgung, der Haßgefühle und aus-
gespielten Trümpfe; aber er teilt nur die Resultate, die Jahres-
summe der lautlosen Kämpfe mit"[6]. Denn nicht eigentlich die
Mann-Frau-Beziehung sei wichtig, sondern die zum Freunde,
der nach romantischer Tradition und Auffassung von der Seele
als etwas Weiblichem an die Stelle der Frau tritt, in der
Verkehrung der Beziehungen fast als Geliebter.[7] An den Vater
schrieb Hesse: *Denn die unglückliche Ehe, von der das Buch
handelt, beruht gar nicht auf einer falschen Wahl, sondern tiefer auf
dem Problem der „Künstlerehe" überhaupt, auf der Frage, ob
überhaupt ein Künstler oder Denker, ein Mann, der das Leben
nicht nur instinktiv leben, sondern vor allem möglichst objektiv
betrachten und darstellen will —, ob so einer überhaupt zur Ehe
fähig sei.*[8] Das ist ein altes Thema der deutschen Romantik.
Und auch Nietzsches Denk- und Begriffsantithesen sind
allenthalben erkennbar.[9] Es bleibt ein Hesse-Thema bis zum
Spätwerk. Dahinter steht Erlebtes und Durchlittenes jener
Gaienhofener Jahre, deren bittere Bilanz der Roßhalde-Roman
zieht. Und so dürfte das zustimmende Urteil des Autors zu
diesem Werk, als er es ein rundes Vierteljahrhundert nach der
Erstveröffentlichung wieder las, zu einem guten Teil auf diese
intime private Beziehung zum Erzählten, auch zum Mühen um
künstlerische Formung zurückzuführen sein. Dennoch gilt hier
nicht die Formel Thomas Manns, „daß ich nur von mir zu
erzählen brauche, um auch der Zeit, der Allgemeinheit die
Zunge zu lösen"[10]. Dazu fehlte es Hesse zu sehr an wirklicher
Beziehung zu dieser gefährlichen und gefährdeten Vorkriegszeit, deren Konflikte, Probleme, Stimmungen andere Autoren
in ihren Werken erheblich intensiver reflektierten. In diesem
Jahr 1913, das schließlich den Titel einer der aggressivsten
Sternheim-Komödien abgab, veröffentlichte Franz Kafka
unter dem Titel „Der Heizer" separat das erste Kapitel seines
Amerika-Romanes. Ein bei Hesse vergleichsweise nur zaghaft
in der gestörten Beziehung Veraguths zu Albert anklingendes
Thema der Väter und Söhne war bereits mit ganz anderem
Zugriff in den drei Erzählungen, die Kafka unter dem Titel
„Die Söhne" zusammengefaßt wissen wollte, gestaltet worden
und hatte in Walter Hasenclevers berühmtem Schauspiel seine
dramatische Zuspitzung erfahren. Von Sternheim kam der

„Bürger Schippel" in diesem Jahr heraus, Benns „Morgue" erregte bereits die Gemüter. Und Thomas Mann lieferte mit dem „Tod in Venedig" eine erbarmungslose Analyse der spätbürgerlichen Künstlersituation. Gerade die Zusammenstellung der Neuerscheinungen einfach nach dem Datum macht deutlich, wie groß Hesses Entfernung von nahezu allen Versuchen war, aus bürgerlicher Perspektive mehr oder weniger genau die Problematik der Zeit zu erfassen. Die von ihm betriebene Kunst introvertierter Darstellung entbehrte nicht der Sentimentalität, die sich im lyrischen Kitsch ausdrückt, wenn zum Beispiel von den *holden Badeschauern* die Rede ist, die in der Männer *Seelen das grüne helle Tal der Jugendso nmerzeiten* erstrahlen lassen.[11] Eine hermetisch in sich abgeschlossene, indessen nicht nach Art des „Zauberbergs" repräsentative Welt ohne alle Beziehung zu Vorgängen außerhalb ist eindringlich und, Aufgeschlossenheit für diese zum Theorem erhobene Problematik der Künstlerehe vorausgesetzt, überzeugend und bewegend dargestellt. Und auch in dieser Welt gibt es keine menschlichen Beziehungen: nicht zwischen Veraguth und seiner Frau, nach dem künstlerischen Willen des Autors eigentlich auch nicht zwischen Veraguth und dem Knaben Pierre, der fast nur symbolische Funktion hat, Liebesobjekt ist, von dem sich Veraguth lösen muß, soll er zu sich finden. Und auch der Besucher, Veraguths Freund Burkhard, bleibt nur Mittel zum Zweck, den Maler zum Bekennen und Monologisieren zu bringen. Bei aller Strenge der Komposition und so trotz aller rühmenswerten Bewältigung handwerklicher Probleme also ein abseitiges Werk?

Insofern der Dichter Hesse auch für sich den Aufbruch des Malers Veraguth ins Neue, Ungewisse als einen späten, schmerzlichen *Abschied von der Jugend*[12] versteht, bleibt das Werk ein mühsames Aufholen, immer noch Suche nach Anschluß an die moderne Literatur der Epoche. Verglichen etwa mit der Radikalität und auch sprachlichen Kühnheit von Ehrensteins Darstellung der totalen Kontaktlosigkeit des Karl Tubutsch,[13] muten die Konflikte von Hesses Veraguth fast nur wie hochgestochene Banalität, aufwendige Selbstbespiegelung an. Der Dichter selbst hat diese Begrenztheit seines Werkes später gespürt und eingestanden: *Damals, mit diesem Buche, hatte ich die mir mögliche Höhe an Handwerk und Technik erreicht, und ich bin nie weiter darin gekommen. Dennoch hatte es ja seinen* guten Sinn, daß der damalige Krieg mich aus der Entwicklung riß und mich, statt mich zum Meister guter Formen werden zu lassen, in eine Problematik hinein führte, vor der das rein Ästhetische sich nicht halten konnte.[14] Insofern jedoch auch — wie *Gertrud*, nur in der Konsequenz und Schärfe darüber hinausgehend — *Roßhalde* ein Künstlerroman ist, bedeutet dieses Buch eine nicht unwesentliche Etappe in der Ausprägung ästhetischer Einsichten und Auffassungen Hermann Hesses.

Begierig, den *wilden großen Atem der Wirklichkeit*[15] zu spüren, wehrt sich Veraguth gegen eine nur handwerklich solide Altherrenmalerei und will die Wirklichkeit gestalten, *wie ein frischer, herrschsüchtiger, rassiger Bub sie sieht.*[16] Da mögen sich neue Züge andeuten, aber sie sind überschattet von dem tief skeptischen Urteil, das dieser Maler über sich selbst zu fällen hat. Er nennt sich nur einen General unter den Künstlern, nicht einen der wenigen und seltenen Könige, die nicht nachbilden, sondern selbst als Kameraden der Natur schaffen. Da bleibt ihm nur, für sich die Möglichkeit zu postulieren, dem bis zur Grausamkeit Traurigen seiner Welt- und Zeiterfahrung künstlerisch ebenso gerecht zu werden wie einer ungebrochenen heilen Natur. *Es muß ganz naiv sein,* sagt Veraguth von seinem geplanten Bild, *so wie begabte Kinder sehen, unstilisiert und voller Einfachheit. Das Nebelbild mit den Fischen, das im Atelier steht, ist gerade das Gegenteil davon — aber man muß beides können.*[17]

Das Seltsame läßt sich beobachten. Geschildert wird ein Künstler in einem Moment äußerster Produktivität, einer frappierenden Schaffensvielfalt. Dahinter steht eine Künstlerkrise, die Suche nach künstlerischer Selbstbestimmung des schildernden Erzählers, der sich eines Kunstgriffes bedient, solche Widersprüchlichkeit zu fassen. Veraguth ist der Künstler einer alternden Generation, der im Gespräch mit Albert nach Nietzsche und Taine als historisch gewordenen Größen seiner eigenen Jugend fragt. Daß es gleichwohl höchst aktuelle Fragen Hermann Hesses sind, ist an der weiteren Entwicklung dieses Erzählers ablesbar. Wie drängend die Frage ist, deutet sich auch im Roman an. Veraguth erwartet Antwort, der Hinweis auf eine fortgeschrittene Entwicklung müßte folgen. Doch Albert schweigt. Der Zugang zur Gegenwart bleibt verschlossen. Und auch an anderer Stelle ist eine seltsame Scheu des Dichters festzustellen, Veraguth mit allen realen

Erfahrungen und Problemen seines Schöpfers unmittelbar sich auseinandersetzen zu lassen. Geschrieben nach Hesses Rückkehr aus Indien, verrät doch das Buch nichts von den Enttäuschungen seines Verfassers. Vielmehr wird geradezu noch einmal jenes exotische Traumland als Zufluchtsstätte gemalt, wie es dem Gaienhofener Flüchtling vorgeschwebt haben mochte, als er zu seiner Reise aufbrach. Zugleich ist eine böse Ironie am Werke. Die verführerischen Bilder, mit denen Burkhard seinen Freund zu verlocken strebt und deren Farbenpracht Veraguth erliegt, werden als sorgfältig und mühsam hergestellte Arbeiten eines geschickten Fotografen qualifiziert. Fast scheint der Autor ein diabolisch zynisches Vergnügen daran zu haben, wie sein Held auf diese schöne optische Täuschung hereinfällt. Denn soviel dürfte nach den bekannten indischen Erfahrungen Hermann Hesses feststehen: Wie recht auch immer Veraguth daran tut, eine qualvolle Bindung aufzugeben, die fremde Zauberwelt wird ihm keine

Lösung seiner Probleme bringen. So schließt das Buch eigentümlich dissonant, indem das Leben kaum eine, die Kunst eine um so größere Rolle spielen soll. Eine theoretische Lösung der Lebens- und Künstlerproblematik ist am Ende formuliert: *Was ihm blieb, das war seine Kunst, der er sich nie so sicher gefühlt hatte wie eben jetzt. Ihm blieb der Trost der Draußenstehenden, denen es nicht gegeben ist, das Leben selber an sich zu reißen und auszutrinken, ihm blieb die seltsame, kühle, dennoch unbändige Leidenschaft des Sehens, des Beobachtens und heimlich-stolzen Mitschaffens. Das war der Rest und Wert seines mißglückten Lebens, diese unbeirrbare Einsamkeit und kalte Lust des Darstellens, und diesem Stern ohne Abwege zu folgen, war nun sein Schicksal.*[18]

Die komplementäre Figur, eine Haltung, Hesse wohl gemäßer als Veraguths Artistentum, ist in *Knulp* gestaltet, dem gebildeten Taugenichts, der seinen Tolstoi gelesen hat, aus verschmähter Jugendliebe zum Vagabunden geworden ist. Aus dem Bewußtsein, daß Schmerzliches in jedem Verhältnis von Mensch zu Mensch wohne, eine naturgegebene Seeleneinsamkeit nicht übersprungen werden könne ohne Selbstaufgabe, aber auch aus Protest gegen die Scheinhaftigkeit kleinbürgerlicher Wohlanständigkeit resultiert seine Taugenichtshaltung, die in Hesses Dichtung eine extrem autoritäre Billigung erfährt, indem der Theologensohn Hesse Gott selbst dem in Fieberphantasien mit seinem Geschick hadernden Knulp entgegenhalten läßt: *Siehst du nicht, daß du deshalb ein Leichtfuß und ein Vagabund sein mußtest, damit du überall ein Stück Kindertorheit und Kinderlachen hintragen konntest? ... Sieh, sprach Gott, ich habe dich nicht anders brauchen können, als wie du bist, und ich habe dir den Stachel der Heimatlosigkeit und Wanderschaft mitgeben müssen, sonst wärest du irgendwo sitzen geblieben und hättest mir mein Spiel verdorben. In meinem Namen bist du gewandert und hast den seßhaften Leuten immer wieder ein wenig Heimweh nach Freiheit mitbringen müssen. In meinem Namen hast du Dummheiten gemacht und dich verspotten lassen; ich selber bin in dir verspottet und bin in dir geliebt worden. Du bist ja mein Kind und mein Bruder und ein Stück von mir, und du hast nichts geleistet und nichts gelitten, was ich nicht mit dir erlebt habe.*[19] Hier gibt es Entsprechungen bereits zu religionsphilosophischen Überlegungen Dostojewskis, dessen „Idiot" Myschkin gleichermaßen eine Christus- wie eine Quichottegestalt ist. Und natürlich geht es um die ideologiegeschichtlich außerordentlich wichtige Auseinandersetzung Hesses mit einer deutschen romantischen Tradition.

Gleichsam ein sentimentalistischer, nicht mehr der naive Taugenichts des Eichendorffschen Originals erfährt auf solche Weise eine Legitimation, die er bitter nötig hat. Das ist, ins Poetische einer spätbürgerlichen deutschschwäbischen Dichtung übertragen, die Entsprechung zur hohen Wertschätzung des Taugenichtstypus als „Symbol reiner Menschlichkeit, human-romantischer Menschlichkeit, noch einmal denn: des deutschen Menschen"[20], die Thomas Mann in seinen „Betrachtungen eines Unpolitischen" formulierte. Eichendorffs berühmte Figur repräsentierte für Thomas Mann den eigentlichen Künstler, ist, als „human-gemäßigter" Typus Entgegensetzung zum Zivilisationsliteraten, „Mensch, und er ist es so sehr, daß er außerdem überhaupt nichts sein will und kann: eben deshalb ist er der Taugenichts. Denn man ist selbstverständlich ein Taugenichts, wenn man nichts weiter prästiert, als eben ein Mensch zu sein. Auch ist sein Menschentum wenig differenziert, es hat etwas Abstraktes, es ist bestimmt eigentlich nur im nationalen Sinne — dies allerdings sehr stark; es ist überzeugend und exemplarisch deutsch, und obgleich sein Format so bescheiden ist, möchte man ausrufen: wahrhaftig, der deutsche Mensch!"[21]

Hesse, weniger theoretisch veranlagt, weniger zu Geschichtsphilosophie und Völkerpsychologie und -typologie neigend als Thomas Mann, hat seine Vorliebe für Eichendorffs kleines Meisterwerk nicht so weit interpretiert. Aber sein eigenes Werk der Eichendorff-Nachfolge, das „auf leichte Weise eine leichte Weisheit" verkündet,[22] der Zweckhaftigkeit bürgerlichen Daseins das Lebenskünstlertum Knulps entgegensetzt, offenbart auch das Gequälte solcher Existenz, die sich nicht mehr in der schwebenden Heiterkeit einer Eichendorffschen Phantasielandschaft vollzieht, sondern in den Randbezirken des bürgerlichen Alltags. Trotzdem verstand Hesse gerade den *Knulp* als wesentliche Selbstaussage; auf einer Postkarte an Erwin Ackerknecht hat er 1916 bekannt: *Dieses Büchlein ist mir lieb u(nd) hat am ehesten etwas an sich, was ich sein u(nd) geben möchte, soweit die Schwächen es zulassen...*[23]

Das ist das Bekenntnis und bezeichnet die Haltung des Dichters unmittelbar am Beginn des ersten Weltkrieges.

„O Freunde, nicht diese Töne"

Musik hat allezeit für Hermann Hesse eine besondere Bedeutung gehabt. Sie vor allem verband ihn wohl am ehesten
mit seiner Frau, einer vorzüglichen Pianistin. *Musik des
Einsamen* nannte der Dichter eine Lyriksammlung, die 1914
erscheinen sollte, aber infolge des Kriegsausbruches erst zwei
Jahre später herauskommen konnte. „Um es geradezu zu
sagen", schreibt Hugo Ball, „der Dichter Hermann Hesse lebt,
als der Krieg ausbricht, in einer todesseligen Trunkenheit, in
Widerspruchsgefühlen, die nicht mehr zu unterscheiden sind,
zerfleischt von einem dunklen Traumleid, dem er nachhängt,
und zugleich von den Dissonanzen seines familiären Lebens."[1]
In Bern meldet er sich bei Kriegsausbruch als Freiwilliger und
wurde auf dem deutschen Konsulat gemustert, aber wie schon
nach dem Einjährigenexamen seines Augenleidens wegen
zurückgestellt und nun dem Dienst in der Kriegsgefangenen-
fürsorge der deutschen Botschaft in Bern überwiesen.
Das war zu Beginn des imperialistischen Krieges in jenen
ersten Monaten eines großen hurrapatriotischen Lärms, von
dem Karl Kraus meinte, „ob er von Tieren kommt, von
Kindern oder nur von Mörsern, man soll es jetzt nicht entscheiden"[2], in einer Zeit wilder Kriegsbegeisterung, der gegenüber wiederum Karl Kraus im ersten Moment als ein erster
Ausdruck der Distanzierung nur ein Schweigen derer, die
etwas zu sagen haben, möglich schien,[3] ehe er selbst vor allem
in den „Letzten Tagen der Menschheit" 1919 und in den
Aphorismen der Jahre 1915 bis 1919 diesen Krieg als Weltuntergang darstellte, aber auch klarsichtig als Handelsrauferei
um profitable Absatzmärkte, als Auseinandersetzung moderner Mordindustrien charakterisierte. Dehmel und Hauptmann,
Rilke, Wolfskehl, Gundolf, Kerr und Stehr sowie andere prominente und weniger prominente Autoren publizierten damals
ihre Kriegsgesänge und -hymnen. Und Ludwig Thoma, mit
Hesse zusammen „März"-Herausgeber, nahm den preußisch-
bayrischen Burgfrieden so ernst, daß er für die Zeitschrift

verfaßte harmlose kleine Beiträge zur bayrischen Geschichte zurückzog. Hier sollten sich auch künftig Differenzen zwischen den Herausgebern zeigen, so daß Hesse schließlich einmal bekannte, Thoma sei ihm *nach wie vor lieb,* aber es sei ein *Ernstnehmen doch nimmer möglich.*[4] Und dieses Urteil galt eben dem Thoma, der 1908 an den Verleger Albert Langen geschrieben hatte: „Ich gebe Ihnen recht, daß wir mit Herrn Hesse völlige Klarheit haben müssen über die Frage, wie sich der ‚März‘ zu Krieg und Frieden stellt. Ich rede nicht von mir oder nicht viel von mir. An dem Tag, wo der ‚März‘ nur eine von den geheiligten Phrasen für den König bringt, ist alles unwahr, was wir bei seiner Gründung sagten, und ich trete aus. Es gibt nichts, was ich mehr hasse, als die Anschauung, daß von Zeit zu Zeit die Völker ihre männlichen Eigenschaften im Krieg erproben müssen."[5]

Hesses Ablehnung dieses Krieges betrifft zuvörderst *die Brutalität, mit der über alles Politische und Soldatische hinaus allgemein Geisteswerke verachtet und bespuckt werden, ... der allgemeine Boykott gegen Kunst und Dichtung „feindlicher" Völker ist eine arge Entgleisung und zeigt allzu deutlich, daß wir Fortgeschrittenen mit unsern Kultur- und Menschheitsgedanken noch eine schwächliche Minderzahl von Sonderlingen sind.*[6] So nahm Hesse Partei für den Maler Ferdinand Hodler, der im „Simplizissimus" in einer Karikaturenserie angegriffen wurde, weil er sich gegen die Beschießung der Kathedrale von Reims durch die zweite deutsche Armee geäußert hatte.

Im November 1914 erschien in der „Neuen Rundschau", eine heftige Entgegnung Romain Rollands im „Journal de Genève" herausfordernd, der Aufsatz „Gedanken im Kriege" von Thomas Mann. Am 3. November 1914 veröffentlichte Hermann Hesse in der „Neuen Zürcher Zeitung" seinen berühmt gewordenen Artikel *O Freunde, nicht diese Töne.* Bekenntnis zum Kriege auf der einen Seite, auf der anderen der Appell an die Intellektuellen, sich über Nationalismus und Krieg zu erheben.

Hesse geht es um die — wie er sich der Illusion hingab, daß sie es sein sollen und können — *Neutralen..., alle diejenigen, die als Forscher, Lehrer, Künstler, Literaten am Werk des Friedens und der Menschheit arbeiten.*[7] Und er opponiert gegen den Widersinn, daß militärische Fronten, politische Entscheidungen maßgeblich werden für die Wertschätzung oder Ablehnung gei-

stiger Leistungen. Den Kriegsbekenntnissen seiner Schrift-
stellerkollegen begegnet er mit Skepsis: *Es ist vielleicht nicht
einer unter unseren Dichtern und Literaten, in dessen Gesamtwerke
später einmal das Beste sein wird, was er heute im Zorn der Stunde
gesagt und geschrieben hat.*[8] Da sollte Hesse recht behalten.
Gegen Körners Vaterlandslieder stellt er die *Gedichte jenes
Goethe, der sich vom großen Befreiungskrieg seines Volkes so
merkwürdig fernhielt.*[9] Und er sagt, im Grunde noch einmal die
Schillersche Illusion von der menschlichen Freiheit als Voraussetzung der bürgerlichen wiederholend, die Problematik aus
dem Bereich politischer, klassengebundener Auseinandersetzungen auf den einer ästhetischen Erziehung des Menschen
verschiebend: *Krieg war immer, seit wir von Menschengeschicken
wissen, und es waren keine Gründe für den Glauben da, er sei nun
abgeschafft. Es war lediglich die Gewohnheit langen Friedens, die
uns das vortäuschte. Krieg wird so lange sein, als die Mehrzahl der
Menschen noch nicht in jenem Goetheschen Reich des Geistes
mitleben kann. Krieg wird noch lange sein, er wird vielleicht immer
sein. Dennoch ist die Überwindung des Krieges nach wie vor unser
edelstes Ziel und die letzte Konsequenz abendländisch-christlicher
Gesittung. Der Forscher, der das Mittel gegen eine Seuche sucht,
wird seine Arbeit nicht wegwerfen, wenn eine neue Epidemie ihn
überrascht. Noch viel weniger wird „Friede auf Erden" und
Freundschaft unter den Menschen, die eines guten Willens sind,
jemals aufhören, unser höchstes Ideal zu sein. Menschliche Kultur
entsteht durch Veredlung tierischer Triebe in geistigere durch Scham,
durch Phantasie, durch Erkenntnis. Daß das Leben wert sei, gelebt
zu werden, ist der letzte Inhalt und Trost jeder Kunst, obgleich alle
Lobpreiser des Lebens noch haben sterben müssen. Daß Liebe höher
sei als Haß, Verständnis höher als Zorn, Friede edler als Krieg, das
muß ja eben dieser unselige Weltkrieg uns tiefer einbrennen, als wir
es je gefühlt haben. Wo wäre sonst sein Nutzen?*[10]
Der Gegensatz zu Thomas Mann scheint schroff. Die gleichwohl bestehenden Gemeinsamkeiten der Betrachtungsweise
werden zu zeigen sein, denn Hesses wichtige und gewichtige
Ablehnung des Krieges entspringt eben jener konservativen
Verteidigung von Kunst und bürgerlicher Kultur, die Thomas
Mann in seinen „Betrachtungen eines Unpolitischen" gegen
den aktiven Demokratismus des „Zivilisationsliteraten" formulierte. Während aber Thomas Mann diese Position schließlich überwand, zusammen mit dem Bruder Heinrich zum

militanten Verteidiger der sozialen Demokratie wurde, beharrte Hesse auf der einmal bezeichneten Haltung, was in der Konsequenz zur Preisgabe ihres progressiv kämpferischen Ansatzes führen mußte.

Zunächst rief Hesses Zeitungsbeitrag als *Folge dieser ziemlich schüchtern geäußerten Klage*[11] über den Krieg vor allem chauvinistisch gehässige Angriffe auf den Autor hervor. Das „Kölner Tageblatt" gab den Ton ab: „Wie ein Ritter von der traurigen Gestalt ... zieht der Drückeberger Hermann Hesse daher, als vaterlandsloser Gesell, der längst innerlich den Staub der heimischen Erde von seinen Schuhen geschüttelt hat."[12] Damit war der Tenor weiterer Polemiken bestimmt. Wie sie ihn trafen, wie wenig auch wohl das Unterstellte mit dem Beitrag in der „Neuen Zürcher Zeitung" gemeint gewesen war, verdeutlicht Hesses eifriges, wenngleich der Komik nicht immer entbehrendes Bemühen, seine patriotische Reputation in bestimmten Kreisen, bei Pfarrern und Pfarrerswitwen vor allem, zu wahren. An sie jedenfalls ließ er in größeren Mengen einen Verteidigungsartikel schicken, den Theodor Heuss, seit 1913 Redakteur des „März",[13] dort veröffentlicht hatte.[14] Zustimmung erfuhr Hesse vor allem von Romain Rolland,[15]

Romain Rolland

der, gegen die Kriegsteilnahme der Barbusse und Vaillant-Couturier, gegen den Nationalismus der Anatole France und Jean-Richard Bloch polemisierend, nurmehr in der Schweiz im „Journal de Genève" publizieren konnte und dort die Auseinandersetzung mit den deutschen Verteidigern des Krieges führte, mit Wundt und Ostwald, Thomas Mann, Klinger, Humperdinck und Gerhart Hauptmann.

Auf einen freundlichen, sogleich zwei Tage später von Hesse beantworteten Brief Rollands vom 26. Februar 1915 folgte die persönliche Begegnung beider am 12. August 1915 im Berner Welti-Haus bei Hesse. „In diesem dämonischen Kriege eine wahrhaft goethesche Attitüde"[16], nannte Rolland die von Hesse eingenommene Haltung.

Von solcher Position hielt Hesse klaren Abstand zu den in der Schweiz lebenden und um René Schickeles „Weiße Blätter" sich sammelnden Kriegsgegnern. In einem Beitrag für die „Neue Zürcher Zeitung" Anfang 1915 rühmte er zwar Stadler und Werfel, Sternheim, Schickele und Ehrenstein und hoffte, man werde, *wenn das erste Stocken vor vielen durchbrochenen Formtraditionen überwunden ist, Töne der Seele finden, Gedichte und Aufsätze von Ernst und Energie, deren momentane Formen und Wege man keineswegs überall zu billigen braucht, um doch das dahinterstehende Leben der heraufkommenden Generation lieben und ehren zu können.*[17] Das zielte wiederum auf Allgemeinstes, Überzeitliches, unterscheidet sich von Walter Hasenclevers gleichzeitiger Begeisterung für die „Weißen Blätter", deren Tendenz er als Antwort auf die Erniedrigung des Geistes dagegen, „daß der Kaiser den Herren Dehmel, Lissauer und Richard Nordhausen einen Orden verliehen hat"[18], begrüßte. Wünschte Hasenclever, Schickele möge mit seiner Zeitschrift „unser Herz vom Unrat der Schweine, Dichter, Feuilletonisten, Wanderredner und Professoren" befreien,[19] so hielt sich Hesse mit seinem Urteil von jugendlichem Ungestüm vorsichtig zurück: *Da ist viel krasse Jugend, aber auch sehr viel edle, gut gewillte Jugend am Werk.*[20] Von ihr trennte den Dichter des *Knulp* nicht nur ein Altersunterschied, sondern vor allem doch wohl eine erheblich andere, erheblich weniger radikale Ablehnung dieses Krieges. Hesse war weniger revolutionär als betrübt. *Die sogenannte große Zeit war angebrochen, und ich kann nicht sagen, daß sie mich gerüsteter, würdiger und besser angetroffen hätte als alle andern auch. Was mich von den andern damals unterschied, war nur, daß ich jenes einen großen Trostes entbehrte, den so viele andere hatten: der Begeisterung.*[21]

Diese Haltung erlaubte, dann auch höchst anfechtbare und fragwürdige Beziehungen zu diesem Krieg herzustellen, ihn so zurechtzustilisieren wie in dem Gedicht des *Künstlers an die Krieger* vom Dezember 1914, wo der Berner unglückliche Familienvater und innerlich zerrissene Poet, das Goethe-Wort aus dem „West-östlichen Divan" von „der Lebens-Wunden Tücke" und der „Liebes-Wunden Lust"[22] variierend, von sich sagt: *Wunden trag ich, die kein Speer gerissen,* um sich den Weltkriegssoldaten quasi anzuverwandeln:

> *Heute nun, da die Geschütze krachen,*
> *Fast vergeßnen Kriegsgotts Fahne glüht,*
> *Seh ich Brüder, die mich sonst verlachen,*
> *Froh zum Heldensinne aufgeblüht.*

> *Die an finstrer Fron an Karren zogen,*
> *Denen trüb ein feiges Wohlsein rann,*
> *Alle sind dem Alltag jetzt entflogen,*
> *Jeder ward ein Künstler, Held und Mann.*[23]

Das berührt sich mit Thomas Manns Wort vom Soldaten im Künstler, der Gott für den Zusammenbruch einer Friedenswelt lobt, die er so satt, so überaus satt hatte,[24] und ist als seltsame Introvertierung des Krieges nicht so überaus fern der Mannschen Auffassung von 1914 vom Krieg als dritter Elementarmacht neben Religion und Geschlechtsliebe.[25] Gleich vielen möchte Hesse aus der Aufbruchsstimmung vom Herbst 1914 die *Welt männlichster Gedanken*[26] bewahren, das Ereignis überhöhen zu der These, *daß der Edle in seiner Seele immer Krieger ist, auch der nie Waffen trug.*[27]

Ihren Höhepunkt erreichte Hesses positive Wertung des Krieges 1915, als er Max Schelers Schrift „Der Genius des Krieges und der deutsche Krieg" eine Rezension widmete, in der er sagen zu dürfen glaubte, das *ist nichts anderes als die Bejahung des Krieges durch den Geist der deutschen Jugend. Die Bejahung des Krieges überhaupt, nicht als eines notwendigen Übels, sondern als einer lebendigen Kraft und die Bejahung dieses Krieges im besonderen, vor allem die Bejahung des Krieges gegen England.*[28]

Und er fährt, mit sehr charakteristisch rückwärts gewandtem, romantisierendem Akzent gegen die kapitalistische Welt als Ursache des Krieges, fort: *Daß es sich hier nicht um Konkurrenz und Firmenschilder, um Prozente und Kurse handelt, sondern um Tieferes, um eine Katastrophe des entseelten Kapitalismus englischer Herkunft und daß von diesem Feind geheime Vorposten bei uns seit langem im eigenen Land und Volke stehen, mit denen wir ebenso innig und deutlich abrechnen müssen wie mit den Vettern auf der Insel drüben, das ist nirgends so klar, so wohlfundamentiert, nirgends so warm und herzlich ausgesprochen worden wie in diesem Werk eines Begeisterten...*[29] Und Hesse resümiert schließlich: *Es ist eine Jugend da, welche um keinen Preis, auch nicht um den eines wohlfeilen Friedens, dieses Erlebnisses wieder unwürdig werden will.*[30]

Hier ist eine extreme Position in Hesses geistiger Entwicklung erreicht. Doch schon ein Jahr später, 1916, ist die Begeisterung abgeklungen. Zwar wird mitgeteilt, mit Dr. Scheler habe sich Hesse gut angefreundet,[31] aber es wird auch vernichtend geurteilt: *Bewährt hat sich mir keiner seiner Gedanken zur Zeit und Geschichte.*[32] Weitere Korrekturen wurden nötig, als ihn, der bei allem eigentlich kein Pazifist war,[33] Vertreter eben dieser nationalistisch bürgerlichen Jugend als einen pazifisierenden, Deutschland „verwelschenden" Dichter attackierten. Die Antwort wurde 1919 in dem Aufsatz *Haßbriefe* erteilt. Jedoch noch 1946 mußte Hesse in dem Geleitwort zu seinen *Betrachtungen zu Krieg und Politik* feststellen: *Seit damals ist mir in Deutschland nie mehr eigentlich verziehen worden, daß ich einmal an Patriotismus und Kriegsgeist Kritik geübt hatte, und wenn auch, ähnlich wie heute wieder, und unmittelbar nach dem Krieg eine gewisse Schicht in Deutschland sehr friedlich und international empfand und mit manchem Echo auf meine Gedanken Antwort gab, so blieb doch das Mißtrauen gegen mich wach.*[34]

Gleichwohl hat Hesse lange nicht von seinen illusionären Hoffnungen auf eine neue, aus diesem Krieg befreit und gestärkt hervorgehende Jugend gelassen. Von solcher Position her begrüßte und rühmte er auch die frühen Gedichte des nachmaligen Präsidenten der faschistischen Reichsschrifttumskammer Hanns Johst.[35] In den Kriegsjahren war Hesse bemüht gewesen, für Frieden und Menschlichkeit zu wirken, die Stimme eines apolitisch überzeitlich verstandenen „Geistes" nicht ganz verstummen zu lassen. Er begann im August

1915 für die Gefangenenfürsorge, das Schweizer Büro für
Kriegsgefangene „Pro captivis" und dessen deutsche Abtei-
lung „Deutsche Kriegsgefangenen-Fürsorge Bern" zu arbeiten; dafür bezog er von Juli 1917 bis April 1919 ein Gehalt
des deutschen Kriegsministeriums. Zusammen mit dem Zoo-
logen Professor Richard Woltereck leitete er in Bern die als
eigener Verlag auf der Basis von Spendengeldern gegründete
Bücherzentrale für deutsche Kriegsgefangene, die vor allem
Literatur an die Gefangenenlager in Frankreich versandte. Um
finanzielle und materielle Unterstützung seiner Bemühungen
und kostenlose Exemplare ihrer Bücher wandte sich Hesse
unermüdlich wie an Thomas Mann und den Verleger Samuel
Fischer an zahlreiche Kollegen.
Vierzehntägig brachte Hesse als Beilage der vom 1. Juli 1916
bis 2. Dezember 1917 erscheinenden, von Woltereck und ihm
redigierten „Deutschen Internierten Zeitung" seinen *Sonntagsboten für deutsche Kriegsgefangene* heraus. 1918 schließlich
fungierte er als Herausgeber einer Bücherei für deutsche
Kriegsgefangene, in der er neben eigenen Werken Thomas
Manns „Eisenbahnunglück" und „Tonio Kröger", Erzählungen Gottfried Kellers, Sammlungen von Anekdoten, Witzen,
Kleinstadtgeschichten auch unter dem Titel *Strömungen* eine
Zusammenstellung von Novellen u. a. von Korolenko, Gorki
und Hamsun edierte. *Ich selbst bin ganz unpolitisch und hänge
einer asiatischen Passivität an,* schrieb er an Rolland. *Wo ich aber
etwas tun kann, was Friede und Menschlichkeit fördert, bin ich stets
eifrig bereit.*[36]
Gemeinsamkeiten gibt es in der Haltung mit Stefan Zweig,
der ebenfalls mitten im Krieg in einem Artikel im „Berliner
Tagblatt" von geistiger Brüderschaft und dem gemeinsamen
Aufbau einer europäischen Kultur gesprochen hatte, der
Rollands humanitäres Wirken im Roten Kreuz als den einzig
richtigen Weg des Dichters in solcher Zeit betrachtete und
sogar, allerdings vergeblich, versuchte, eine Konferenz
europäischer Geistesschaffender in der Schweiz zu veranstal-
ten, um eine Antikriegsproklamation zu erreichen. So weit ging
Hesse nicht. Er empfand seine Position als stark gefährdet,
als eine leicht verletz- und zerstörbare Illusion auch wohl. *Ich
konnte zur Not den Krieg noch eine Weile ertragen, weil ich einen
Platz in ihm gefunden hatte, wo ich mir einbilden konnte,
Menschlichkeit zu üben und Wunden heilen zu helfen; Musik aber*

konnte ich kaum mehr ertragen, ein paar Takte Musik brachten die ganze notdürftige Ordnung und Zucht, in der ich mich hielt, zum Einsturz und weckten eine nicht auszuhaltende Sehnsucht nach Flucht aus dieser Welt und diesem Kriege.[37] Damit wird mehr als eine subjektive Zustandsschilderung gegeben. Das ist eine Positionsbestimmung. Gegen eine vielfach sich abzeichnende Politisierung der Literatur und Kunst versucht Hesse eine Abwehrhaltung, die in der Konsequenz folgenreich auch für sein literarisches Werk und dessen Rang wird.

Hesse entwickelte schon in dieser Zeit seinen Ästhetizismus als Flucht vor der praktischen Auseinandersetzung und wollte bei seiner Meinung bleiben, daß gegen die organisierte Welt der Politiker und Generäle der verrückteste Künstlertraum noch mehr wert sei,[38] daß *die Kunst ... nach wie vor nicht bloß schöner, sondern auch reeller und ernsthafter als all das Getue ist.*[39] So unterzeichnete er 1919 zusammen mit Stefan Zweig, mit Henri Barbusse, Bertrand Russell und Benedetto Croce die „Déclaration d'independance de l'Esprit".

Wieder einmal waren es für den Menschen und Dichter Krisenjahre. 1916 starb der Vater, eine lebensgefährliche Erkrankung des jüngsten Sohnes Martin führte zum offenen Ausbruch der Krise. Hesses Frau, seit langem leidend, begab sich in eine Nervenklinik.

> *Einsam steh ich, vom Wind gezerrt,*
> *Ungeliebt und verlassen*
> *In der feindlichen Nacht,*[40]

beschreibt der Dichter seine Situation, und die Klage wird ihm wiederum zur Anklage an seinen Gott.[41] In Gedichten ist von dem an der letzten Grenze des Bewußtseins lauernden Geist,[42] von der schweigenden Folter die Rede, in der die tausend Nerven ihr feines horchendes Leben atmen.[43]

Hesse geht in das Sanatorium Sonnmatt bei Luzern und findet in Dr. Lang, einem Schüler C. G. Jungs, einen behandelnden Arzt, der als Psychoanalytiker ihm Wege allerdings *lediglich zu einer vorläufigen Ich-Einigung*[44] weist.

Die Begegnung mit der Tiefenpsychologie Jungscher Prägung, einer um den Symbolbegriff, die Beziehung individueller psychischer Produkte zu den Mythen und Symbolen der Geschichte bereicherte Psychoanalyse erschloß Hesse neue Blicke auf längst angeeignete philosophische, theologische Traditionen. So heißt es mit Bezug auf die Gnostiker: *Was damals Theologie war, ist für uns Heutige mehr Psychologie, aber die Wahrheiten sind immer dieselben.*[45] In C. G. Jungs mystisch spekulativer Auffassung der Urbilder und Symbole sicht Hesse Bestätigung geahnter Anschauungen von einer ganz und gar persönlichen Moral des einzelnen. Die Konsequenz ist eine zuweilen sehr schroffe Absage an den Intellekt, eine für Hesses Denken charakteristische Berufung auf Gefühle und Verliebtheiten in Entgegensetzung zu allen Kausalitäten.[46] *Unrein und verzerrend ist der Blick des Wollens,* beginnt der kleine Aufsatz *Von der Seele.*[47] Und *begierdelose Liebe* heißt das Mittel, durch das für den Betrachter der Mensch wieder Natur, *schön und merkwürdig wie jedes Ding* wird.[48] Dem suchenden Dichter geht es um die menschliche Seele, die wiederzufinden im Zeitalter der kapitalistischen Arbeitsteilung und Entfremdung für ihn kein Weg zurück zum Primitiven, sondern nur einer vorwärts zu Persönlichkeit, Verantwortlichkeit und Freiheit führt.

Das heißt zugleich für Hesse abermals irrationalistischen Rückzug auf die für ihn entscheidenden Werte der Innenwelt als einzig zukunftsträchtig: *Möge der Weltlauf gehen, wie er wolle, einen Arzt und Helfer, eine Zukunft und neuen Antrieb wirst du immer nur in dir selber finden, in deiner armen, mißhandelten, geschmeidigen, nicht zu vernichtenden Seele. In ihr ist kein Wissen, kein Urteil, kein Programm. In ihr ist bloß Trieb, bloß Zukunft, bloß Gefühl. Ihr sind die großen Heiligen und Prediger gefolgt, die Helden und Dulder, ihr die großen Feldherrn und Eroberer, ihr die großen Zauberer und Künstler, sie alle, deren Weg im Alltag begann und in seligen Höhen endete. Der Weg der Millionäre ist ein anderer, er endet im Sanatorium.*[49]

Im Jahr der Oktoberrevolution niedergeschrieben, bedeuten der Verzicht auf Wissen, Urteil und Programm (beim Pater Jakobus des *Glasperlenspiels* wird es später die Ablehnung aller Geschichtsphilosophie) und die Identifikation von Trieb und Zukunft alles andere als einen gangbaren Weg auf den Höhen der Zeit, wenn auch die Erinnerung an die menschliche Seele als humaner Protest gegen die bourgeoise Welt im Namen des Individuums gemeint war: *Kriege führen auch die Ameisen, Staaten haben auch die Bienen, Reichtümer haben auch die Hamster. Deine Seele sucht andere Wege, und wo sie zu kurz kommt, wo du auf ihre Kosten Erfolge hast, blüht dir kein Glück. Denn „Glück" empfinden kann nur die Seele, nicht der Verstand, nicht Bauch, Kopf oder Geldbeutel.*[50]

Auf vielfach illusionäre Ideen und Theorien gründet sich Hesses Humanismus, der ein Glaube an den Menschen, eine Hoffnung auf den Menschen ist. Dabei bezieht sich Hesse vor allem auf das einzelne Individuum, den isolierten Menschen. Damit unterscheidet er sich von jenen, die ihre Hoffnung auf das Gattungswesen Mensch setzen, wie sehr er sich sonst in seiner Haltung beispielsweise mit René Schickele trifft, der, ähnlich wie Hesse zwischen Nationen stehend, allen Nationalismen absagte: „Für mich gehören Grenzverschiebungen wie alle anderen nationalen Transaktionen zum Börsenspiel. Ich bin nicht daran beteiligt, sie gehn mich nichts an. Weil ich es mit solchen Ketzereien ernst genommen habe und von jeher und gar erst im Krieg, stehe ich in schlechtem Ruf beim livrierten Gesindel diesseits wie jenseits des Rheins … Immerhin gehöre ich zur deutschen Literatur, die ich — wie sich allmählich zeigt: mit Recht — für eine größere Realität ansehe als die gepanzerten, pulvergeladenen, geschliffenen und schaumlügenden Äußerungen der deutschen Öffentlichkeit … Ich weiß: Der Mensch, bisher das traurigste der Tiere, hat seine Lage erkannt, und nichts wird ihn hindern, für seine Befreiung einen Ruck zu tun, wie die Geschichte noch keinen vermerkt hat."[51]

Das ist bereits unter dem Eindruck gesellschaftlicher Erschütterungen am Ende des ersten Weltkrieges, revolutionärer Erhebungen, nicht zuletzt der Ereignisse in Rußland, geschrieben. Und auch Hesse beobachtete mit äußerster Spannung die Friedensverhandlungen von Brest-Litowsk, an der Westfront mit Schrecken die Vorbereitungen der *Riesenmetzelei, die den Krieg entscheiden soll und nicht entscheiden wird.*[52]

An der Oktoberrevolution ist ihm die Aussicht auf Beendigung des Krieges das Wesentliche, und er bekennt, daß *alle Welt diesen Russen so von Herzen gut und dankbar dafür ist, daß sie als erstes unter den Völkern den Krieg an der Wurzel gepackt haben.*[53]

So reflektieren auch Hesses Äußerungen dieser letzten Kriegs- und ersten Nachkriegsjahre das allgemeine und komplizierte Dilemma der Kriegsteilnehmer und -heimkehrer. „Ein Geschlecht, das shimmyschritts in neue Greuel schlendert", sah

C. G. Jung.
Radierung von
Gregor
Rabinowitsch

Franz Werfel.[54] Hermann Hesse verstand die Gegenwart als
eine Umbruchszeit des *Hinsterbens einer schönen und unwieder-
bringlichen Welt, des erst schmerzlichen, dann innig bejahten
Erwachens zu einem neuen Verstehen von Welt und Wirklichkeit,*
wobei er sogleich hinzufügt: *des Aufblitzens einer Einsicht in die
Einheit im Zeichen der Polarität, des Zusammenfallens der Gegensätze, wie es vor tausend Jahren die Meister des ZEN in China auf
magische Formeln zu bringen versucht haben.*[55]
Hier hat man alles beisammen: eine Richtung seines Denkens,
die *auf die Vernichtung der vaterländischen Götzen die der eigenen
Einbildung* folgen läßt,[56] einen dichterischen Neubeginn
erstrebt, eine Entwicklung, die vom *Demian* zum *Steppenwolf*
führen wird. Auch die andere Tendenz ist angedeutet: die
verstärkte Hinwendung zu fernöstlicher Weisheit, die er u. a.
mit Klabund gemeinsam hat, bei dem es in einem Brief heißt:
„Wäre ich nicht ein Jünger des Tao (der einzigen Philosophie,
die den Meschen dieser ***Zeit etwas zu sagen hätte: denn es
ist eine lebendige Philosophie, eine Philosophie, die gelebt
werden muß, und nach der gestorben werden muß), ich wäre

Klabund

längst verzweifelt. Wüßte ich nicht, daß die Seele Stern und Sonne ist, nicht daß sie bloß Objekte der Augen sind, wüßte ich nicht, daß die Einzelseele so gut unsterblich wie die Gesamtseele (der Urtao), so hätte ich mir längst eine Kugel in den Kopf gejagt."[57]

Dem mochte Hesse zustimmen. Klabunds Taoteking-Übersetzung widmete er besondere Aufmerksamkeit. Die spätere Eingliederung Laotses, dem 1914 Hesses Vater eine kleine Schrift gewidmet hatte, in den Kreis der Morgenlandfahrer bekräftigt ebenso wie seine Hervorhebung in der *Bibliothek der Weltliteratur* die Bedeutung, die Hesse dem Taoteking beimaß. Zusammen mit den Upanishaden und den Reden Buddhas, den Gesprächen des Konfuzius, den Gleichnissen Dschuang Dses und dem Orakelbuch des I Ging gehört das Taoteking zur geistigen Welt Hermann Hesses. Der Weg zum *Siddharta* ist vorgezeichnet, tendenziell auch schon bis zum *Glasperlenspiel*, dem großen Werk der Synthese zunächst schroff auseinanderklaffender Richtungen.

Wie stark und unmittelbar das Krisenbewußtsein in jenen

letzten Weltkriegsjahren war, erhellt auch aus kleinen Arbeiten, die in *Sinclairs Notizbuch* (der Name deutet voraus auf das Pseudonym des *Demian*-Dichters) veröffentlicht wurden. Nur sieben Jahre — von 1918 bis 1925 — werden veranschlagt, bis im *Regierungsblatt* als einziger noch im Königreich Sachsen zweimal wöchentlich erscheinender Zeitung der *Vorkriegsmarsch*, der nichts vom Krieg weiß, als *ein neuer Kaspar Hauser* apostrophiert und von der Leipziger Philosophischen Fakultät als *einziges Exemplar einer Spezies von Mensch, welche nicht mehr auf Erden existiert*, aufbewahrt werden wird.[58] Niedergeschrieben und datiert Ende 1917, wird die Konjektur der Ereignisse, der ewige, der totale Krieg und die radikale Trennung der Geistigen von den Technikern und Militärs, nur um runde zwei Jahre, auf 1920, vordatiert. Und das Bild dieser Welt von morgen, höchstens übermorgen ist so gründlich verändert, daß simple Attribute einer Vorkriegszivilisation wie Lederschuhe bereits Sensationen, angestaunte Zeugnisse einer vergangenen Epoche sind. Die Kehrseite des totalen Chaos ist in Hesses Vision die totale Verwaltung, in der auch das Sterben nicht ohne staatliche, freilich käuflich zu erwerbende Genehmigung möglich ist. Parallelen zum Werk eines Franz Kafka, den Hesse früh geschätzt hat, sind ganz offenkundig.

Insgesamt: Hesse glaubt nicht mehr an den *Europäer*, der nach der großen Sintflut, allein, als Individualist, gerettet in einer Arche Noah, sich nur als kontaktfremder, einsamer, unpraktischer Intellektueller, als unproduktiver Kritiker und Spötter absondert. Hesse läßt energisch Zweifel anmelden, was eine intellektuelle Potenz, das Glück zu erkennen, wert sei, wenn es nicht tatsächlich erkannt und vor allem gelebt wird. Und die Quintessenz wird dem *greisen Erzvater* in den Mund gelegt: *Ich muß euch zustimmen, der Mann aus dem Kriegslande ist kein sehr anmutiger Gast, und man sieht nicht recht ein, wozu solche Käuze da sein müssen. Aber Gott, der diese Art nun einmal geschaffen hat, weiß gewiß wohl, warum er es tat. Ihr alle habet diesen weißen Männern viel zu verzeihen, sie sind es, die unsre arme Erde wieder einmal bis zum Strafgericht verdorben haben. Aber sehet, Gott hat ein Zeichen dessen gegeben, was er mit dem weißen Mann im Sinne hat. Ihr alle, du Neger und du Eskimo, habet für das neue Erdenleben, das wir bald zu beginnen hoffen, eure lieben Weiber mit, du deine Negerin, du deine Indianerin, du dein Eskimoweib. Einzig der Mann aus Europa ist allein. Lange*

*war ich traurig darüber, nun aber glaube ich den Sinn davon zu
ahnen. Dieser Mann bleibt uns aufbehalten als eine Mahnung und
ein Antrieb, als ein Gespenst vielleicht. Fortpflanzen aber kann er
sich nicht, es sei denn, er tauche wieder in den Strom der viel-
farbigen Menschheit unter.*[59]

Kennzeichen für den *Untergang Europas*[60] und zugleich Antithese zum alten fossil gewordenen Vorkriegseuropa, einem
Blick ins Chaos sich offenbarend, ist *eine Heimkehr zu Mutter,
ist eine Rückkehr nach Asien, zu den Quellen, zu den Faustischen
„Müttern"…, die Abkehr von jeder festgelegten Ethik und Moral
zugunsten eines Allesverstehens, Allesgeltenlassens, einer neuen,
gefährlichen, grausigen Heiligkeit…, der gefährliche, rührende,
verantwortungslose, dabei gewissenszarte, weiche, träumerische,
grausame, tief kindliche „russische Mensch", den man gern auch
heute noch so nennt, obwohl er, wie ich glaube, längst im Begriff
ist, der europäische Mensch zu werden.*[61] Da ist beisammen und
zur Theorie erhoben, was später mindere Geister zu barbari-
scher Propaganda mißbrauchten. Niedergeschrieben wurde es
1919, im gleichen Jahre, da Oswald Spenglers „Untergang des
Abendlandes" erschien.

Und gleich anderen Zeitgenossen blieb Hesse nicht unberührt
von diesem „Defaitisten der Humanität", wie Thomas Mann
den „Herrn Oswald Spengler" nannte.[62] Gar so fern hat dessen
geschichtsmorphologische Betrachtungsweise Hesse kaum gelegen. Aber es war ein anderes, persönliches Verhältnis zu allen
kulturellen Überlieferungen im Gegensatz zu Spenglers kalter
distanzierter Betrachtungsweise, das Hesse bei allem kulturhistorischen Fatalismus zu humaneren Anschauungen führte.

Dostojewski und Nietzsche lieferten Leitbilder für einen Teil
der aus dem Kriege heimkehrenden Generation. Eine Brücke
von Luther zu Dostojewski wollte nach einem Wort Richard
Dehmels der expressionistische Lyriker und Dramatiker Alfred Brust schlagen.[63] Auch für Thomas Mann gehörten Nietzsche und Dostojewski — noch 1946, als er den Russen nur „mit
Maßen" zu rühmen bereit war und sich schon anschickte,
„Nietzsches Philosophie im Lichte unserer Erfahrungen"
kritisch zu relativieren — unmittelbar zusammen. Im großen
Essay über „Goethe und Tolstoi" hatte auch er gemeint, „in
der bolschewistischen Umwälzung das Ende der Epoche Pe-
ters, der westlich-liberalisierenden, der europäischen Epoche
Rußlands zu sehen, welches mit dieser Revolution sein Ange-

sicht wieder nach Osten wendet"[64]. Auf diesen „Heimweg nach Asien"[65] gehört auch Dostojewski, den Thomas Mann zusammen mit Nietzsche sah, „weil er als Befreier aus moralischer Bürgerlichkeit wirkte und den Willen zum psychologischen Affront, zum Verbrechen der Erkenntnis bestätigte"[66].

Hesse beobachtete und interpretierte am Beispiel von Dostojewskis Iwan Karamasow die Umwandlung vom *geformten historischen Typ zum ungeformten Zukunftsmaterial*,[67] das Einssein von Gott und Teufel als ein zentrales Thema des eigenen *Demian*-Romans. Beeinflußt von der psychoanalytischen Trieblehre Freuds und dem Symbolbegriff Jungs, interpretierte er die „Karamasows" als Symbole einer gealterten, hysterisch gewordenen, die unterdrückten Triebe wieder hervorkehrenden Kultur. Im Zentrum steht für den Schüler und Patienten des Dr. Lang die Auseinandersetzung mit dem Unbewußten im Teufelsgespräch Iwan Karamasows. Das Eingehen auf den Teufel, als das seiner Interpretation nach nur für den kultivierten, gezähmten Menschen mit seinen verdrängten Trieben negative Symbol des Unbewußten, sieht Hesse als die positive Lehre des Romans. Abgründe, gefährliche Möglichkeiten des Weiterdenkens tun sich auf.

Die Hysterie des Karamasowtyps als eine andere Form von „moral insanity" (wie Eltern und Verwandte die Leiden und Aufsässigkeiten des Knaben Hesse qualifiziert hatten) ist dem einsam und verlassen, von der geistig erkrankten Frau und den Kindern getrennt in seinem ärmlichen Berner Heim sitzenden Dichter und Essayisten gewiß nicht unvertraut. Und so deutet die Option für den Autor voll Ungeheuerlichkeiten Dostojewski gegen den *soliden Nurdichter* Turgenew[68] vor allem auch eine Selbstcharakteristik an. Als Bekenntnis mehr denn als Botschaft müssen die gefährlich abgründigen, von philosophischem wie politischem Obskurantismus nicht fernen Bemerkungen wohl zuerst gelesen werden.

Die Parteinahme für die Karamasows und gegen Staatsanwalt und Geschworene als die Mörder aus Engherzigkeit, Angst und Beschränktheit ebenso wie das Bekenntnis zu Dostojewski als Propheten mehr denn als Dichter führt freilich auch zu sehr wesentlichen Gedanken des deutschen Expressionismus.

Schon ist halb Europa, schon ist zumindest der halbe Osten Europas auf dem Weg zum Chaos, fährt betrunken in heiligem Wahn am Abgrund entlang, und singt dazu, singt betrunken und hymnisch

Friedrich Nietzsche

wie *Dmitri Karamasow sang. Über diese Lieder lacht der Bürger beleidigt, der Heilige und Seher hört sie mit Tränen.*[69] Solch zweideutig mystifizierende Beschreibung eines historischen Augenblicks, eine extreme Umstilisierung revolutionärer Ereignisse aus äußerster bürgerlich-individualistischer Perspektive bekundet alles andere als ein Begreifen der geschichtlichen Wirklichkeit. Geistige Übereinstimmung ist freilich möglich mit T. S. Eliot, der sich auf die zitierten Sätze für den fünften seiner Waste-Land-Gesänge ausdrücklich berufen hat.[70] Kaum seltsamer, bizarrer und fragwürdiger konnte Hesse sich auch unmittelbar politisch zum Tagesgeschehen äußern als 1919 in dem *Wort an die deutsche Jugend von einem Deutschen,* für das er Titel, Stil und Attitüde Friedrich Nietzsches ausborgte: *Zarathustras Wiederkehr.* Die Imitation Nietzsches hat der Autor nachträglich als spontanen Prozeß *während dem fast bewußtlosen Schreiben, das sich völlig explosiv vollzog,*[71] dargestellt und damit begründet, daß der einsame Nietzsche ihm in den Kriegsjahren zum Mahner an das Heiligste und Geistigste geworden sei, *der letzte einsame Vertreter eines deutschen Geistes, eines deutschen Mutes, einer deutschen Mannhaftigkeit, die gerade unter den Geistigen unseres Volkes ausgestorben zu sein schien.*[72]

Abermals wie 1883/84 spricht der Prophet zu den Jünglingen, zu heimgekehrten Kriegern, die nun abermals als „Helden, als Säulen des Vaterlandes" lernend und strebend das Positive erfahrener Gefahr weitertragen sollen. Schicksalsbereitschaft ist das große Wort, der Aufruf, sich zum eigenen, individuellen Schicksal mutig zu bekennen. Das hebt gewiß — auch expressis verbis am Schluß[73] — die Zarathustra-Prophetie in gewisser Weise auf, entzog das Pamphlet der unmittelbaren ideologischen Verwertbarkeit in späteren Jahren, lieferte aber mit der Auflösung der Jünglingsgruppe in lauter Individualisten, jene wahrhaft Selbstsüchtigen,[74] einen anderen Mythos, der dem Inhalt wie der Formulierung nach dem faschistischen des 20. Jahrhunderts — gewiß ungewollt — gefährlich nahekam. Es ist der Aufruf an jene, für die der junge Hanns Johst, von dem Hesse meinte: *Aus diesem Munde spricht das Beste der deutschen Jugend,*[75] erklärt hatte: „Es ist eine rasende Wollust, jung zu sein und um die Verzückung des Todes zu wissen."[76]

Bitter ironisch ist in dieser Schrift Hesses Absage an das *Opernwesen,* zu dem mit des Kaisers und Richard Wagners Hilfe die *deutsche Tugend* umstilisiert worden sei,[77] heftig der Affront gegen die *Opernherrschaft von vorgestern,*[78] die Identifizierung von Vaterland und Geldsack, aber heftig auch die Ablehnung aller *Weltverbesserungspläne: Gerade jetzt, in dieser wunderlichen Zeit, wird das Lied von der Weltverbesserung wieder so heftig gebrüllt. Wie übel und trunken es doch klingt, hört ihr's nicht? Wie wenig zart, wie wenig glücklich, wie so wenig klug und weise es klingt! Und dies Lied ist wie ein Rahmen, den man um jedes Bild passen kann. Er paßte um den Kaiser und um den Schutzmann, er paßte um eure berühmten deutschen Professoren, um Zarathustras alte Freunde. Dies geschmacklose Lied paßt auf Demokratie und Sozialismus, auf Völkerbund und Weltfrieden, auf Abschaffung des Nationalismus und auf neuen Nationalismus.*[79]

Aber dann steht in dieser Schrift im Kapitel über Spartakus, daß *diese aufständischen Sklaven mir noch immer am meisten Vergnügen machen.*[80] Indessen, was Hesse an *diesen Leuten mit der rohen Faust und dem Schulmeisternamen*[81] bewundert sehen möchte, ist eine verzweifelt schicksalergebene Untergangsbereitschaft, Verzweiflung, die besser ist *als diese dumpfe Angst des Bürgers, welcher erst dann zum Heldentum greift, wenn er seinen Geldbeutel bedroht sieht. Was sie „Kommunismus" nennen, dies kennen wir ja wohl, dies ist ein altes, allzu altes, etwas komisch gewordenes Rezept aus verstaubten Geldmacherküchen. Achtet nicht auf das, was sie reden! Aber achtet auf das, was sie tun! Diese Menschen sind der Tat fähig...*[82] Es ist ein naiv romantisiertes, entschieden verzeichnetes Bild, mehr verzweifelte Suche nach irgendwelchen Auswegen als auf Sachkenntnis und Verständnis gegründet. Grobschlächtige Ablehnung des Kommunismus verbindet sich mit bürgerlichem Schicksalsmythos. Von solchen Prämissen her hat sich Hesse Wege zur Erkenntnis historischer Entwicklungen verbaut. Und was hat der Dichter gefunden?

Die Zukunft soll bei den Jünglingen liegen, bei den einsamen Tatmenschen, nicht in der kollektiven Aktion. Da kommt es nicht auf rasche Tat, auf unmittelbare Befolgung von bestellten Aufrufen und revolutionären Parolen an, sondern aufs Reifwerden. „Bereit sein ist alles", hatte Shakespeares Hamlet postuliert. Und noch einmal soll Deutschland Hamlet sein. *Eure Zukunft und euer schwerer gefährlicher Weg ist dieser: reif zu werden und Gott in euch selbst zu finden. Nichts ist euch, deutsche Jünglinge, schwerer gemacht. Stets habt ihr Gott gesucht, aber niemals in euch selbst. Er ist nirgends sonst. Es gibt keinen andern Gott, als der in euch ist.*[83]

Das ist das mehr als problematische Fazit, das Hesse aus seinem Erleben von Krieg und Nachkrieg zieht, wiederum der Weg nach innen, *immer nach Hause.* Es steht um Hesse nicht weniger fragwürdig als um den Thomas Mann der „Betrachtungen eines Unpolitischen" und der Briefe unmittelbar nach Kriegsende, der geschrieben hatte: „Man muß sich kontemplativ stimmen, auch fatalistisch-heiter, Spengler lesen und verstehen, daß der Sieg England—Amerikas die Zivilisierung, Rationalisierung, Utilitarisierung des Abendlandes, die das Schicksal jeder alternden Kultur ist, besiegelt und beendigt."[84] Anders als Thomas Mann, der seinen Weg zur Demokratie auch unter Berufung auf Walt Whitman ging, blieb bei Hesse eine wiederum abstrakte und also nicht zu konkreter historischer Kritik vorstoßende, sondern lediglich konservativ empfindsame Deutschland-Amerika/Geist-Utilitarismus-Antithetik wesentliche Vorstellung.

Neubeginn und Abschied

Neubeginn war die große Losung der Nachkriegszeit. Aber wo er ansetzen sollte, blieb oftmals unklar. Hesses wohl einziger dramatischer Versuch, der im Januar 1919 geschriebene *erste Akt eines Zeitdramas* betitelt *Heimkehr*, zeigt die Rückkehr eines Kriegsgefangenen aus einem Lager bei Moskau. Aber dort hat der junge Mann, der nun gut expressionistisch mit dem Ruf nach Leben und Anderswerden schlechthin gegen den Vater rebelliert, offenkundig von welthistorischen Ereignissen gar nichts mitbekommen. Und so steht er am Ende abwartend da, auf die Frage der Mutter: *Aber was hast du denn in Sinn? Willst du in den Soldatenrat?*, hat er nur die Antwort: *Was weiß ich! Ich warte. Ich warte auf den ersten Ruf, den die Heimat mir schickt.*[1]

In den „Rededelirien"[2] ungezählter Zeitschriften wurden die Programme verkündet. „Wir brauchen — wieder und wieder und wieder — die Revolution, wir brauchen den Dichter...", postulierte der von Hermann Hesse geschätzte Gustav Landauer.[3] Da lagen die tragischen Irrtümer. Revolutionäre Massen und vielfach messianisch einen als Heilslehre aufgefaßten Sozialismus predigende Intellektuelle kamen nicht zusammen. Auch die Bayrische Räterepublik scheiterte. Das war insgesamt eine Zeit, da *Seldwyla im Abendrot* lag, wie Hesse zum hundertsten Geburtstag Gottfried Kellers schrieb. In dem Beitrag für die „Vossische Zeitung" wird Keller als der letzte Dichter gerühmt, dem ein allgemeines Vertrauen, die echte Liebe weiter Kreise galt. Das später immer stärker bei ihm aufklingende Thema einer unmöglich gewordenen Klassizität anschlagend, meinte Hesse: *Unsere Zeit ist eine andere, unser Schicksal ein anderes. Den Glanz der Vollkommenheit über seinen Werken sehen wir jetzt wie ein Abendrot über einem Tag, der nicht mehr der unsere ist. Schicksal hat sich inzwischen vollzogen, im verbrannten Europa ist Seldwyla zur freundlichen Kuriosität geworden.*[4] Als Würdigung des Schweizer Erzählers war das ein verzerrtes Bild: Preisgabe eines bürgerlich-realistischen Erzählers, Negation einer Kontinuität des Realismus. Als

Gottfried Keller

Selbstaussage des Autors war das Absage an die romantische Bürgerlichkeit von Hesses Beginn. Und der Absage konform ging der pseudonyme Neubeginn. Unter dem Namen Emil Sinclair erschien der *Demian*, jenes Werk Hesses, das zum Buch einer Generation zu werden vermochte, indem es „mit unheimlicher Genauigkeit den Nerv der Zeit traf und eine ganze Jugend, die wähnte, aus ihrer Mitte sei ihr ein Künder ihres tiefsten Lebens entstanden..., zu dankbarem Entzücken hinriß“, wie Thomas Mann später schrieb.[5]

Was ging hier vor? „Hesse begann als Nachfahre der schwäbischen Romantik und Bewunderer Gottfried Kellers, brach dann (mit Vierzig) aus der Lyrik und Epik einer behüteten Idylle in ungewisse Weiten auf — mit dem eigenen Schicksal hineingerissen in den Strudel einer fragwürdig werdenden Kultur, die er aus einer schonungslos bohrenden Beobachtung des eigenen Ichs zu gestalten strebte.“[6]

An Samuel Fischer hatte Hesse den Roman als Werk des erkrankten Dichters Emil Sinclair geschickt und auch als

Vertreter des pseudonymen Autors den Verlagsvertrag abgeschlossen, als auf Oskar Loerkes Empfehlung, der nur zu bemängeln hatte, der Roman erinnere sehr stark an Hesse, das Werk angenommen wurde. Auch Fischer blieb für eine Weile im unklaren beziehungsweise hielt sich an das Versteckspiel, wenn er noch am 3. November 1919 bei Hesse anfragte, ob er die sechshundert Mark des Sinclair verliehenen Fontanepreises für Sinclair auf Hesses Konto überweisen lassen solle. Denn am 27. August 1919 hatte Hesse an seinen Verleger geschrieben: *Sie selbst haben schon bemerkt, daß ich mich auch als Literat in den letzten Jahren geändert und gehäutet habe. Ich weiß heute noch nicht, wie weit ich noch nach der Seite des Expressionismus gehen werde, jedenfalls aber hat mein ganzer Kurs seit dem Kriege, etwa seit 1915, sich geändert. Ich habe anonym (um nicht die Jugend durch den bekannten Namen eines alten Onkels abzuschrecken) den ,,Zarathustra" geschrieben. Ich habe, wie Ihre Frau ja schon erriet, pseudonym den ,,Demian" (schon 1917) geschrieben, was Sie aber durchaus noch geheimhalten müssen...*[7] Das Pseudonym, weit entfernt von aller Eulenspiegelei, höchstens Ironie gegenüber einem Publikum, das der Verläßlichkeit eines bekannten Autorennamens beraubt wurde, war also ernst gemeint als Abrücken von den Krisenbüchern *Gertrud* und *Roßhalde*, war Ausdruck eines Neubeginns im Literarischen, wie im Leben nach der Auflösung des Berner Haushaltes und der endlichen Scheidung der Ehe 1923 ein Neubeginn versucht wurde.

Dennoch vermochten genaue Leser wie Otto Flake und Eduard Korrodi allein durch Stilanalyse die Autorschaft Hesses für den *Demian* glaubhaft zu machen, so daß sich der Autor von der neunten Auflage an, die bereits 1920 erschien, zu seinem Werk offen bekannte. Hesse erklärte in seiner Replik auf Korrodis Artikel: *Die Kritik hat das Recht, den Dichter zu analysieren, soweit sie es vermag, sie hat auch das Recht, das, was ihm wichtig und heilig ist, für Dummheiten zu erklären und ans Licht öffentlicher Diskussion zu ziehen. Damit jedoch sind ihre Rechte erschöpft. An den Geheimnissen, zu welchen die Kritik nicht vordringt, bleibt dem Dichter nach wie vor sein stilles Recht, von dem nur er weiß, sein kleines behütetes Geheimnis. Ich habe, da nun einmal leider der Schleier zerrissen wurde, den Fontanepreis, der dem ,,Demian" erteilt wurde, zurückgegeben und meinen Verleger beauftragt, künftige Neudrucke des Buches mit meinem Autorennamen zu versehen. Ich halte meine Pflicht damit für erfüllt. Und für ein künftiges Mal weiß ich nun, durch Erfahrung klug, einen guten, einen vollkommen sicheren Weg, im Schatten zu bleiben, falls ich nochmals im Leben ein mir heiliges Geheimnis haben sollte. Ich werde ihn aber niemand verraten.*[8] In der Tat lassen nicht nur unverkennbare stilistische Eigentümlichkeiten des *Camenzind*-Verfassers, Charakteristika des Handlungs- und Figurenaufbaus sich nachweisen. Bei aller damals erregenden Neuartigkeit des Buches sind doch die alten Hesse-Themen, die Auseinandersetzung mit der Schrempfproblematik etwa, das insgeheim schon bei Giebenrath in *Unterm Rad* unernste Religionsunterrichtsthema, bestimmend da.

Und immer stärker treten im Rückblick eher die verbindenden als die radikal trennenden Momente hervor. Zweifellos bedeuteten die karge Konstruktion des Geschehens und eine weitgehend religionsphilosophisch begründete strenge Funktionalisierung aller Figuren in Hesses neuestem Buch einen zunächst überraschenden Gegensatz zum Bisherigen. Indessen waren solche Züge im Grunde bereits vorbereitet in der noch bläßlichen symbolhaften Typisierung der Gertrud-Figur, freilich daß jetzt, bedingt durch das Kriegserlebnis als Erfahrung einer Unhaltbarkeit bisher geglaubter Werte, eine immense Verschärfung der aufs Wesentliche zielenden Fragestellungen und Darstellungen einsetzte. In der Tat hatten die Kriegsjahre für Hesse eine gewisse Absonderung von ehedem stärker betonten Heimatbindungen zur Folge gehabt, hatten vorher weniger ins Auge gefaßte, objektiv indessen eingetretene geistige Partnerschaften, wie groß auch immer zumindest die theoretisch hervorgekehrten Differenzen im Politischen, Ästhetischen, Formalen und Handwerklichen sein mochten, ihre Auswirkungen auf Hesses Schaffen. Ohne sich zeitgenössischen Literaturgruppierungen und -freundschaften anzuschließen, aber mit der nachfolgenden literarischen Generation trotz aller inneren Abwehrhaltung vor allem durch lange vorbereitete Gemeinsamkeiten in philosophischen und religionsphilosophischen Gedankengängen und literarischen Rezeptionen verbunden, trat Hesse für einen Moment in den Kreis einer Jugend, bei der er in gewissem Sinne eine aktuelle Entsprechung zum Protest seiner Camenzind, Giebenrath und Heilner gegen eine fragwürdige Väterwelt suchte und fand. Das damit vordrängende Zeitbedingte, Modische im *Demian* mochte für einen ersten Augenblick frappieren. Wenn aber gerade das aus der Retrospektive als zuweilen dem Kitschigen gefährlich nahe immer wieder in Frage gestellt wird, so deutet das bis zu einem gewissen Grade auf das Akzidentielle modischer Formen im Werk Hermann Hesses — so wie dann später im *Steppenwolf* die Literaturmode der zwanziger Jahre stilprägend sein, die *Morgenlandfahrt* sich als frühes Zeugnis einer Rezeption kafkaesker Gestaltungsmittel präsentieren und schließlich *Das Glasperlenspiel* auf das aktuelle I Ging nicht verzichten wird. Es scheint ein Merkmal von Hesses Dichtungen, daß hier allemal auf formale Anregungen und Moden, jeweilige gedankliche und philosophische Aktualitäten fast überraschend vordergründig reagiert wird.

Dahinter wird, in positiver Wendung des Problems, etwas anderes sichtbar. Ganz offenbar hat Hesse an der geistigen und künstlerischen Bewältigung und Formung ihn bewegender Probleme und Figurenkonstellationen lange gearbeitet, und fast scheint es so, als habe gewissermaßen auf niederer Stufe vorbereitet werden müssen, was dann gültigen Ausdruck finden sollte. Die eigentümliche Beziehung jedenfalls, die es später zwischen *Narziß und Goldmund* und dem *Glasperlenspiel*, der zunächst mehr unterhaltend romanhaft farbigen, anschaulich lebendigen und dann strenger auf eine begriffliche Antithetik gebrachten Gegenüberstellung von vita contemplativa und vita activa geben wird, legt zumindest die Vermutung nahe, daß in ähnlicher Weise auch früheres Schaffen als Vorbereitung auf den *Demian* angesehen werden kann. Immerhin gibt es die erstaunliche Parallelität, daß beide Male ein gesichert vorhandener Wirklichkeitsbereich von der philosophisch-theoretischen Durchdringung her in neuem Lichte erscheint. Was später angesichts des zweiten Weltkrieges die abermalige Berufung auf Jacob Burckhardt, Goethe und Platon in spannungsvoller Beziehung sein wird, ist im *Demian* der Bezug auf gnostisches Denken, nietzscheanische Philosophie und auf die Psychoanalyse, das durch Dr. Lang vermittelte Erlebnis der Lehren Jungs und Freuds. Als das Bleibende erweisen sich aber grundsätzliche Fragestellungen, durch das gesamte Werk hindurchgehende Motive, ein stets als Fundament bewahrter und benutzter Wirklichkeitsvorrat, in allen Differenzierungen eine ethische Grundhaltung des Autors.

Insofern wäre schließlich gegen die These vom radikalen Bruch auch angesichts der wiederum schwer auf einen Nenner zu bringenden formalen Vielfalt und geistigen Differenziertheit im nachfolgenden Werk wohl glücklicher von drei Perioden im Werk des Dichters zu sprechen. Scharfe Zäsuren mit dem *Demian* und später nach dem *Steppenwolf* grenzen sie gegeneinander ab, lassen aber gleichzeitig bei allen formalen Widersprüchen, Überraschungen und Sprüngen die geistige Kontinuität, eine in sich differenzierte, von Krisen bestimmte organische Entwicklung in Hermann Hesses Werk genügend deutlich hervortreten. Mit dem *Demian* gelang Hesse, was einem Thomas Mann, dem Bewunderer, der den Hesseschen Freudianismus überraschend und verwunderlich fand und, das zumindest für Hesse sehr Neuartige dieses Buches verkennend, für das Versteckspiel beim Besten und Äußersten keine Antwort fand,[9] um diese Zeit mit den „Betrachtungen eines Unpolitischen" und den Idyllen nicht gelingen konnte: Zumindest für den Augenblick gehörte Hesse zu den meistgelesenen, meistdiskutierten, einflußreichsten Autoren in einer Zeit, deren literarische Idole nicht mehr die Repräsentanten einer als überholt und verstaubt empfundenen Bürgerlichkeit waren, sondern eben deren Kritiker und Antipoden: Sternheim und Heinrich Mann, die Lyriker des Expressionismus und schließlich Bühnendichter wie Bertolt Brecht und Georg Kaiser.

Nun war aber eben das Charakteristikum jener Bürger- und Intellektuellenwelt, in der Hesses *Demian* wirksam zu werden vermochte, daß sie Revolution vorwiegend mit dem Wort machte. Dabei ergaben sich zuweilen seltsame Konstellationen, wie etwa in Hesses Zeitschrift *Vivos voco*. Zu deren Mitarbeitern gehörten sowohl der immer deutlicher zu marxistischen Positionen vorstoßende Sinologe Eduard Erkes, der Ethnologe Julius Lips, sogar der sowjetische Volkskommissar Anatoli Lunatscharski als auch andererseits Ernst Robert Curtius und Ernst Bertram, von dem soeben ein Nietzschebuch mit dem charakteristischen Untertitel „Versuch einer Mythologie" erschienen war, sowie schließlich Hans Grimm, künftiger Autor von „Volk ohne Raum". Als „Dichter der bittersten Gedichte deutscher Sprache", wie ihn Kurt Pinthus nannte,[10] hat Albert Ehrenstein seine Anklage formuliert, daß weder Ludendorff noch Wilhelm II. gerichtet wurden, daß aber ein Pöbel, nicht das Volk, Revolutionäre wie Rosa Luxemburg und Karl Liebknecht dem „großen Sieg der Bürgerbäuche"[11] meuchelte. Der „anderen" proletarischen Welt begegnete man mit Mißtrauen, auch Hesse, wenn er die soziale Antithetik Sinclair—Kroner zu einem Hell-Dunkel-Gegensatz psychologisiert: Kroner *war aus der anderen Welt, für ihn war Verrat kein Verbrechen.*[12] Die aufgewühlte nachrevolutionäre Situation, in der Hesses Buch seine Wirkung tat, wird charakterisiert durch das „Urteil" eines Albert Ehrenstein:

> „Heerwürger, Blutberichter, Mordmarschälle —
> Nicht Wilhelm und nicht Ludendorff —
> Keiner fiel dem Richterschwert!
> Aber der Befreier Seele
> Hat euch mörderisch verstört."[13]

Und Alfred Döblin höhnte: „Alle Menschen haben Ansichten, bisher hatte bloß Ludendorff eine, die anderen mußten sich damit begnügen, Hochverräter zu sein. Überall stehen Menschen, kleben Plakate an, drücken sich Aufrufe in die Hand, die der andere befolgen soll. Der Unterschied vom Krieg? Während des Krieges sah man eine Herde, jetzt sieht man die Hammel..."[14]

Das alles wertet mitnichten Hesses Buch ab, setzt aber für die Wirkungsgeschichte von Roman und Autor Akzente.

Der anklagende Ausruf: *Ein paar Jahre wurde gesoffen und gejubelt, und dann kroch man unter und wurde ein seriöser Herr im Staatsdienst. Ja, es war faul, faul bei uns...*[15] entsprach so ganz der Antibürgerlichkeit der Zeit, und wenn gesagt wurde: *Unsere Aufgabe war, in der Welt eine Insel darzustellen, vielleicht ein Vorbild, jedenfalls aber die Ankündigung einer anderen Möglichkeit zu leben,*[16] so war das nicht weniger zeitgemäß und zeittypisch. Denn was Hesse, fern von den Orten großer revolutionärer Erhebungen und Zusammenstöße, erlebte, geschah im Namen einer Kunstverteidigung extrem elitärer Antibürgerlichkeit, die bereits vor Kriegsbeginn der junge Gottfried Benn auf die sozusagen absolute Formel gebracht hatte: „Kunst ist eine Sache von fünfzig Leuten, davon noch dreißig nicht normal sind. Was große Verlage verlegen, ist keine Kunst, sondern Arbeit von Leuten, die ihrer Mittelmäßigkeit schriftstellerisch gerecht werden ... Kunst ist Irrsinn und gefährdet die Rasse. Was Allgemeingut wird, ist damit gerichtet."[17] Das sind radikalere Formulierungen von Gedanken, die in extremen Situationen auch einem Hermann Hesse keineswegs so ganz fremd waren. Daß Hesses Entwicklung bei aller Neigung zu geistigem Aristokratismus und elitären Kunstauffassungen schließlich doch nicht zu Bennschen Positionen führte, resultiert aus der engen Beziehung Hesses zur deutschen klassisch-romantischen Literaturtradition, aus einer lebenslangen Bindung an das schwäbische pietistische Erbe, durch die der Calwer Missionarssohn von dem Pastorensohn Benn unterschieden ist, schließlich durch die Bedeutung, die für ihn Hegels dialektische Philosophie als Gegengewicht zu allem Nietzscheanismus erlangte.

In Zürich, in Hesses unmittelbarer Nähe also, war im Cabaret Voltaire der Dadaismus „entdeckt" worden als „die verkörperte Feindschaft gegen den Bürger, er geht konform der ökonomischen Bewegung, und er richtet sich vor allem gegen jenen gebildeten Mob, der aus einer gedankenlos übernommenen nachklassischen Bildung eine ästhetische Monumentalisierung des Geldsackes als Sicherung eines angeblich eigenen Besitzes erlogen hat"[18].

Das war in Zürich im Kreis um Tristan Tzara, Hans Arp, Raoul Hausmann, Richard Huelsenbeck und den nachmaligen Hesse-Biographen Hugo Ball zwar nicht der aggressive Ton von George Grosz in der Berliner „Neuen Jugend"[19], aber es war doch bizarre Empörung und enthielt — für Hesse wichtig — das Bekenntnis zur Tapferkeit, sich der Zeit zu stellen.

1917, in wenigen Monaten niedergeschrieben, war mit dem *Demian* ein Buch entstanden, das — ähnlich wie sieben Jahre später Thomas Manns „Zauberberg" — aus der Erfahrung des Krieges, der als Donnerschlag am Ende des Werkes steht, eine Analyse der Vorkriegszeit, ihrer geistigen Physiognomie vor allem versuchte. Anders aber als der „Zauberberg" ist der *Demian* geistige Konstruktion, ein Allegorien- und Symbolspiel. Thomas Mann schrieb in einem Fragebrief, wer der unbekannte Autor sei, an seinen Verleger Samuel Fischer eben darüber nach der Erstveröffentlichung der „Geschichte einer Jugend" von Emil Sinclair in der „Neuen Rundschau": „Über einen gewissen künstlerischen Widerspruch kommt man bei der Geschichte nicht ganz hinweg. Sie gibt sich durchaus als Leben, bis zu dem Grade, daß der Name des Verfassers auch

Hugo Ball und Emmy Ball-Hennings

der des Erzählenden ist, und doch ist ‚Leben' — im Sinne von Tolstois ‚Kindheit und Knabenalter' — vielleicht gerade ihre schwache Seite, so sehr ist sie Komposition und geistige Dichtung."[20] Es kann auch anders, härter gesagt werden: Überall liegen die Konstruktionsteile und -prinzipien klar zutage, der Autor hat sich keine Mühe gemacht, das Ganze sorgfältig und differenzierend mit einem Anschein von alltäglicher Lebenswahrscheinlichkeit zu umkleiden.

Die wohlbekannten autobiographischen Konstellationen — problematisch werdendes Vertrauensverhältnis zu den Eltern, religiöse Krisen bis hin zur Schrempfproblematik, der versuchte steppenwölfische Ausweg in hemmungslosen, pubertär übersteigerten Weingenuß — sind da bei aller Penibilität der ermüdenden Wiederholung nur mehr Material der poetischen Konstruktion, das ins Symbolische überhöht wird. Über den Menschen Hermann Hesse sagen sie wenig aus, sie dienen vielmehr der Konstruktion einer Heilslehre, mit der der Dichter Auswege aus eigenen Krisen und den Krisen der Epoche sucht nach dem Grundsatz: *Nur das Denken, das wir leben, hat einen Wert.*[21]

Erzählt wird von den eigentümlichen Beziehungen des jungen Emil Sinclair zu dem älteren, reiferen, geheimnisvollen Freund Max Demian, seinem Dämon. Von der Schulzeit bis in die Jünglingsjahre, bis zum Weltkrieg, in dessen ersten Schlachten beide Freunde verwundet wurden, reicht die Handlung. Demian *wird fortgehen müssen,*[22] aber für Sinclair wird er immer dasein, wenn der ihn brauchen wird gegen eine brutal böse, für das Zarte unempfindliche, verständnislos erpresserische Welt, für die hier als Vertreter und Symbol des Dunklen, Abgründigen, Bösen Franz Kromer aus der ungeistigen sozial niederen Schicht steht: *Du mußt dann in dich hineinhören, dann merkst du, daß ich in dir drinnen bin,* sagt *Demian.*[23] Den *Blick ins Chaos* zu bestehen und zu ertragen, wird der *Weg nach innen* als Heilmittel angepriesen. Das ist die Quintessenz der Erzählung. Jedoch schiebt sich allemal vor die Erzählung die Interpretation, ersetzen subtile Analysen und philosophische Interpretationen des ausgebreiteten Materials das Kunstwerk als in sich lebenden Organismus.[24]

Emil Sinclairs Lebensbericht ist die Geschichte einer Jugend am Vorabend des ersten Weltkrieges. Daß der Held und Ich-Erzähler ein Gymnasiast und schließlich ein blutiges Erst-

semester ist, daß seine Begegnungen mit Max Demian sich in
Schulstuben einer süddeutschen Kleinstadt abspielen, das sind
äußere Umstände, die sich der Leser immer wieder vergegen-
wärtigen muß. So sehr hat Hesse hier auf die früher liebevoll
realistisch geschilderte kleine Alltagswelt verzichtet, sie überall ins Symbolische übersteigert. Da kommt man dem Buch
nicht bei, wenn man Sinclair für einen ungewöhnlich frühreifen, über sein Alter hinaus gebildeten und belesenen Knaben
nimmt. Vielmehr ist mit den Hesse geläufigen und vertrauten,
erprobten Konstellationen und Requisiten grundsätzlich anderes als ein realistischer Roman gearbeitet worden. Die
Konsequenz, mit der unverhüllt die allegorische Konstruktion
durchgeführt ist, gibt dem Buch seine Geschlossenheit und
Direktheit der Mitteilung, aber auch seine aus dem Abstand
der Jahrzehnte mehr und mehr sich offenbarende künstlerische
Fragwürdigkeit und Brüchigkeit. Denn wo die Gestalten
immer noch ein symbolisches Größeres repräsentieren sollen
als ihre menschliche Existenz, wo immerfort auf die Totale
gezielt wird, können Figuren, Situationen, Äußerungen leicht
überstrapaziert werden,[25] im *Demian*, weil er als Buch eines
Suchenden so eifrig eine in Zeichen und Symbolen geschriebene
Heilslehre verkünden, eine Botschaft übermitteln will, fast
mehr noch als in anderen Büchern Hermann Hesses.[26]
Die „Eideshelfer" zu dieser Botschaft entstammen weit-
gespannten Bezügen. Gnostisches Nachdenken über Abraxas
ist in der Begegnung Sinclairs mit der Schrempf-Figur Pisto-
rius ebenso wirksam wie die psychoanalytische Praxis des
Dr. Lang. Überlegungen C. G. Jungs bestimmen die mann-
weiblichen Züge Demians.[27] Und dieser Demian ist für
Sinclair ein Lehrer zur Kritik, psychologisch deutbar als die
aus dem Inneren des Ich-Erzählers kommende andere Stimme.
So ist das Buch für einen Schriftsteller, dessen Sache nie eine
abstrakt theoretische, rationale Kritik war, auch eine Selbst-
züchtigung.
Hinter der Frau Eva des Romans steht, vermittelt durch
Bernoullis Bachofen-Interpretation, der Mythos von der
Großen Mutter. Mit der religionskritischen Neudeutung der
Kainsgeschichte fügt sich der *Demian*-Autor dem deutschen
Expressionismus ein, der mit Vorliebe auf biblische Figuren
wie Jona, Noah, Saul, Hiob, auch Christus als poetische Sym-
bole zurückgegriffen hatte. Erich Mühsam hatte 1911 bis 1915

eine Zeitschrift „Kain" herausgegeben, und in seinem Schauspiel „Albine und August" hatte Max Herrmann-Neiße, im vierten Akt selbst auftretend, von sich als Mann mit dem „Kainszeichen auf dem Rücken" gesprochen.[28] „Aber durch Kains Leib führen die Gräben der Stadt", heißt es in dem „Abel"-Gedicht der Else Lasker-Schüler.[29] Im Spannungsfeld von moderner Großstadterfahrung und nietzscheanischer Hochachtung vor dem rücksichtslosen Starken, dem konsequenten Bösewicht als Mann von Charakter steht der alttestamentarische Brudermörder als Symbol im Denken einer Nachkriegszeit, die sich gegen den *brauchbaren Bürger*, für den *anderen Weg entscheidet*.[30] In Max Demians Interpretation des Kainsmales drückt sich diese Umwertung aus. Nicht als Folge des Brudermordes, als a priori gegeben, nicht als Mal, sondern als göttlicher Funke, als *etwas mehr Geist und Kühnheit im Blick* wird das Zeichen gedeutet. Das Genie steht außerhalb der Gemeinschaft, die Zeichnung des Herausragenden wird dahingehend erklärt, daß die Mittelmäßigkeit den Unbequemen als Brudermörder verleumde, sich zugleich eine bequeme Ausrede für feige Untätigkeit gegenüber dem Starken zurechtlege.

Nietzsches Elitedenken und Umwertung der Werte sind aufgenommen, wenn auch ein fester Grund Hessescher Humanität davon nur bedingt angetastet wird. Dennoch ist der *Demian* gerade von hierher Hesses problematischstes Buch geworden. Das *Camenzind*-Thema — die Suche eines jungen Mannes nach Selbstverwirklichung in der bürgerlichen Welt — erscheint zugespitzt. Die Antibürgerlichkeit Hesses und der Epoche führt zunächst zu extremem Individualismus und einer nietzscheanisch bestimmten Schicksalsbereitschaft, wenn erklärt wird, es gäbe keine Pflicht für die Menschen, als sich selber zu suchen, in sich fest zu werden, den eigenen Weg vorwärts zu tasten, einerlei, wohin er führt,[31] Einsamkeit ist das Ziel. *Wer wirklich gar nichts will als sein Schicksal, der hat nicht seinesgleichen mehr, der steht ganz allein und hat nur den kalten Weltenraum um sich ... Er darf auch nicht Revolutionär, nicht Beispiel, nicht Märtyrer sein wollen...*[32] Das berührt sich mit Gedanken der Zarathustra-Schrift von 1919, ist zugleich eine Wendung zu jenem Schicksalsmythos, für den ein Hanns Johst als Rezensent des Buches in Samuel Fischers „Neuer Rundschau" schon damals ein Organ besaß. Hesses problematisch gefährdete geistige Haltung charakterisiert kaum etwas besser als der Zwiespalt zwischen historischer Einsicht und philosophischem Postulat in diesem Satz: *Wenn Bismarck die Sozialdemokraten verstanden und sich auf sie eingestellt hätte, so wäre er ein kluger Herr gewesen, aber kein Mann des Schicksals.*[33]

Hesse entschied sich, in diesem Buch, gegen die Einsicht, für das Postulat, für eine intellektuell nietzscheanisch philosophische Revolutionierung einer Pseudogemeinschaft von Menschen, die vor dem Unbekannten in sich selber Angst haben, die fühlen, daß ihre Lebensgesetze nicht mehr stimmten.[34] Gegen eine bourgeoise Herdenbildung im *waffenerfindenden Europa in der schreienden Verödung des Geistes*[35] wird, wenn das zu lange gefesselte Tier Europa sich seiner kraftvollen Wildheit besinnt, eine neue Gemeinschaft gestellt: die gezeichnete Elite derer, die einer neuen Idee folgen.[36] Nicht anders als von einer Elite derer *mit dem Zeichen* her ist für Hesse eine Weltveränderung denkbar, die aus der radikalen Wertlosigkeit der gegenwärtigen Ideale folgen müsse. Alles andere wäre nur ein *Austausch der Besitzer*,[37] wie während des Krieges, noch vor dem 9. November 1918, in diesem seltsamen Buch mit seiner romantisch retrospektiven Feindschaft gegen alle moderne Technik und Wissenschaft, auch der später populäre Satz vom Kaiser, der ging, und den Generalen, die blieben, vorweggenommen erscheint. Der *Demian*-Autor war sich über die Notwendigkeit radikaler Veränderungen sehr wohl im klaren, gleich vielen seiner Zeitgenossen betrachtete er den Krieg als Anfang des Neuen. *Jetzt sah ich, daß viele, ja alle Menschen fähig sind, für ein Ideal zu sterben. Nur durfte es kein persönliches, kein freies, kein gewähltes Ideal sein, es mußte ein gemeinsames und übernommenes sein.*[38] Das ist, niedergeschrieben in den Kriegsjahren von einem Schriftsteller, der die chauvinistische Kriegsbegeisterung vieler seiner Kollegen mitnichten teilte, die Wiederholung des Schelerschen Gedankens: „Wir waren nicht mehr, was wir lange waren: allein! — Der zerrissene Lebenskontakt zwischen den Reihen: Individuum — Volk — Nation — Welt — Gott wurde mit einem Male wieder geschlossen."[39]

Als indessen 1919 der Roman erschien, las sich gewiß vieles anders, mußten für die Botschaft neue Bezugspunkte in der Wirklichkeit, Entsprechungen der Realisierung gesucht werden. Folgerichtig fand sich für den Oppositionsgeist des Symbols *Es kämpfte sich ein Riesenvogel aus dem Ei, und das Ei war die Welt, und die Welt mußte in Trümmer gehen*[40] eine Deutung. Zehn Jahre nach dem Erscheinen von Sinclairs Jugendgeschichte resümierte W. E. Süßkind in der „Neuen Rundschau": „... und der junge Mensch im ‚Demian' ist ganz offensichtlich der Typus des Jünglings, der aus der subjektiven Individualitätssuche einerseits, dem Zivilisationstrieb andererseits den Ausweg zu einer Gemeinschaft suchte, wie die Jugendbewegung sie zu bieten versprach."[41]

So hat Hesse mit diesem Buch außerordentliche Popularität erlangt, aber die Breitenwirkung des *Demian*-Romans entbehrt nicht einer von Hesse her zweifellos subjektiv unbeabsichtigten, objektiv eingetretenen Fragwürdigkeit. Mit diesem Buch spätestens war der Dichter, wie sehr er sich auch immer dagegen wehren und in Tagebuchaufzeichnungen darüber beklagen mochte, auf eine für ihn selbst höchst problematische und lästige Weise zum Führer einer Jugend geworden, zum Beichtiger problem- und komplexbeladener junger Menschen. Die veröffentlichten Briefe Hermann Hesses als Antworten auf zahllose ratsuchende Anfragen lassen einiges erkennen.

Das Programm des *Demian*-Romans ließ sich aber auch in fürchterlichem Mißverstehen des Autors und seiner absolut anders gearteten Geistigkeit Zusammenhängen integrieren, die mit der Hesseschen Mischung aus schwäbischer Romantik, schweizerisch-österreichischer Psychoanalyse und schweizerischer spätromantischer Mythenforschung nun gewiß nichts zu tun haben. Dennoch ist die von Hesse erzählte Episode, daß eine gebildete Dame sich ein privates Heiligtum mit der Gesamtausgabe der Hesse-Werke unter einem Bildnis Adolf Hitlers errichtete, wenn auch sicher so wenig typisch für die Geisteshaltung von Faschisten wie begründet im Wollen des Autors, so doch mehr als ein schockierendes Aperçu. Zumindest dem nachgeborenen Literarhistoriker stellt sie sich als Warnung vor den höchst mißverständlichen Botschaften dieses Erzählers dar, daß sie im Einzelfall als romantisch-irrationalistische Draperie des ungeistigsten brutalsten Machtstrebens mißbraucht werden konnten. Er selbst muß wohl auch den *Demian* als problematisch empfunden haben. Denn sosehr das weitere Werk einen wesentlichen Gedanken, den einer elitären Gemeinschaft der Auserwählten, auch beibehält, sosehr wird doch versucht, ausgehend von einer schärfer, bitterer, konkreter werdenden Gesellschaftskritik, die Botschaft ins allgemeinere Human-Geistige zu verlagern und tagespolitischer Verwendbarkeit zu entziehen.

Im Frühjahr 1919 verließ Hesse das Berner Welti-Haus. *Es war von meiner früheren Existenz sehr wenig übriggeblieben. So machte ich einen Strich unter sie, packte meine Bücher, meine Kleider und meinen Schreibtisch ein, schloß das verödete Haus und suchte einen Ort, wo ich allein und in vollkommener Stille von vorn beginnen könnte.*[42] Nach kurzem Aufenthalt in Minusio bei Locarno und in Sorengo fand Hesse nahe Lugano *ein kleines verschlafenes Dörf inmitten von Rebbergen und Kastanienwäldern,*[43] Montagnola, wo er sich in der Casa Camuzzi einmietete, für zwölf Jahre ein Leben in fremden, gemieteten Möbeln begann.

Das Jahr 1919 bis zum Spätherbst war das vollste, üppigste, fleißigste und glühendste meines Lebens. Im Januar schrieb ich noch in Bern „Kinderseele" zu Ende, und im selben Monat innerhalb von drei Tagen und Nächten „Zarathustras Wiederkehr", gleich darauf den Akt „Heimkehr", dabei war mein äußeres Leben sehr gehetzt, voller Unglück und Not, im April erfolgte die Trennung von meiner Familie, der Wegzug von Bern, alles voll Sorgen und Schwierigkeiten innen und außen, aber kaum hatte ich wieder ein Zimmer und einen Schreibtisch, so fing ich „Klein und Wagner" an, und kaum war der fertig, schrieb ich den „Klingsor", und daneben malte ich Tag für Tag, viele hundert Studienblätter voll, zeichnete, hatte regen Verkehr mit vielen Menschen, hatte Liebschaften, saß manche Nacht im Grotto beim Wein — an allen Enden zugleich brannte meine Kerze.[44]

Die Geschichte Friedrich Kleins, der mit unrechtmäßig angeeignetem Vermögen aus den Fesseln einer unerträglich gewordenen Bürgerwelt und einer langen lauen Ehe nach Italien ausbricht, nach der neugewonnenen Maxime: *Ja, es war besser, selber zu steuern und dabei in Scherben zu gehen, als immer von einem andern gefahren und gelenkt zu werden,*[45] hat nach Thema und Problemstellung Beziehungen zu der des amoklaufenden Bankkassierers in Georg Kaisers Drama „Von morgens bis mitternacht". Hesse hat mit der Erzählung *Klein und Wagner* und dem *Klingsor*band insgesamt, in den sie aufgenommen wurde, seine wohl stärkste Annäherung an Problemstellung und künstlerische Form des deutschen Expressionismus vollzogen.

Kleins Situation wird gekennzeichnet: *Jetzt hing er plötzlich nachts im Weltraum, er allein Sonne und Mond gegenüber, und er fühlte die Luft um sich dünn und eisig.*[46] Dieser mit seiner Haß-Liebe zum Komponisten Richard Wagner und der un-eingestandenen Identifizierung mit dem mordenden Schul-lehrer Wagner auch Friedrich Nietzsche nachgebildete Beamte mit gelehrten Neigungen, zugehörig der im *Demian* beschwo-renen Gemeinschaft derer mit dem Kainszeichen, bekennt sich nun zu dem *Tier oder Teufel, den er in sich entdecken konnte, wenn er einmal die Fesseln und Verkleidungen seiner Sitte und Bürgerlichkeit abwürfe.*[47] Jegliche menschliche Beziehung, die intimste auch, in ihrer Mechanik beschrieben: man *küßte sich, umarmte sich, rieb Wange an Wange, legte Bein zu Bein, warf neue Menschen in die Welt,*[48] ist nur *Mißverständnis*[49], vergebliche, illusionäre Flucht aus dem Begehren der Harmonie. Aber wütend denunziert Hesse alle Kommunikation als Lüge; die Wahrheit sind für ihn Lebensgier und Angst vor dem Alleinsein, dem Tode. Hier steht Hesse mit dieser selbst-quälerisch pessimistischen Erzählung in einer Literaturtradi-tion des 20. Jahrhunderts, in die Kafkas Leiden an der Ent-fremdung ebenso gehört wie das Sartre-Thema des Leidens an den „anderen" (ohne daß man nun deshalb Hesse zum ge-heimen Existentialisten[50] machen dürfte). Als Dieb geflohen vor der Anfechtung, zum Mörder an Weib und Kindern zu werden, erlebt der gehetzte Flüchtling Klein die italienische Landschaft mit höchstgesteigerter Intensität. Denn es gibt für den Dichter Hesse zum Mißbehagen an der Gesellschaft und menschlichen Konvention eine Alternative in der gleichsam religiösen Hingabe an die Natur, in einem Sichfallenlassen, einem Naturwerden, das Erlösung ist, in der solchermaßen bewerkstelligten Läuterung zum Heiligen nach gründlicher psychoanalytischer Selbsterforschung.[51] In solchem Fallen-lassen werden ihm Leben und Tod identisch. *Daß er sich ins Wasser und in den Tod fallen ließ, wäre nicht notwendig gewesen, ebensogut hätte er sich ins Leben fallen lassen können.*[52] Wichtig allein ist die Überwindung der Angst; dazu muß, will Klein leben, Wagner sterben.

Auf diese Erzählung folgte *Klingsors letzter Sommer.* Die Be-ziehung zum voraufgegangenen Werk scheint zwiefach ge-geben: zunächst in der Gewaltsamkeit, die ein Kampf ums Dasein, um Selbstbehauptung durch ein verzweifeltes Tun ist, zum anderen in der Funktionsbestimmung der Kunst. In *Klein und Wagner* ist — analog zu Rilkes Duineser Elegien — die Darbietung eines Tanzpaares in einem Kabarett Symbol für *ein fernes Paradies, das man verloren hat und von dem man nur noch an Feiertagen den Kindern erzählt, an das man kaum mehr glaubt, von dem man aber nachts mit brennendem Begehren träumt.*[53] Im *Klingsor* steht der Künstler im Mittelpunkt einer Erzählung, deren lyrisch monologischen Charakter Hugo Ball begründet hervorgehoben hat. Die „Biologie des Genies"[54] ins Zentrum seiner Aufmerksamkeit rückend, zeigt Hesse den Maler am Ende seines Lebens, das Krönung im Selbstporträt Klingsors findet. *Das ist, was einige Freunde an dem Bild besonders lieben. Sie sagen: es ist der Mensch, ecce homo, der müde, gierige, wilde, kindliche und raffinierte Mensch unsrer späten Zeit, der sterbende, sterbenwollende Europamensch: von jeder Sehnsucht verfeinert, von jedem Laster krank, vom Wissen um seinen Untergang enthusiastisch beseelt, zu jedem Fortschritt bereit, zu jedem Rückschritt reif, ganz Glück und auch ganz Müdigkeit, dem Schicksal und dem Schmerz ergeben wie der Morphinist dem Gift, vereinsamt, ausgehöhlt, uralt, Faust zugleich und Karamasow, Tier und Weiser, ganz entblößt, ganz ohne Ehrgeiz, ganz nackt, voll von Kinderangst vor dem Tode und voll von müder Bereitschaft, ihn zu sterben. Und noch weiter, noch tiefer hinter all diesen Gesichtern schliefen fernere, tiefere, ältere Gesichter, vormenschliche, tierische, pflanzliche, steinerne, so als erinnere sich der letzte Mensch auf Erden im Augenblick vor dem Tode nochmals traumschnell an alle Gestaltungen seiner Vorzeit und Weltenjugend.*[55] Eine Kulturphilosophie ist in dieser Wortmalerei eines unzweifelhaft höchst modern konzipierten und gemalten Bildes gegeben. Die Bejahung des Einbruchs der primitiven Kulturen „in den stillen, sanften, etwas langweiligen Tempel der europäischen Kunstgegenstände und Kunstanschauungen"[56] ist verbunden mit Hesses Vorliebe für die Europaflucht des namentlich erwähnten Paul Gauguin und die Malerei van Goghs. Das ist Affront gegen einen bourgeoisen Klassikerkult, der Schiller dazu verurteilte, *daß er ein berühmtes Vieh ist und neben seinem siamesischen Zwilling stehen muß, Gipskopf neben Gipskopf.*[57] Hinzu kommt — was ganz dem in einem Aufsatz über *Expressionismus in der Dichtung*[58] ausgesprochenen Sowohl-als-Auch der Liebe zu Keller und Werfel, Hölderlin und Schickele entspricht — der Rückbezug solch künstlerischer

Moderne auf die deutsche Romantik durch die Erinnerung an Klingsor. Wie „Lohengrin" in *Klein und Wagner*, so ist hier der Mittelakt des „Parsifal" der Bezugspunkt im Werk Richard Wagners. Das Buch ist der Abschied von Klingsors Zaubergarten, der Abgesang einer sterbenden Romantik, wie Hugo Ball sagt: des sterbenden Klingsor-Deutschen, der im Goetheschen Werk die im höchsten Grade manieristischen Verse aus dem Divangedicht „Nachklang" sich gemäß und nahestehend empfindet.[59] So wie ungefähr gleichzeitig bei Thomas Mann die Absage an eine politisch fragwürdig gewordene Romantik als Absage an Schuberts Lindenbaumlied sich äußert, so steht bei Hesse Richard Wagners Name für das Vergangene, das Sterbende. Möglich ist das, weil Hesse in Mozart seinen Komponisten gefunden hat, der schließlich den *Steppenwolf* bestimmen wird. Und zum anderen: Kunst und Magie postuliert Hesse als Aufhebung aller Täuschungen, der schlimmsten insonderheit, der Zeit. Damit weist *Klingsors letzter Sommer*, wenn Goethe und Hafis, Ägypten und Griechenland, Mozart und Hugo Wolf zusammenrücken, bereits hinüber zur Erzählung von der *Morgenlandfahrt*. Im Zeichen Mozarts, der Magie und aufgehobenen Zeit wird das künftige Werk Hermann Hesses stehen.

In der Berner Zeit bereits, während der Behandlung bei Dr. Lang, hatte Hesse zu malen begonnen, *da ich zum Dichten und Denken keine Zeit mehr habe ... ich male keine Natur, bloß Geträumtes.*[60] Nun aber, in neuer landschaftlicher Umgebung, wandte er sich der Natur, der Landschaft zu. Aquarelle entstanden und wurden mit Gedichten — zuerst 1920 in den zehn *Gedichten des Malers* — und Prosaskizzen vereint. Vom Autor illustrierte Handschriften werden zum Verkaufsobjekt und sichern zu Zeiten, da Einkünfte aus der eigentlichen schriftstellerischen Arbeit ausblieben, einen bescheidenen Lebensunterhalt.

Von 1919 bis 1923 gab Hesse zusammen mit Woltereck die Zeitschrift *Vivos voco* heraus als *Ruf an die Lebenden, an die Jungen vor allem ... um Hilfe und Mitkämpfer gegen die Not der Zeit ... Es gibt in diesen ersten Jahren nach dem Kriege keine politische, keine wirtschaftliche, wissenschaftliche oder künstlerische Frage, welche brennender sein kann als die Frage der Fürsorge für Kinder und Schwache.*[61] Haßbriefe *voll Mark und edler Entrüstung*[62] erhielt der Dichter für sein Bemühen, und bei allem

Schmerz über diese *zwanghaften, krampfigen, bösen Briefe von engstirnig gläubigen Fanatikern,*[63] erfüllte es Hesse doch mit einem wilden, zornigen Vergnügen, *wie ich ihnen auf die Nerven gehe, wie ich sie aufrege und in Not bringe, wieviel Verführung zu Gefahr, zu Denken, zu Geist, zu Einsicht, zu Spott, zu Phantasie doch aus meinen Worten spürbar sein muß.*[64] Was ihm Studenten und Akademiker schrieben, was in der Diffamierung von *Vivos voco* als internationales Pazifistenblatt durch die Zeitschrift „Oberdeutschland" zum Ausdruck kam, zwang Hesse zur trotzigen Weiterarbeit an der Zeitschrift: *Wären diese bittern und haßvollen Reaktionen nicht, so würde ich schwerlich noch länger unsre kleine Zeitschrift mitherausgeben und mich um die Dinge des Tages und die Jugend kümmern. Aber wie traurig ist doch der Geist, vielmehr die Geistlosigkeit, aus der jene Briefe und Gesinnungen kommen!*[65]

So war der Weg zum *Siddharta* schwer, das äußere Leben des Dichters armselig und auch in dieser Armseligkeit nur durch die tatkräftige materielle Unterstützung von Freunden wie Georg Reinhart, Fritz Leuthold und Cuno Amiet zu bewerkstelligen.

Glänzend scheinen ja meine Umstände zur Zeit nicht zu sein; in Deutschland empfindet man mich, eigentlich zu meiner Verwunderung, beinah überall als Opposition, als Ankläger, ja als Verräter. Und an Heizen und neue Wäsche darf ich nicht denken, es herrscht Armut, ja Schäbigkeit. Aber Freunde helfen mir, und die Sonne scheint, und ich lebe noch, und der Krieg ist vorüber, und manchmal hat man wirklich den Eindruck, er sei vorüber, um nie wiederzukommen, so tief sitzt das Grauen noch in denen, die ihn körperlich oder geistig miterlebt haben.[66] Und ein andermal heißt es: *Ich war jetzt ein kleiner, abgebrannter Literat, ein abgerissener und etwas verdächtiger Fremder, der von Milch und Reis und Makkaroni lebte, seine alten Anzüge bis zum Ausfransen austrug und im Herbst sein Abendessen in Form von Kastanien aus dem Walde heimbrachte.*[67]

Die Zeit wird ausgefüllt mit Lektüre und Meditationen. Der eigene Platz in der Literatur ist fragwürdig geworden und muß neu bestimmt werden. Sich selbst ist der Dichter problematisch. *Ach, zehn und mehr Tagebücher sollte ich zur Zeit führen! ... um eine Weile den Versuch der Polyphonie und der Bipolarität zu machen, um die Rundheit und Allseitigkeit der Seele irgendwie zu dokumentieren.*[68] Dichtung sollte Bekenntnis, in bezug auf den Künstler Beichte sein, wie Hesse nun die späten Schriften Nietzsches und die Bekenntnisbücher Strindbergs versteht. Poetische Schönheit im Werk eines ganz Ichbefangenen, ist er nur Künstler genug, wird nach dem Beispiel Marcel Prousts für möglich gehalten, der Weg vom Künstler zum Heiligen für ungeheuer kompliziert. Die Konfrontation der ,,Bekenntnisse'' des heiligen Augustin und der ,,Confessions'' des Jean-Jacques Rousseau zeigt die für Hesse unauflösliche Spannung. Dennoch gibt er die *imitatio Jesu*[69], den Heiligen als *das stärkste und lockendste Vorbild*[70] nicht auf. Das Ziel ist *die Entwicklung zum überpersönlichen, mit dem All konzentrischen Ich,*[71] wie Hesse es schließlich 1932 bei Goethe je und je erreicht sieht.[72]

Mehr oder weniger hängen alle diese Überlegungen mit dem *Siddharta* zusammen, um den der Dichter ringt. *In meiner Dichtung war es glänzend gegangen, solange ich dichtete, was ich erlebt hatte.*[73] Aber nun war ein Erlebnis vorerst offenbar aufgebraucht, die bewußte Abwehr der politischen Wirklichkeit führt zu einer erheblichen Realitätseinbuße. Wirklichkeit wird durch philosophisches Erbe ersetzt — ein Verfahren, das bis zum *Glasperlenspiel* je und je bestimmend hervortritt. Einen Jasager, Bezwinger, Sieger in einem metaphysisch „ewig" vorgestellten Widerstreit von Geist und Ungeist[74] zu gestalten, war nicht möglich, ehe Hesses Verhältnis zur indischen Überlieferung, zum Buddhismus vor allem und zur Lehre vom Nirwana nicht entscheidende Klärungen erfahren hatte. Und auch hierin, daß ein großes Zeitthema auf die Auseinandersetzung mit dem Erbe Schopenhauerscher Philosophie und mit den Tröstungen ostasiatischen Denkens reduziert behandelt wird, offenbaren sich Anfechtbarkeit und Gefährdung von Hesses Humanitätskonzeption.

Die *Siddharta*-Erzählung von 1922 steht als ein Werk der Mitte da; ein fast überraschender Fixpunkt im Werk Hesses, Produkt der Lebensmitte zunächst, weiterhin in der Mitte zwischen dem bitter enttäuschten Reisebericht *Aus Indien* und dem *Indischen Lebenslauf* des *Glasperlenspiels*, vor allem aber auch als eigentümliches Zwischenglied zwischen dem Neu-

Illustration zu „Siddharta"

beginn mit dem *Demian* und dem Krisenbuch vom *Steppenwolf*. Und schließlich hat der Dichter diese Erzählung ausdrücklich als die gültige Darstellung seiner religiösen Überzeugungen bezeichnet.[75] Gemeint war der Schluß zugleich als Bekenntnis zur Zeit. Auf einem internationalen Kongreß in Lugano 1922 hatte der Dichter, zum Befremden freilich der meisten Zuhörer, bewundert nur von dem Ghandi-Jünger und -Freund Kalidas Nag aus Kalkutta und dem französischen Schriftsteller Georges Duhamel, den Schluß des Buches vorgelesen.

Ein Buch der Mitte und der Synthese. Romain Rolland, dem verehrten Freund, der für Hesse zu den großen Tröstern der Menschheit gleich Tolstoi und Ghandi zählte, wurde der erste Teil gewidmet, dem Vetter in Japan Wilhelm Gundert der zweite, erheblich später entstandene, für den der Autor zunächst den Erfahrungsbereich ostasiatischer Askese zu erleben hatte.

Der Entwicklungsweg des Brahmanensohnes Siddharta zum weltüberwindenden Heiligen führt durch die Welt der streng asketischen Samanas wie durch die der *Kindermenschen*, führt zum Gewinn der Mitte in aufgehobener Zeit[76] — *nicht mehr wissend, ob es Zeit gebe, ob diese Schauung eine Sekunde oder hundert Jahre gewährt habe...*[77] Mit Recht ist auf die Folgen dieser Zeitaufhebung auch für Hesses Stil aufmerksam gemacht worden,[78] auf das Vorherrschen parataktischer Reihungen[79] als Mittel, einen ebenmäßig ruhigen Zeitstrom zu gestalten, auf die wahrscheinliche Beeinflussung des Stils durch die von Hesse fleißig gelesenen Buddhareden.

Im indischen Gegenbild faßte Hesse eigene und Zeitproblematik. Am Anfang steht die Erfahrung des Samana Siddharta, daß alles Bemühen, Wege vom Ich hinweg zu lernen, durch Meditation den Weg zur Entselbstung zu gehen, nichts fruchten. Unvermeidlich blieb die Rückkehr zur Wirklichkeit. Ich-Skepsis dem Nirwana, der Seligkeit des Erreichthabens und Erloschenseins gegenüber wird ins Positive gewendet: *Siddharta wird, wenn er stirbt, nicht Nirwana wollen, sondern neuen Umlauf, neue Gestaltung, Wiedergeburt.*[80] Absage an Schopenhauersches Nirwanadenken verbindet sich indessen sogleich bei Hesse mit der spätbürgerlichen Ablehnung der Ideologie als falsches Bewußtsein. *Und — so ist mein Gedanke, o Erhabener — keinem wird Erlösung zuteil durch Lehre.*[81] Die Schlußfolgerung, die Siddharta zieht, ist der Abschied von den Samanas, der Wechsel hinüber zu den

Kindermenschen, zu Kamala und zu Kamaswami, dem Händler. Das Thema aus der Robert-Aghion-Erzählung wird aufgenommen. Doch auch als erfolgreicher Geschäftsmann und Liebhaber einer schönen Frau findet Siddharta kein Genügen. Die Verführung zur Veräußerlichung durch Besitz und Macht empfindet er, vor allem aber fühlt er sich diesen *Kindermenschen* nicht zugehörig, betrachtet sich dort als Gast, seine Mitwirkung am Alltagsleben als Spiel, das nicht länger gespielt werden kann. *Viele Jahre mußte ich damit hinbringen, den Geist zu verlieren, das Denken wieder zu verlernen, die Einheit zu vergessen. Ist es nicht so, als sei ich langsam und auf großen Umwegen aus einem Mann ein Kind geworden, aus einem Denker ein Kindermensch? Und doch ist dieser Weg sehr gut gewesen, und doch ist der Vogel in meiner Brust nicht gestorben. Aber welch ein Weg war das! Ich habe durch so viel Dummheit, durch so viel Laster, durch so viel Irrtum, durch so viel Ekel und Enttäuschung und Jammer hindurchgehen müssen, bloß um wieder ein Kind zu werden und neu anfangen zu können.*[82] Das ist der in der spätbürgerlichen Literatur von Rilke bis Thomas Mann immer wiederkehrende Gedanke vom Rückgewinn der Unschuld; bei Hesse heißt das Ziel Erlebnis der Gnade, Vernehmen des Om.

An einem Fluß, der ihm zum Symbol alles Seienden, einer vielstimmigen, auf ein Ziel zustrebenden einheitlichen Universalität wird, läßt sich Siddharta nieder als Gehilfe des Fährmanns Vasudeva, der ihm zum Vorbild wird für *Harmonie, Wissen um die ewige Vollkommenheit der Welt, Lächeln, Einheit.*[83] Und Siddharta findet zu dem Gedanken: *Nein, keine Lehre konnte ein wahrhaft Suchender annehmen, einer, der wahrhaft finden wollte. Der aber, der gefunden hat, der konnte jede, jede Lehre gutheißen, jeden Weg, jedes Ziel, ihn trennte nichts mehr von all den tausend anderen, welche im Ewigen lebten, welche das Göttliche atmeten...*[84] Und er meint: *Die Welt selbst aber, das Seiende um uns her und in uns innen, ist nie einseitig. Nie ist ein Mensch, oder eine Tat, ganz Sansara oder ganz Nirwana, nie ist ein Mensch ganz heilig oder ganz sündig. Es scheint ja so, weil wir der Täuschung unterworfen sind, daß Zeit etwas Wirkliches sei. Zeit ist nicht wirklich, Govinda, ich habe dies oft und oft erfahren. Und wenn Zeit nicht wirklich ist, so ist die Spanne, die zwischen Welt und Ewigkeit, zwischen Leid und Seligkeit, zwischen Böse und Gut zu liegen scheint, auch eine Täuschung.*[85]

Solcher Relativismus und letztlich Agnostizismus ist die eine gefährliche und problematische Seite in Hesses Denken, die andere jene Quintessenz des Buches ... *die Liebe, o Govinda, scheint mir von allem die Hauptsache zu sein. Die Welt zu durchschauen, sie zu erklären, sie zu verachten, mag großer Denker Sache sein. Mir aber liegt einzig daran, die Welt lieben zu können, sie nicht zu verachten, sie und mich nicht zu hassen, sie und mich und alle Wesen mit Liebe und Bewunderung und Ehrfurcht betrachten zu können ... Auch bei ihm, auch bei deinem großen Lehrer, ist mir das Ding lieber als die Worte, sein Tun und Leben wichtiger als sein Reden, die Gebärde seiner Hand wichtiger als seine Meinungen. Nicht im Reden, nicht im Denken sehe ich seine Größe, nur im Tun, im Leben.*[86]

Das Programm eines auf das Individuum gerichteten tätigen Humanismus und des Dichters vielfach bewährte verantwortungsvolle Menschlichkeit wurzeln in letztlich religiös idealistischen Überlegungen. Gleich anderen Zeitgenossen wie Klabund, Döblin oder Feuchtwanger hatte Hesse den Rückzug aus den gesellschaftlichen Krisen des imperialistischen Zeitalters auf die kontemplative Position des östlichen Weisen versucht. Mit seiner Neigung *zur Ketzerei gegen Buddha, an den ich in meiner Jugend eine Weile sehr treu geglaubt habe,*[87] stellte Hesse die Möglichkeit und Erlaubtheit des Nirwana als *erlösenden Schritt hinter das principium individuationis zurück*[88] in Frage. Ein stets ambivalentes, vielfach kritisches Verhältnis zur philosophischen Verarbeitung buddhistischen Denkens im Pessimismus Arthur Schopenhauers findet ebenfalls in dieser Auseinandersetzung mit einer modischen Nirwana-Philosophie seinen Ausdruck, was für Hesses religiöse und religionsphilosophische Überlegungen gerade in dieser Phase eine Annäherung an Jesus bedeutet, von dem er überlegt, ob er nicht *um einen Schritt weiter sei als Buddha, wenn er uns als Kinder des Vaters sieht statt als Erwachsene, die sich selber helfen können.*[89] Das ist bis zum gewissen Grade auch wieder eine Annäherung an die geistliche Welt seiner Kindheit auf der Suche nach einem in der chinesischen Überlieferung schließlich zu entdeckenden Denken, für das Natur und Geist, Religion und Alltag nicht feindliche, sondern freundliche Gegensätze bedeuten. Gerade hier ist aber ein entscheidender Differenzpunkt im Verhältnis zu Rolland berührt. Der Franzose hatte bei aller Bewunderung für Hesses Buch sein Augenmerk in erster Linie auf die praktischen

Bestrebungen Ghandis und seiner Anhänger gerichtet, auf die Problematik einer passiven Résistance als politisches Kampfmittel.[90]

Skepsis gegenüber der vielpropagierten indischen Lehre als Antwort auf die Fragen der Zeit beherrscht den *Siddharta*-Dichter. Hesse, der auch nach dem zweiten Weltkrieg wenig von einer Tagorerenaissance hielt, teilte solche Skepsis mit anderen bedeutenden Zeitgenossen. Thomas Mann verhielt sich reserviert gegenüber Tagore und dessen deutschem Propagandisten Keyserling. Alfred Döblin, der in seinem „Manas" ein indisches Thema gestaltete, den Helden, der sein Schicksal beklagte und sich ins Reich der Toten stürzt, interpretierte aus der Rückschau des Jahres 1948: „Der ‚Manas‘, auch er, entließ mich, obwohl ich ihn in seine mystische Landschaft als Halbgott zurückkehren ließ, unbefriedigt. Die Frage, die mir der ‚Manas‘ zuwarf, lautete: Wie geht es einem guten Menschen in unserer Gesellschaft?"[91]

Es war auch die Frage des Menschen und des Schriftstellers Hermann Hesse.

Krisis eines Kurgastes

Hermann Hesse lebte bis 1931 in der Casa Camuzzi, jener Imitation eines barocken Jagdschlosses in Montagnola, das er mit Hilfe des Dirigenten Volkmar Andreae gefunden hatte. Vor allem pflegte er Kontakte zu Künstlern, zu Malern und Architekten wie Moillet und Josef Englert, die im *Klingsor* als Louis der Grausame und der Magier Jupp erscheinen. In Zürich besuchte er 1921 auch Bucherer und Schoeck, Ilona Durigo und C. G. Jung. Hugo Ball und seine Gefährtin Emmy Hennings gehörten zum engeren Freundeskreis. Beziehungen zu Carl Hofer bahnten sich an. Als *Königin der Gebirge* figuriert im *Klingsor* Ruth Wenger, die Tochter der Schweizer Schriftstellerin Lisa Wenger. Als 1923 die Ehe mit Maria Bernoulli offiziell geschieden wurde, heiratete Hesse, ohne eben ein großes Verlangen nach ehelicher Bindung zu haben, im Januar 1924 die junge Herrin des Papageienhauses, die *schlanke, elastische Blüte, straff und federnd, ganz in Rot, bren-*

Die Casa Camuzzi in Montagnola

nende Flamme, Bildnis der Jugend.[1] Bereits im Februar 1927 indessen wurde diese Ehe auch de jure wieder geschieden.

Im Mai 1922 empfing Hesse den Besuch T. S. Eliots. „Pendant un voyage récent dans la Suisse j'ai fait la connaissance de votre ,Blick ins Chaos', pour lequel j'ai conçu une grande admiration. Je trouve votre ,Blick ins Chaos' d'un sérieux qui n'est pas encore arrivé en Angleterre, et je voudrait en répandre la réputation", hatte Eliot geschrieben,[2] und ein andermal: „Es wäre mir eine große Ehre und Vergnügen, wenn ich Sie besuchen möchte und mit dem Verfasser von ,Blick ins Chaos' sprechen."[3] Seit 1923 war Hesse wieder Schweizer Staatsbürger, der er als Kind schon einmal gewesen war. *Als ich in den Jahren nach dem ersten Krieg sah, wie ganz Deutschland nahezu einmütig seine Republik sabotierte und nicht das mindeste gelernt hatte, wurde es mir leicht, die Schweizer Staatsangehörigkeit anzunehmen, was ich während des Krieges, trotz meiner Verurteilung der deutschen Machtpolitik, nicht hatte tun können.*[4]

Hesse lebte in hohem Maße von der freundschaftlichen Unterstützung, die ihm reiche Schweizer Freunde zuteil werden ließen. Diese Existenz mit Hilfe gebildeter Mäzene in Appartements und Landschlössern reicher Bürger dürfte nicht unerheblich Hesses Weltsicht, seine Beziehung zur Umwelt in jener Zeit geprägt haben. Seine Winter verbrachte er seit 1925 zumeist in Zürich in einem Appartement am Schanzengraben, das ihm Alice und Fritz Leuthold zur Verfügung stellten; im Sommer lebte er nicht selten für längere Zeit im Kehrsatz bei Bern als Gast des Historikers Dr. Friedrich Emil Welti oder auf Schloß Bremgarten ebenfalls nahe Bern bei dem Freunde Max Wasmer. Die Briefe aus jener Zeit sind vorwiegend Berichte von Krankheit und Leiden, Ärger über Zeitungsredaktionen, Empfindlichkeit gegenüber der „Neuen Zürcher Zeitung" und Dr. Korrodi. Spöttisch heißt es: *Im März trete ich auch wieder als Kammersänger auf, Ulm und Stuttgart!*[5] Jammervoll kläglich ist der Bericht über einen Aufenthalt in Berlin.[6]

Zu den hilfreichen Hesse-Freunden gehörten neben Cuno Amiet, bei dem einer der Söhne des Dichters Aufnahme gefunden hatte, vor allem der Kunstmaler Georg Reinhardt in Winterthur sowie Elsy und Hans C. Bodmer. Das sind Menschen, von denen Hesse meint, daß sie gegen die Fabrik und das Auto und das Büro als das von ihm angezweifelte Normale, Wahre und Sinngemäße für den Menschen ein *Stück*

Lisa Wenger, deren Enkelin Christine,
Ruth Wenger, Hugo Ball und Albert Wenger

vom Wesentlichen..., vom Sinn, vom eigentlichen Wert des Daseins[7] in der Kunst erblicken, darin, *wenn sie aus ihren Büros und aus ihren Autos kamen und es ein wenig nett haben wollten, aus dem Geld, das sie dort verdient, illustrierte Werke über alte Klöster, Bilder verstorbener Meister, die zu ihren Lebzeiten nie den hundertsten Teil von dem besessen hatten, was heute ein Bild von ihnen kostete,* zu erwerben.[8]

Der geehrte und umhegte Gast stilvoller Salons und einsiedelnde Herr der Casa Camuzzi war alles andere als ein satter Repräsentant. Über ihn konnte ein Sternheim gewiß nicht spotten wie über den fünfzehn Jahre älteren „Weber"-Dichter: „An seinen Repräsentanten ·wirst du ein Volk erkennen. Das deutsche von 1922 an Henny Porten und Gerhart Hauptmann."[9] Aber wo stand er? *Ich wurde geboren gegen das Ende der Neuzeit, kurz vor der beginnenden Wiederkehr des Mittelalters...,* begann Hesses kurzgefaßter Lebenslauf von 1925.[10] Das klingt nach bitterer Kulturkritik, und in der Tat ist Hesses Verhältnis zu seiner Zeit, zur bourgeoisen Umwelt heikel und kritisch; aber in dem Wort von der beginnenden Wiederkehr des Mittelalters wiederholt sich nicht nur die Polemik vieler Beiträge aus *Vivos voco*, darin liegt vielleicht auch eine Hessesche Hoffnung, ein rückwärtsgewandtes Bekenntnis. *Weiß Gott, das „Weltbild" eines Dominikaners im Mittelalter war nicht einfach, es gehörte etwas mehr Geist dazu als zu dem eines heutigen deutschen Literaten oder eines Präsidenten von Amerika…*[11]. Als *später kleiner Dichter*,[12] der in Jean Pauls „Flegeljahren" den stärksten und charaktervollsten Ausdruck von Deutschlands Seele sah,[13] steht Hesse in schroffer Frontstellung gegen die Jugend seiner Zeit. *Ihr habt für ein Ruder- oder Schwimmtraining das Hundertfache an Sorgfalt, Hingabe und Fleiß übrig wie für Geistiges. Gut, aber dann bleibt beim Sport und laßt das Geistige.*[14] Diese Haltung wird in den nächsten Jahren mehr und mehr Hesses Beziehung zur Umwelt charakterisieren. Solch schroffe Entgegensetzung zur Epoche zeigt auch der Versuch der Konjekturalbiographie in der Jean-Paul-Nachfolge, wird vor allem in den beiden wichtigsten Büchern bekundet, die zwischen dem *Siddharta* und dem *Steppenwolf* erscheinen.

Seit 1923 weilte Hesse regelmäßig eines Ischiasleidens wegen zur Kur im schweizerischen Baden, wo er im Hotel Verenahof der Brüder Josef und Franz Xaver Markwalder zu wohnen pflegte. Seine *Psychologia Balnearia*, zuerst als Privatdruck veröffentlicht, erschien 1925, den Brüdern Markwalder gewidmet, unter dem Titel *Kurgast*. Im gleichen Jahre, als Verlag und literarische Öffentlichkeit dieser etwas zeitfernen, hübsch zu lesenden Nebensächlichkeit Aufmerksamkeit widmeten, kam, damals freilich weniger beachtet, Adolf Hitlers „Mein Kampf" heraus. In Deutschlands berühmtestem Modebad fand der Kurgast Carl Sternheim die Atmosphäre von der pensionierten, aber keineswegs abgedankten Reaktion bestimmt. „Was gleich am Bahnhof des Badeortes auffällt, ist die Bahnhofsbuchhandlung, aus der die Aufschriften der ausgelegten Zeitschriften ‚Werwolf', ‚Stahlhelm', ‚Friedericus Rex' den internationalen Besucher, von dem Baden-Baden abhängt, von weitem freundlich grüßen. Interessant beim Eintritt in die Stadt der Buchhändler Auslagen, in denen Schriften von Stratz, Herzog aufreizend chauvinistischer Titel die fremde Kundschaft locken. Erstaunlich auch der Trick der Stadtverwaltung, die an zwei Dutzend pensionierter Generale, einige Hundert emeritierter Exzellenzen und Stabsoffiziere der wilhelminischen Armee mit Familien und Kinderfräuleins in Baden-Baden ansiedelte, welches treuherzige Publikum einen neutralen, so recht internationalen Ton auf die Promenaden, die Lichtentaler Allee, in Bäder, Trinkhallen, auf Tennisplätze bringt, der dem Weltenbummler schmeichelt."[15]

Hesses Eindrücke sind in der anderen Umgebung der Schweizer Kur anderer, privaterer Natur, wenn auch er, sich freilich einschließend und so Kritik zur Selbstironie relativierend, das Badenser Publikum *feig und schwach und genußsüchtig, alte, egoistische Leute nennt*.[16] Aber, sagte er, *ich denke dabei grundsätzlich nicht daran, daß in Deutschland, ein paar Meilen von hier, auch auf der reichen Leute Tisch kein solches Weißbrot liegt und Tausende überhaupt kein Brot haben. Ich verwehre diesem Gedanken, der so nahe steht, den Zutritt zu meinem Bewußtsein und finde dies Verwehren oft recht anstrengend.*[17]

Dennoch ist dies mehr und anderes als ein Buch gesellschaftlicher Ignoranz, wenn auch vieles — zum Beispiel *jene furchtbare und erschütternde Frage, ob unter gewissen Zeit- und Kulturumständen es nicht würdiger, edler, richtiger sei, Psychopath zu werden als sich diesen Zeitumständen unter Opferung aller Ideale anzupassen*[18] — bewußt beiseite gelassen wird. Der banale und oft in eine betuliche Hausbackenheit abgleitende Kurbericht ist ein Stück ästhetischer Neulanderoberung eines empfindsamen Künstlers, der hellhörig und mißtrauisch am Verhältnis

Hesse und Franz Xaver Markwalder

Albert Einstein

von Hugo Wolfs Komposition zum Eichendorffschen „Der Morgen, der ist meine Freude" Gefahren des künstlerischen Klischees festzustellen vermeint.[19]

Wenn Hesse ein geradezu körperliches Leiden an der Präsenz und am Geräusch von Menschen im nebenan gelegenen Hotelzimmer intensiv beschreibt, tritt er aus der scheinbaren Sicherheit seiner romantischen Bürgerlichkeit heraus. Da deuten sich objektive Beziehungen beispielsweise zu Rilkes „Aufzeichnungen des Malte Laurids Brigge" mit den dort geschilderten Leiden des sensibel Empfindenden am Raum an, erscheint diese Stelle fast als Vorwegnahme der erzählenden Erzählintensität bei Jean Paul Sartre und dessen Parteigängern in der modernen französischsprachigen Literatur. Literarhistorische Zusammenhänge treten hervor und widerlegen die These spätbürgerlicher Hesse-Interpretation, der Autor stehe als Einsamer außerhalb solcher Zusammenhänge.

Für den Erzähler Hermann Hesse ist der Mensch schlechthin als der „andere" zum Problem geworden, und das zu einer Zeit, da die „Massensuggestion der Relativitätstheorie" (wie eine polemische Broschüre von 1924 betitelt war) sich auf ein allgemeines Interesse am Problem der Relativität gründet und man erwartet, „daß man nächstens in Ballgesprächen die Frage hören wird: Was halten Sie von der Relativitätstheorie?"[20] Luigi Pirandellos „Sechs Personen suchen einen Autor", 1924 in Berlin für Deutschland erstaufgeführt, bietet eine literarische Entsprechung.[21] Parallel dazu formulierte Hesse, der die Einsteinsche Relativitätstheorie nie für eine Fachangelegenheit der Naturwissenschaftler gehalten hat, durchaus zum Thema: *Unter gebildeten und gescheiten Menschen passiert es ja in jedem Augenblick, daß jeder die Mentalität und Sprache, die Dogmatik und Mythologie des andern als eine subjektive, als bloßen Versuch, bloßes flüchtiges Gleichnis erkennt. Daß aber jeder diese selbe Erkenntnis auch an sich selber mache und auf sich selber anwende und jeder sich selbst sowohl wie dem Gegner das Recht auf seine von innen her bestimmte und notwendige Art, Denkweise und Sprache zugestehe, daß also zwei Menschen miteinander Gedanken austauschen und sich dabei beständig der Gebrechlichkeit ihrer Werkzeuge, der Vieldeutigkeit aller Worte, der Unmöglichkeit eines wahrhaft exakten Ausdrucks, also auch der Notwendigkeit eines intensiven Sichgebens, einer gegenseitigen herzlichen Bereitwilligkeit und intellektuellen Ritterlichkeit bewußt bleiben — diese hübsche, zwischen denkenden Wesen eigentlich selbstverständliche Situation kommt ja praktisch so kläglich selten vor, daß wir jede Annäherung an sie, jede auch nur teilweise Verwirklichung innig begrüßen.*[22] Der Rückbezug auf die Quintessenz des *Siddharta*, ein schrankenloser Relativismus einerseits, die Überwindung solcher Problematik von innen heraus als Möglichkeit und Verpflichtung zum anderen, sind deutlich, nicht minder die leidvolle Verschärfung der Problemstellung.

Unter solchen Prämissen wird, wie der ganz durchschnittliche Holländer, dem Hesse im *Kurgast* ein eigenes Kapitel widmete, der reale „andere" zur fiktiven Figur umgemodelt. Sich ein Bild zu machen von dem anderen, ihn sich durch eine Geschichte anzuverwandeln, ist hier verkündetes Lebensprinzip des Künstlers Hesse und führt zu jener Preisgabe klassischer Maximen, wie sie in der *Nürnberger Reise* dann als einzige literarische Möglichkeit der Epoche postuliert wird. Die Entsprechung ist, auf die eigene Person bezogen, das Bekenntnis zu einem totalen Relativismus. Hesse bekennt sich in seiner Schimpfrede gegen den Mann, der existiert *auf einer Ebene des Papieres, des Geldes und Kredits, der Moral, der Gesetze, des Geistes, der Achtbarkeit,*[23] den er einen *Raum- und Zeitgenossen der Tugend, des kategorischen Imperativs und der Vernunft* nennt,[24] verwandt sogar *mit dem Ding an sich oder mit dem Kapitalismus, aber ohne die überzeugende Wirklichkeit eines Steines oder Baumes, einer Kröte oder eines Vogels,*[25] zu einem Pendeln zwischen Natürlichkeit und Geistigkeit, Erfahrung und Platonismus, Ordnung und Revolution, Katholizismus und Reformationsgeist. Er hält es zwar für tugendhaft, charaktervoll und standhaft, aber auch für ebenso fatal, widerlich und verrückt, nur den Geist zu verehren und die Natur zu verachten, Revolutionär und nicht zu Zeiten auch Konservativer zu sein. So leitet er die Ablehnung aller Parteiungen, politischer, religiöser, literarischer, wissenschaftlicher, ab. Wiederum die Konsequenz aus dem Leiden am Verlust einer göttlichen Einheit durch die Vereinzelung des Ichs ist die Preisgabe des Wollens, die Hingabe an die Gnade, auch wenn sie für einen so problematischen Geist wie Hermann Hesse immer nur partiell und temporär erlangbar vorgestellt werden kann.

Seine Umwelt möchte Hesse ignorieren; seine Abneigung gegen alle Gesellschaft geht gelegentlich so weit, daß 1929 auch eine freundlich werbende Einladung Thomas Manns, mit Wassermann, Schickele und Hans Reisiger an einer ganz intimen Feier zum 70. Geburtstag Samuel Fischers in München teilzunehmen, abschlägig beschieden wird.[26]

Hesse mag die *ganze Maschinenkultur*[27] nicht, für die Außenministerkonferenz in Locarno, die 1925 zusammentrat, hatte er nur ein wenig töricht ignorante Bemerkungen über Herrn Stresemann bereit und den Witz: *Ich aß den Ministern noch*

Hesse und die Dohle Jakob. Zeichnung von Gunter Böhmer

einige Pfund von den süßen Trauben weg.[28] Über das eigene Werk mokiert er sich, daß er den *Peter Camenzind* in seinen *Erinnerungen häufig mit dem Trompeter von Säckingen verwechsle.*[29] Aber auch für die sentimentalitätsfeindliche Haltung einer jungen Literatur der Neuen Sachlichkeit hat er nichts übrig, und wenn ihm der rüde Ton der Jüngeren und Jüngsten doch zustimmende oder verteidigende Worte abnötigte, so aus Unglauben an die Literatur, an die Möglichkeit einer neuen Klassik. *Ich sehe zwar ein, daß jede Zeit ihre Literatur haben muß, wie sie ihre Politik, ihre Ideale, ihre Moden haben muß. Doch komme ich nie von der Überzeugung los, daß die deutsche Dichtung unserer Zeit eine vergängliche und verzweifelte Sache sei, eine Saat, auf dünnem, schlecht bestelltem Boden gewachsen, interessant zwar und voll Problematik, aber kaum zu reifen, vollen, langdauernden Resultaten befähigt. Ich kann infolgedessen die Versuche heutiger deutscher Dichter (meine eigenen natürlich inbegriffen) zu wirklichen Gestaltungen, zu echten Werken immer nur als irgendwie unzulänglich und epigonal empfinden; überall glaube ich einen Schimmer von Schablone, von unlebendig gewordenem Vorbild wahrzunehmen. Dagegen sehe ich den Wert einer Übergangsliteratur, einer problematisch und unsicher gewordenen Dichtung darin, daß sie bekenntnishaft ihre eigene Not und die Not ihrer Zeit mit möglichster Aufrichtigkeit ausspricht ... Ich weiß, daß das, was wir Heutige schreiben, seinen Wert nicht darin haben kann, daß darin für heute und für lange Zeit eine Form, ein Stil, eine Klassik entstehen könnte, sondern daß wir in unsrer Not keine Zuflucht haben als die zur größtmöglichen Aufrichtigkeit.*[30]

Hesses Konsequenzen aus der genauen Deskription eines Zustandes gehen in zwiefache, divergierende Richtung. Als Autor versucht er sich in der postulierten größtmöglichen Aufrichtigkeit, wenn die auch eine subjektive Unverantwortlichkeit des Schriftstellers einschließt, der seinen misanthropischen Anschauungen freien Lauf läßt,[31] oder seinem „allzu trägen Quietismus"[32] so viel Raum gewährt, daß Oskar Loerke, Lektor im Verlage Samuel Fischers, zum Urteil gelangte: „Etwas kindisch in der Abwehr dieser Welt, wie sie nun ist — trotzdem sie benutzt. Viel Talent zu erzählen. Trotz des Unbehagens liest man mit Entzücken."[33]

So entsteht als Affront gegen eine industrialisierte Welt ein literarisches Nebenwerk, die romantische Beschwörung der traulichen schwäbischen Tradition, verknüpft mit dem durchaus modernen Bekenntnis zu Thomas Mann, dem Hesse auf dieser Reise einen Besuch in München abstattete und der seinerseits sich „gerade im ‚Badegast' Hesse nahe fühlte"[34], zu Ringelnatz, dessen Kriegserinnerungen Hesse lobte, und zu

Karl Valentin, bei dem Hesse sehr wohl den schauerlichen und tief tragischen Witz und Humor spürte, wie er überhaupt Humor und Tragik als korrespondierende Größen verstand.

Das Verhältnis des um größtmögliche Aufrichtigkeit bemühten Hermann Hesse zu seiner Mitwelt ist von großer Distanz bestimmt. Einige Jahre nach der *Nürnberger Reise* antwortete er auf die an ihn als durchaus inkompetenten Partner gerichtete Frage nach Theaterspielplänen: *Wenn ich Theaterleiter wäre, würde ich nichts spielen, sondern mich aufhängen. Wenn ich ein Fürst wäre und ein gutes Theaterchen besäße, würde ich an allen Festtagen spielen lassen. Meistens Opern: Mozart, Gluck, Händel, etwas Rossini, ein klein wenig Verdi, den „Don Ranudo" von Othmar Schoeck. Einmal im Jahr den „Sturm" von Shakespeare, den „Lear", „Maß für Maß", „Was ihr wollt". Ebenso Büchners „Leonce", den „Zerbrochenen Krug" von Kleist, den „Prinzen von Homburg". Für mein Volk würde ich manchmal Schiller, Hebbel, Ibsen, Hauptmann spielen lassen, aber nicht selbst hineingehen.*[35]
Die Alternativen, die sich Hesse offenhält, sind hier musikalisch-literarisch abgesteckt, er fixiert sie auch in der *Nürnberger Reise* als die Literatur zwischen 1750 und 1850, bei der man vor Überraschungen sicher sei. Bei Hölderlin findet er Magie in dem Fragment „Die Nacht", Jean Pauls „Vorschule der Ästhetik" folgt er bei der Bestimmung des Humors als Versöhnung von Ideal und Erfahrung. So möchte sich Hesse als Humorist in der Nachfahrenschaft des „Siebenkäs"-Erfinders verstehen, doch fällt, was er, *im Zickzack zwischen Trieb und Geist durchs Leben* gehend,[36] als Selbstbekenntnis und lyrisches Komplement zum Roman vom *Steppenwolf* dem Gedichtbuch *Krisis* anvertraut, kaum als Versöhnung von Ideal und Erfahrung aus, gerät eher grimmig und bösartig, allerdings insgeheim auch, da es in bibliophiler Aufmachung vor die Leute gebracht und gar der neuen Gefährtin Ninon brieflich verheißen wird,[37] als fragwürdige Schaustellung eigener Konflikte in einer auf Schockwirkung stilisierten Form. Darüber vermag auch ein *Nachwort an meine Freunde* nicht hinwegtäuschen, das dieses Gedichtbuch provokant als *Antwort im voraus auf eure Glückwünsche* zum 50. Geburtstag deklariert[38] und das Buch als Zeugnis einer *leidenschaftlichen Liebe zur Selbsterkenntnis und Aufrichtigkeit* interpretiert,[39] weshalb nun die in früheren Dichtungen unbewußt verschwiegene und beschönigte *dunklere, vielleicht tiefere Lebenshälfte*[40] nachgeliefert wird, *eine jener Etappen des*

Lebens, wo der Geist seiner selbst müde wird, sich selbst entthront und der Natur, dem Chaos, dem Animalischen das Feld räumt.[41] Freilich hat dieses Chaos nichts mit einem „Urfrühen, Archaischen"[42] zu tun, es ist vielmehr die bürgerliche Großstadt mit Jazzmusik und Kognak, Stimmung und Huren, in die sich der Dichter vor dem humanen Anspruch von Mozarts geliebter „Zauberflöte" flüchtet, gegen die er zugleich *als Mensch, Christ, Patriot und Protestant*[43] protestiert und in der er alles andere sein möchte als ein *Bejahungsspezialist, wie's die Bürger wollen.*[44] Dieser Steppenwolf gefällt sich im „Dickicht der Städte", kokettiert auch ein wenig mit seiner Verzweiflung, die einen Schizophrenen[45] zum schnoddrigen Hohn auf die Beziehungen der Geschlechter treibt, wie er so erst wieder in der Tangoballade der Brechtschen „Dreigroschenoper" zu hören ist.

Ein bemerkenswertes persönliches Dokument, auch ein gewichtiges Zeugnis der verzweifelten Suche um neue lyrische Ausdrucksformen bleibt das Buch gleichwohl. Der trostlose Katzenjammer eines im Privatleben Gescheiterten schlägt um in blasphemische Verse Hermanns des Säufers an Johannes den Täufer oder in bösen Hohn:

> *Ich wollt, ich wär ein Katholik,*
> *Dann wäre der Heiland für mich gestorben,*[46]

vor allem in bittere Provokation einer Bürgerwelt, die meint, *es sei des Dichters Beruf, in des Bürgers Interesse das Leben stramm zu bejahen, wie sie das von so manchem Dichter bestätigt sahen, der berühmte Romane und herrliche Dramen schuf.*[47] Mit wollüstig im Schmerz wühlendem Fleiß zerstört Hesse die vom *Siddharta*-Autor erwartete würdig-kontemplative Haltung und provoziert: *Warum macht ihr diesem Hundeleben, das doch niemand Freude machen kann, nicht ein rasches, aber edles Ende, sondern spielet Klavier und sprecht über Thomas Mann?*[48] Und dann stehen da auf einmal, ein Goethe-Gedicht variierend, die sehr persönlichen Verse:

> *Liebe Ninon, heute bist du mein Mond,*
> *Scheinst in meine bange Finsternis herein,*
> *Wo mein Herz so verhängt und traurig wohnt;*
> *Deine klugen dunklen Augen sind voller Liebe.*
> *Ach, daß sie immer und immer bei mir bliebe.*[49]

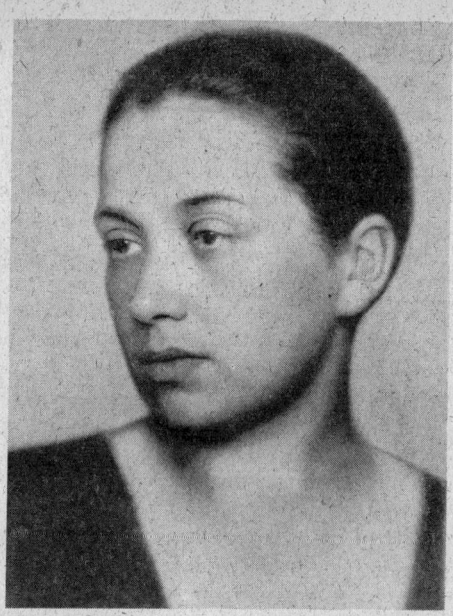

Ninon Dolbin

Die Kunsthistorikerin und Spezialistin für griechische Antike Ninon Dolbin, geborene Ausländer, Tochter eines jüdischen Rechtsanwaltes aus Tachowitz, stand seit längerem bereits mit Hesse in Briefwechsel. 1926 begegneten sie einander erstmals persönlich, seit 1927 lebten sie zusammen, 1931 wurde die Ehe formell geschlossen.

Das Jahr 1927 stand im Zeichen des 50. Geburtstages und des *Steppenwolfs*, durchaus heterogener, widersprüchlicher Ereignisse: der öffentlichen Anerkennung, wenn auch keiner Festivitas wie zwei Jahre zuvor bei Thomas Manns 50. Geburtstag und eines Buches, das ganz anders als der *Demian* ein Krisenbuch, ein Werk der persönlichen wie der diagnostizierten gesellschaftlichen und nationalen Krise war. Und es erschien Hugo Balls Hesse-Biographie. Und das hier von dem Manne aus dem ehemaligen Cabaret Voltaire gezeichnete Bild des Dichters, wo „einer die Neurosen seines Objekts recht herrlich präsentiert"[50], war es, das den verspäteten Gratulanten Ignaz Wrobel alias Kurt Tucholsky bei allem Respekt vor der „Ebene, die Hesse bewohnt und der man sich mit dem Hut

159

in der Hand zu nähern hat: vor der Reinlichkeit, vor der Künstlerschaft, vor der Begabung des Bewohners"[51], doch zu exemplarischer Behandlung des Falles veranlaßte. „Der deutsche Mensch" ist seine Gratulation im letzten Augustheft des Jahrgangs 1927 der „Weltbühne" überschrieben, und in ihr wird dekretiert: „Humor hat er nicht. Humor: zu wissen, daß es, nachdem man tapfer gewesen ist, alles nicht so schlimm ist. Humor: zu fühlen, daß es von oben reichlich unsinnig aussieht, was wir hier aufführen. Und dennoch zu seiner Sache stehn. Und abends um neun, wenn alles fertig ist, zu wissen: Es lohnt sich kaum — aber man muß ran."[52] Kurz: Hesse ist nicht — wie Tucholsky — ein pessimistischer Aufklärer. Aber Tucholsky hat natürlich recht, wenn er ihn als Exponenten wichtig nimmt. „Hinter ihm sitzt eine Welt. Und liest."[53] Deshalb macht er diesem Exponenten des deutschen Menschen seinen Selbstzweck als Erbsünde zum Vorwurf und resümiert: „Wenn sich der ‚deutsche Mensch' nach diesen Schlachten des Seelenlebens, nach diesen Geißlungen, Aufblähungen, pathetischen Herzenstrillern nicht nach außen dokumentiert, dann ist sein Tun eben das, als was ich es hier schon einmal charakterisiert habe: eine tote Last und ein Gesellschaftsspiel."[54]

Heinrich und Thomas Mann
mit dem preußischen Kulturminister Grimme

Hesse 1925

Die Konsequenz ist Ablehnung, „wenn sich das Brodeln ihrer Seele nicht nach außen in die Tat umsetzt. In solche nämlich, die nicht das Paradies auf Erden schafft. Die aber wenigstens blutigstes Unrecht verhindert, das zerstörte Rechtsgefühl aufbaut und das eigne Volk nicht mit Honigbröten füttert, sondern den Mut aufbringt, ihm die Wahrheit zu sagen.“[55] Zu solcher Haltung war so wie die von Tucholsky attackierte deutsche Jugendbewegung auch die Sektion Dichtkunst der Preußischen Akademie der Künste — Alfred Döblin spottete: der „offizielle Lorbeerstall“[56] — weder fähig noch bereit. Nicht nur, daß zahlreiche bedeutende Autoren dem von Döblin auch wieder als Repräsentationsorgan mit elitärem Hohn verteidigten Gremium gar nicht angehörten, dafür „viel Fulda in diesem starken Stück war“[57], mußten sich auch Prominente, wie etwa Thomas Mann, von Robert Musil sagen lassen: „In dieser Begründung kam alles vor, was man zugunsten einer Akademie sagen kann; nur eines sah ich darin nicht: den Sinn dafür, daß die innere Reinheit, die innere Klarheit und Würde,

der unbestechliche Ernst — außer dem Genie — das höchste
Gut einer Literatur bilden! Unter den Mitgliedern der Akademie befinden sich Männer, welche diese Eigenschaften für
ihre Person in hohem Grade besitzen. Daß sie es trotzdem
nicht für notwendig finden, sie auf die gesamte geistige Atmosphäre um sich anzuwenden, ist ungeheuer kennzeichnend
für die Entwicklung unserer Dichtung, für die innere Un-
sicherheit und Strukturlosigkeit, die wir niemals losgeworden
sind."[58]

Hesse, der, ohne dem sonderliche Bedeutung beizumessen,
Akademiemitglied geworden war, fühlte sich in diesem Kreis,
für dessen sprachpflegerische und kunsterzieherische Aktivität
Döblin Repräsentanz als Voraussetzung verteidigte, unbehaglich und bat Oskar Loerke um Vermittlung. *Ich gäbe viel dafür,
wenn ich wieder heraus wäre. Schon der Fragebogen, der mir
zugeschickt wurde, wie für den Bewerber um eine Stelle im preußischen Eisenbahndienst, war scheußlich, und die Kundgebungen
der Sektion bisher muten mich alle traurig und lächerlich an.*[59]

Diese Art der Reaktion ist ungemein charakteristisch für
Hesse. Alles Geschehen wird auf eine empfindsame Innerlichkeit bezogen, alle Anstrengung darauf gerichtet, diese Innerlichkeit vor dem Zugriff der Außenwelt zu schützen. Solcher
Humanismus bleibt folgenlos larmoyant. Wo er gelegentlich
aktiv wird, äußert er sich in einem anarchistischen Aufbegehren des zum Maß der Dinge gesetzten Subjekts.

Anders als der nicht minder allem Korporativen in der Literatur mit Skepsis begegnende Thomas Mann[60] zog Hesse seine
Konsequenz. Sie war Rückzug auf die Steppenwolfposition,
was ihn freilich nicht hinderte, im Ausnahmefall sich politisch
zu engagieren, so 1927 etwa, als die Vernichtung der Wand-
gemälde von Heinrich Vogeler in dem von der Roten Hilfe
eingerichteten Kinderheim Barkenhoff in Worpswede vom
Regierungspräsidenten verlangt wurde und zusammen mit
Lion Feuchtwanger, George Grosz, Alfred Kerr, Georg Kolbe,
Berta Lask, Heinrich Mann und Friedrich Wolf Hesse eine
Protesterklärung unterschrieb, in der zur Verteidigung der
Bilder geltend gemacht wurde, der Regierungspräsident „ver-
gißt, daß die Kinder aus proletarischem Milieu stammen. Es
sind die Kinder der in dem Kampf um eine soziale Republik
Gefangenen und Gefallenen. Was Heinrich Vogeler ihnen in
seinen Bildern zu sagen hat, ist nichts anderes als das, was sie

täglich, fast stündlich zu Hause in ihrer Familie sehen, hören und erleben."[61]

Das Buch vom *Steppenwolf* bietet Hesses unmittelbarste Gestaltung von Zeitproblematik, die schärfste und härteste Auseinandersetzung mit der Wirklichkeit.

Zwiespältig und bitter ist die „Wahrheit", die Hesse im *Steppenwolf* formulierte, einem Buche, das *zwar von Leiden und Nöten berichtet, aber keineswegs das Buch eines Verzweifelten ist, sondern das eines Gläubigen.*[62] Die Haltung, die der Dichter bezog und die er von seinen Rezensenten verstanden und gebilligt wissen wollte, richtet sich gegen den „Bejahungsparagraphen, den irgend einmal ein begabter Lehrer in die deutsche Kritik eingeführt hat"[63].

„Der Steppenwolf"

Die Aufzeichnungen des *Steppenwolfs* Harry Haller erschienen
1927 und reflektierten auf charakteristisch Hessesche Art eine
vielfach in sich widersprüchliche gesellschaftliche Realität, in
der zwar *auch heute wieder kein Krieg ausgebrochen, keine neue
Diktatur errichtet, keine besonders krasse Schweinerei in Politik und
Wirtschaft aufgedeckt worden ist*,[1] aber dem Intellektuellen *inmitten der zerstörten und von Aktiengesellschaften ausgesogenen
Erde die Menschenwelt und die sogenannte Kultur in ihrem ver-
logenen und gemeinen blechernen Jahrmarktsglanz auf Schritt und
Tritt wie ein Brechmittel entgegengrinst*.[2] Das Warenhaus der
Kultur hielt in diesen Jahren nicht allein den Kleistpreis-
gekrönten „Aufstand der Fischer von Sankt Barbara" der
jungen Anna Seghers oder Musils „Mann ohne Eigenschaften"
oder „Die Gleichgültigen" eines Alberto Moravia bereit, über
die Kinoleinwände flimmerte nicht nur Ruttmans Berlinfilm
„Symphonie einer Großstadt" oder schließlich Sternbergs durch
Heinrich Manns Roman und Marlene Dietrichs Beine welt-
berühmter „Blauer Engel", sondern als Triumph des Tonfilms
auch „Der Jazzsänger". Slowfox war der Modetanz, und es gab
nicht nur Erwin Piscators politisches Theater und nach der
„Dreigroschenoper" vom selben Team Brecht und Weill „Auf-
stieg und Fall der Stadt Mahagonny" als Attacken gegen das immer noch florierende kulinarische Theater Max Reinhardts. Wie
die „Weltbühne" 1931 berichtete, spielte man in der „Neuen
literarischen Saison" auch eine dreiaktige Komödie „Die Brust-
warze" und ein Schauspiel „Schlanke Rotblondinen gesucht".[3]
Auch dieses alles gehört unmittelbar zum Thema einer *Steppenwolf*-Analyse; es sind charakteristische Fetzen jener Wirklichkeit, die zuweilen überraschend unvermittelt, kaum aus dem
Bereich der Zeitung in den des Romans transponiert, in das
literarische Kunstwerk einbricht. Sogleich im einleitenden
Herausgeberbericht zum *Steppenwolf* liest sich etwa die Schil-
derung von Harry Hallers Besuch eines geschichtsphiloso-
phischen Vortrags kaum anders als eine „Weltbühnen"-Glosse
über die Berliner Vorlesungen Max Schelers.[4]

Auswege aus der umrissenen geistigen Situation wurden in vielerlei Richtungen gesucht. Die sozialistische deutsche Literatur formierte sich in oftmals heftiger Abgrenzung gegen alle bürgerliche Kunst zu einer nachdrücklich in Erscheinung tretenden nationalliterarischen Größe. 1924 war zuerst in deutscher Übersetzung Lenins Schrift aus dem Jahre 1905 „Parteiorganisation und Parteiliteratur" erschienen. Ihre Parteilichkeit hob qualitativ die sozialistische Literatur auch gegenüber aller bürgerlich-oppositionellen ab. „Denn wir schreiben ja nicht, um zu beschreiben, sondern um beschreibend zu verändern", formulierte Anna Seghers als politisch-ästhetisches Credo.[5] Der Marxismus und die lebendige Wirklichkeit des jungen Sowjetstaates übten in diesen Jahren eine lebhafte Anziehungskraft nicht zuletzt auch auf viele bürgerliche Intellektuelle in Deutschland aus. Käthe Kollwitz, Arthur Holitscher, Erwin Piscator und Helene Stoecker bereisten das Land Lenins, Brecht steckte bald acht Schuh tief im „Kapital" und mußte das jetzt genau wissen,[6] Walter Benjamin erlangte unter dem Einfluß von Asja Lacis eine intensive Einsicht in die Aktualität eines radikalen Kommunismus, und das ganze literarische Berlin versammelte sich zu Sergej Tretjakows Berichten über das literarische Leben in der Sowjetunion.

Attackiert von Kurt Tucholsky, verteidigt von Yvan Goll, zumindest anerkannt von Alfred Döblin erschien 1927 zu einem nicht unerheblichen Subskriptionspreis der „Ulysses" von James Joyce in deutscher Übersetzung.[7] Und dieses Buch berührt sich unter anderem auch durch die mit dem Äolusvergleich bezeichnete Charakterisierung des Journalismus als Inzest[8] mit Hesses bitterer Ablehnung einer Manipulierung des Geistes im großen Stil. Auch Thomas Mann hob in seinem von festtäglicher Liebenswürdigkeit bestimmten Gruß „Hermann Hesse zum 70. Geburtstag" hervor: „Und ist es nötig, zu sagen, daß der ‚Steppenwolf' ein Romanwerk ist, das an experimenteller Gewagtheit dem ‚Ulysses', den ‚Faux-Monnayeurs' nicht nachsteht?"[9]

Eine radikal verneinende und zugleich im Niemandsland, *weder in Palästen noch in Proletarierhäusern, sondern ausgerechnet stets in diesen hochanständigen, hochlangweiligen, tadellos gehaltenen Kleinbürgernestern*[10] angesiedelte Haltung — und sie entspricht in einigem durchaus der des Hesseschen Harry

Haller — formulierte exemplarisch Gottfried Benn, als er knapp zwei Jahre vor dem Machtantritt der Faschisten seine Festrede zum 60. Geburtstag Heinrich Manns unter das Motto stellte: „Nihilismus ist ein Glücksgefühl".[11]

Harry Haller ist der „outsider" par excellence.[12] Der Autor hat auf diese extreme Gestaltung eines Typs lange hingearbeitet: Camenzind war noch ein Rückzug in die heimischen Berge möglich gewesen. Giebenrath, der Sensible, zerbricht. Im Falle des Sängers Muoth reduzierte sich alles auf die Künstler-, im Falle des Malers Veraguth auf die persönliche Lebensproblematik. Im Schicksal Harry Hallers kulminieren Erfahrungen und Erlebnisse der Lebenskrise, der Künstlerkrise, der Gesellschaftskrise.[13] Diesmal hat sich Hesse der Widersprüchlichkeit seiner Zeit und seiner Welt gewiß nicht entzogen. Diesmal mußte zuvörderst die Schuld der Zeit abgetragen werden. Da gibt es denn auch keine Möglichkeit eines Rückzugs auf die schwäbische Tradition, auf jenen landschaftlichen und geistigen Heimatbezirk der aufgehobenen Widersprüche. Und gerade dieses Moment, dieses Fehlen versöhnender romantischer Mittelalterlichkeit hat Hesse als den Wert des *Steppenwolfs* gegen den größeren Publikumserfolg von *Narziß und Goldmund* hervorgehoben und verteidigt.

Der Dichter versucht in seinem Buch eine nüchterne Bestandsaufnahme, und die schließt das Urteil über Erfolg oder Mißerfolg des eigenen Wollens und Tuns durchaus ein. *Wir können nichts dafür und sind doch verantwortlich.*[14] Das ist ein Leitsatz, und der Gegner des Krieges von 1914 wie des von gewissen Kreisen damals schon vorbereiteten, der zwölf Jahre nach Erscheinen des *Steppenwolfs* beginnen sollte, fällt über sich und sein Entsetzen vor den Kriegsgreueln, dem er mit Bezug auf das Rezitativ der Beethovenschen Neunten Sinfonie Ausdruck gegeben hatte, das Urteil: *Heute wußte ich, daß kein Tierbändiger, kein Minister, kein General, kein Irrsinniger Gedanken und Bilder in seinem Gehirn auszubrüten fähig war, die nicht ebenso scheußlich, ebenso wild und böse, ebenso roh und dumm in mir selber wohnten.*[15] Hier spricht nicht nur ein gelehriger Schüler der zeitgenössischen Psychoanalytiker. Und so mußte der *Steppenwolf* Zurücknahme und Rektifizierung der mythisch heroisierenden Kriegsbejahung am Ende des *Demian* werden, ein Buch bitterer Zeitkritik, schonungsloser Invektiven des Dichters Hermann Hesse gegen die bourgeoise

George Grosz, Die Stützen der Gesellschaft

Welt der zwanziger Jahre in Deutschland, aber nicht minder gegen die deutschen Intellektuellen, *eine entbehrliche, wirklichkeitsfremde, verantwortungslose Gesellschaft von geistreichen Schwätzern,*[16] der Hesse anlastet, daß sie sich mit ihrer Ablehnung der Epoche an den Äußerlichkeiten der Saxophone und Radioapparate aufhält, unfähig, die Werte zu erkennen, auch in der Radioübertragung ein Händelsches Ritardando zu begreifen. So geht die Zeitkritik des Buches in doppelte Richtung: feuilletonistisch fast, im Stile eines Hallerschen Zeitungsbeitrages als unmittelbare und direkte Gesellschaftskritik gegen die bourgeoise Welt, hier auch vor fast kalauernd banalen Witzeleien nicht zurückscheuend wie dem Türetikett im magischen Theater *Untergang des Abendlandes. Ermäßigte Preise. Noch immer unübertroffen.*[17] Da trifft sich Hesse mit Thomas Mann, der gleichfalls nach einer Periode der Spengleranerkennung 1924 die „Lehre Spenglers" als Werk eines Snobs qualifizierte.[18] Mit entschieden größerem Gewicht ist Hesses Teilkritik sodann auf das problematisch gewordene Verhältnis der Intellektuellen zu Tradition und Wirklichkeit gerichtet. Derjenige freilich, dem diese Kritik als Notiz seiner Zeiterfahrung in den Mund gelegt wird, den präsentiert der einleitende Herausgeberbericht — auf welche Weise Vergleiche mit dem späteren Adrian Leverkühn in Thomas Manns „Doktor Faustus" sich aufdrängen — als Nietzschenachfolger, als Künstler auf der Flucht vor der wütend denunzierten Bürgerwelt und auf der Suche nach ihr, als einen Zerrissenen, zwischen den Klassen Stehenden, wie der Weltbühnenrezensent Alfred Wolfenstein bemerkte, als er in dem Buch „dies nicht einmal mehr tragische Drückebergertum des jetzigen Bürger-Ichs entblößt" fand. „Eine Wandlung scheint hier unmöglich. Die innere Masse der zerbrochenen Seelenstücke kann nicht einfach durch Aufgehen in der äußern Masse geheilt werden ... Der Steppenwolf jedenfalls bleibt in der Mitte des Weges gefangen..."[19] Er bleibt — soziologisch gesprochen — ein oppositioneller heimatloser Linker ohne Annäherung an das Proletariat. Unter diesem Aspekt hat das Buch erneute Aktualität gewonnen, lassen sich Verbindungslinien zum späteren Werk Martin Walsers ziehen. Für den Steppenwolf wird — künstlerisch gesehen — das magische Theater des Buches, die Einsicht *Pablo wartete auf mich. Mozart wartete auf mich*[20] nicht zur Erlösung, auch nicht zur Lösung seiner Problematik. Der Herausgeberbericht bereits macht es deutlich: die nachfolgenden *Steppenwolf*-Aufzeichnungen reflektieren bestenfalls eine Lebensetappe;[21] die Aufzeichnungen selbst offenbaren immer stärker ein vermittels Psychoanalyse und Opiaten in Gang gesetztes Spiel mit Möglichkeiten einer Biographie — auf welche Weise Hesses Roman überraschend weit in die Nachbarschaft künstlerischer Bemühungen eines Max Frisch in „Mein Name sei Gantenbein" und erst recht in „Biographie" rückt. Dabei gehören die Genauigkeit, mit der Hesses Buch gearbeitet ist, die Vermischung des Realen und Irrealen, der fast unmerkliche Übergang der einen Sphäre in die andere, zugleich die sehr bewußte und absichtsvolle Relativierung der Wirklichkeit durch die Imagination zu den formalen Eigentümlichkeiten und handwerklichen Vorzügen des Romans. Hermine — gelegentlich ist gesagt worden, ein versierter Psychoanalytiker könne solche Figuren als reine Hervorbringungen von Autoerotik erklären[22] — ist auf jeden Fall ein Produkt von Hallers Einbildungskraft. Die „Überaufgabe" der Figur ist entsprechend deutlich herausgearbeitet. Hermine hat bald Ähnlichkeiten mit einem Jugendfreund Hallers, bald wird sie als Teil seines Wesens verstanden. Die Absonderlichkeit (so wird man's wohl immerhin nennen dürfen), daß der sonst als Zimmernachbar ziemlich hellhörige und für den seltsamen Untermieter interessierte Neffe der Vermieterin und Herausgeber der Hallerschen nachgelassenen Papiere von den Tanzstunden im Gelehrtenstübchen nie etwas vernommen hat und von Damenbesuchen nur einmal sehr en passant wenig Überraschendes mitzuteilen weiß, bestätigt zusätzlich die Sonderstellung Hermines. Wie aber steht es mit der schönen Maria, die Haller eines Nachts in seinem Bette antrifft? Offenbar hat sie, deren Funktion und Rolle in Harry Hallers Geschichte so ganz und gar körperlicher Art ist, sich aber darauf beschränkt und nur Vorbereitung auf Hermine bedeutet, einen höheren Grad an einfacher Realität. Daß sie aber mit der schwer faßbaren Hermine in offenbar sehr intimer Beziehung steht, rückt auch sie ins Unwirkliche. Augenfälliger noch als für den nachgeborenen Literarhistoriker mußte es für die Zeitgenossen sein, wie sehr Hesse mit seinem Buch einem damals aktuellen oder auch nur modischen Schema folgte. Haller ist aus der Enge einer bürgerlichen Ehe und Besitzwelt auf die „Straße", in die Welt der anrüchigen Gaststätten und zweifelhaften Mädchen geflohen. Das ist es, was der deutsche Stummfilm der zwanziger Jahre als gesellschaftliche Alternative seinem Publikum immer wieder angeboten hatte, was letztlich aus der Literatur des Expressionismus bereits, aus dem Protest gegen die bürgerliche Fron „von morgens bis mitternachts" und der Entdeckung einer neuen „Dirnenromantik" herkam.

Am offenkundigsten ist, wie sehr auch immer der Autor gegen moderne Massenmedien, eine technisierte Kunstübermittlung opponieren mochte, Hesses Beeinflussung durch den Film in der „Hochjagd auf Automobile". Hier arbeitet der Chaplinverehrer Hesse bösartig aggressiv zeitkritisch mit einer Slapstickkomik, wie er sie in den Kinos hatte kennenlernen können.

In diesem visionären bellum omnium contra omnes aus Überdruß an der Welt realisiert sich Hesses böse Zukunftsvision aus der *Nürnberger Reise* von den Amok laufenden Maschinen, da erwacht noch einmal in der Vorstellung von der hell und aufrichtig aus aller Augen lachenden Zerstörungs- und Mordlust der alte Nietzscheanismus als Versuch, die Weltgeschichte anarchistisch zu korrigieren: *Ich bin Theologe, und mein Vorfahr Luther hat seinerzeit den Fürsten und Reichen gegen die Bauern geholfen, das wollen wir jetzt ein bißchen korrigieren.*[23] Aber bei solcher Umkehrung der Geschichte soll dennoch nicht ein verratener sozialer Auftrag verspätet erfüllt werden. Statt dessen wird der idealisierte, von der platten ökonomischen Ausgangsfrage auf die sozusagen sublimere ideologische Ebene erhobene Malthusianismus bereits einer Wohlstandsgesellschaft ins Spiel gebracht: *Ja, es sind eben gar zu viele Menschen auf der Welt. Früher merkte man es nicht so. Aber jetzt, wo jeder nicht bloß Luft atmen, sondern auch ein Auto haben will, jetzt merkt man es eben.*[24] Das magische Theater gestattet auch den Ausdruck äußerster Vernunftfeindlichkeit: *Es ist nicht gut, wenn die Menschheit den Verstand überanstrengt und Dinge mit Hilfe der Vernunft zu ordnen sucht, die der Vernunft noch gar nicht zugänglich sind. Dann entstehen solche Ideale wie das des Amerikaners oder das der Bolschewiken, die beide außerordentlich vernünftig sind und die doch das Leben, weil sie es gar so naiv vereinfachen, furchtbar vergewaltigen und berauben. Das Bild des Menschen, einst ein hohes Ideal, ist im Begriff, zu einem Klischee zu werden. Wir Verrückten werden es vielleicht wieder adeln.*[25]

George Grosz,
Das Gesicht der
herrschenden
Klasse

Bei aller Ironie des Künstlers Hermann Hesse und allen
Tücken, die daher bei der Interpretation des *Steppenwolfs*
lauern, wird man in diesen Äußerungen eines so gar nicht
magischen Theaters, vielmehr einer ziemlich unmittelbaren, so
und nicht viel anders durchaus auch anderswo im Roman oder
Essay formulierten Auseinandersetzung mit Zeit und Umwelt
auch eine Grundposition Hermann Hesses erkennen müssen.
Seine romantisch antibourgeoise Verteidigung des Menschen
schlechthin folgt aus dem Mangel an Einsicht in den historischen Prozeß, aus der Unfähigkeit, das Wesen dieses Pro-
zesses zu erkennen. So bleibt es beim Bezug auf vielfach subjektiv verzerrt dargestellte Äußerlichkeiten, in der Gleichset-
zung von USA und Sowjetunion, später einer Unentschieden-
heit im Verhältnis zu Kommunisten und Faschisten bei einem
Zurückbleiben hinter den Erkenntnismöglichkeiten und -for-
derungen der Epoche. Das führt zu einer Abwertung des
Humanismus und wird literarisch folgenreich. Da gibt es in
Briefen aus dieser Zeit sehr ernst gemeinte Bekenntnisse zu
einem l'art pour l'art — wenn auch nicht im Sinne einer wirk-

lichkeitsfernen Formkunst, so doch als Ausdruck einer moralischen Nicht-Verantwortlichkeit. *Wir machen unsre Musik, und aus Mißverständnis wirft uns manchmal einer einen Groschen in den Hut, weil er glaubt, unsre Musik sei etwas Didaktisches oder Moralisches oder Gescheites. Wenn er wüßte, daß es bloß Musik ist, würde auch er weitergehen und seinen Groschen behalten* heißt es in einem Brief an Emmy Ball-Hennings.[26]

Die *Steppenwolf*-Aufzeichnungen geben zweierlei: Lebensbeichte Hallers (und Hesses) und auf einer zweiten Ebene visionären Ausgleich der Spannungen in Humor und Magie, die für Hesse engstens zusammengehören, aber eben doch nicht — wie der *Steppenwolf*-Traktat beweist — identisch und wertgleich sind. Nur allzu leicht bekommt Hesses Humor einen regressiven Zug, wird er zum Vehikel eines Rückzugs. „Humor ist Distanzgefühl", hat der junge Brecht formuliert.[27] Aber Hesses Distanz entbehrt der bei Brecht zunehmend eingeschlossenen und vorausgesetzten gesellschaftskritischen Aggressivität, bleibt vielmehr negierend kontemplativ und bedarf der Magie statt des kritischen Denkens. Das gibt diesem Werk auch den gedanklichen Konservatismus eines Unzeitgemäßen.

Die Aufzeichnungen des *Steppenwolfs* kulminieren in den Erscheinungen Goethes und Mozarts. Und beide Erscheinungen sind zugleich Akte der Identifikation Hallers, der sich bereits im Gespräch mit dem jungen Professor mit Goethe verglichen hat, mit dem Unsterblichen.

Mozart indessen als Figur eines magischen Theaters, als Inbegriff des Künstlers in der *Todeskälte des Weltraums*,[28] seine Musik als die ewige Norm: das alles führt — wie übrigens auch die phantastische Konstruktion des magischen Theaters, der Zusammenhang von Festsaal beziehungsweise Hotel und Theater — auf E. T. A. Hoffmann als Vorbild für Hermann Hesse, motivisch auf jene „fabelhafte Begebenheit" eines magischen Gesprächs, das ein reisender Enthusiast in seiner Loge mit der Darstellerin der Donna Anna über Mozarts „Don Giovanni" führte.[29]

Indessen, was den Bezug auf Hoffmann angeht, bleibt auch die Verzichtserklärung des Dichter-Komponisten der Hesseschen Konjekturalbiographie von 1925 bedenkenswert, die Dichtung habe er aufgeben müssen, denn alles, was er gestalten könne, sei im „Goldenen Topf" und im „Ofterdingen" schon tausendmal reiner gesagt.[30] Es steht also keineswegs zum besten mit einem Programm, das auf Flucht aus der Wirklichkeit in die Imagination, in die Magie hinausläuft. *Dieses magische Theater, sah ich, war kein reines Paradies, alle Höllen lagen unter seiner hübschen Oberfläche.*[31] Da bleibt der *Steppenwolf*-Roman am Ende offen; *Morgenlandfahrt* und *Glasperlenspiel* werden später — auf durchaus unterschiedliche Art und Weise — von der Unmöglichkeit solcher Lösung und von der Suche nach anderen Wegen handeln.

Die Begegnung mit den Unsterblichen ist für Hesse Erkenntnis aller Abgründe des Geistes unter blumiger Oberfläche bei Novalis, einer durch den Geist unterdrückten und gefährdeten Natur bei Hölderlin.[32] Das heißt: hier wird Korrektur ideologiegewordener Betrachtungsweisen angestrebt, eine antibourgeoise Literatur- und Geistesgeschichte für Steppenwölfe entwickelt.

Die Goethevision des in einer Vorstadtkneipe eingeschlafenen Haller gehört zu den großen humoristischen Szenen Hesses. Sie will Affront gegen den Salon-Goethe sein, und unversehens wiederholen sich im Dialog zwischen Haller und Goethe die Invektiven der deutschen Romantik gegen den Klassiker, worauf Goethe nur altersweise mit dem Bekenntnis zum Lebenwollen als Antrieb seines Schaffens, im übrigen aber ironischer Selbstaufhebung des Klassikeranspruchs antwortet. Ein naturnaher Goethe und der Mozart der „Zauberflöte" gehören für Hesse zusammen. Aber auch hier gibt es in diesem Buch und darüber hinaus in Hesses Denken um diese Zeit keine Auflösung schärfster Spannungen. Ein unklassischer Natur-Goethe und ein fast leverkühnisch in die Eiseskälte des Weltäthers entrückter Mozart offenbaren extrem schroffe Denkproblematik, keinen Ausgleich von Leben und Kunst. Zugleich liegt eben darin ein Grund, daß Hesse gerade nicht in der Art seines Freundes Ludwig Finckh zum beschaulichen Naturidylliker und aus dumpfer Heimatverbundenheit Parteigänger späterer Blut-und-Boden-Verehrer geworden ist. Die Größe dieses hier höchst modernen und problematischen Schriftstellers offenbart sich am deutlichsten in der wahrhaftigen Formulierung ihm unauflösbarer Spannungen.

Nicht minder als das Goethegespräch ist am Ende des Buches Hallers Gespräch mit Mozart von einem bösen Humor geprägt. Denn nicht nur die unverkennbare Beziehung, die es

zwischen Mozart und dem Saxophonisten Pablo gibt, gehört
dazu, sondern erst recht jene geradezu groteske Situation, da
Haller *feierlich wie ein Schullehrer*[33] vor Mozart über die Bedeutung des „Don Giovanni" zu dozieren beginnt. Da führt
sich eine kritische Intellektualität schließlich selbst ad ab-
surdum:

> *Gott befohlen,*
> *der Teufel wird dich holen,*
> *verhauen und versohlen*
> *für dein Schreiben und Kohlen,*
> *hast ja alles zusammengestohlen.*[34]

Das eben ist nicht Hesses, aber Hallers Dilemma. Dazu gehört auch das magische Theater, das eben darum zwar dem Dichter Hesse eine grotesk zugespitzte Gesellschaftskritik ermöglicht, aber für Haller keine Lösung von dessen Problematik bringt. Denn hier ist — einmal im Werk Hermann Hesses — der Versuch unternommen, Magie im Bereich des Zivilisatorischen eines technischen Zeitalters zu situieren. Da wird aber in der Tat die Selbsterkenntnis und Ich-Einigung, das twam asi der Upanishaden nicht erfahren, nur ironische Selbsthinrichtung auf doppelte Weise: daß Haller einerseits Hermine tötet, andererseits diesen Mord an einem Stück seiner selbst durch Lachen zurücknehmen muß. So bleibt alle Magie in diesem Buch innerhalb der attackierten Welt, führt nicht über sie hinaus, bleibt künstlich und bedeutet kein Aufgehen in der Natur (worauf sie im *Glasperlenspiel* schließlich als Quintessenz aus Hesses Aneignung und Verarbeitung östlichen Denkens hinausläuft). So jedenfalls ist Flucht vor der *Radiomusik des Lebens*[35] unmöglich.

Aber das Buch hat neben dem Herausgeberbericht und den Aufzeichnungen Hallers noch einen dritten Teil, auch eine dritte Ebene, auf der die Problematik erscheint: den Traktat vom Steppenwolf.[36] Es ist die theoretische Warnung vor einer Betrachtung der Welt und des eigenen Selbst durch die Brille sehr naiver, vereinfachender und umlügender Formeln — wozu Hesse nicht zuletzt auch die vom Steppenwolf, von dem Mensch-Tier-Kampf in Haller, den oft zitierten zwei faustischen Seelen zählt.

Nur für Verrückte sei, was sich in gesondertem farbigem Umschlag traktathaft anbietet, wie ein Märchen mit einem „Es war einmal" beginnt und sich dann als soziologisch-anthropologische Analyse des Steppenwolftypus entpuppt. Ironische Infragestellung der Hallerschen Aufzeichnungen ist einmal im Spiel. Denn hier wird nicht mehr und nicht weniger bestritten als Hallers Einzigartigkeit; der antibürgerliche Steppenwolf wird als notwendiger und durch seine kulturelle Produktivität erhaltender und eben nicht zerstörender Bestandteil einer sterilen Bürgerwelt verstanden. Die Steppenwölfe gehören zur Bürgerwelt, und die Bürgerwelt offenbart im magischen Theater ihren steppenwölfischen Charakter.

Im Krisenbuch vom *Steppenwolf* suchte Hesse Auswege aus der persönlichen Situation und der geistigen Lage der Zeit.

Zunächst bestimmt er — und es ist wiederum ein Urteil auch über ihn selbst und das eigene Werk — den Humor als *stets irgendwie bürgerlich*,[37] als versöhnlichen Ausweg. Magie; ohne die für Hesse die Welt nicht zu ertragen ist, führt zur Aufspaltung der Persönlichkeit, zum Pluralismus des magischen Theaters, zur Skepsis gegenüber dem Persönlichkeitsideal einer normativen klassizistischen Ästhetik, zur Bevorzugung der *Personenknäuel*, *Inkarnationsreihen*, in die aufgespalten und zusammengefaßt die Helden der altindischen Epen gesehen werden.[38] Möglichkeiten des Auswegs, der Menschwerdung erblickt Hesse nicht als regressiven Vorgang eines Zurück zur Natur. Jene achtungsvoll mitleidige Bewunderung für einen sterbenden Wolf, die er 1907 in einer kleinen Erzählung im „März" bekundet hatte und in der man die erste Ankündigung des Steppenwolfmotivs erkennen kann, zugleich die offenbare Beziehung zu einer berühmten Szene aus Leo Tolstois „Krieg und Frieden", ist nun nicht mehr möglich. Da bleibt im Gedicht vom Steppenwolf nur das gewalttätige Bild eines ruhelos streunenden, reißenden Raubtiers, der hemmungslose Aufschrei nach dem *Fleisch der anderen*.[39] Die Lösung ist nicht regressiv möglich, sondern nur als gefährlicher Progreß nach vorn: im Sinne der Schopenhauerschen Philosophie als Weg ins Schuldigwerden aus Individuation, aus Existenz, im Sinne Nietzsches als extreme Leidensbereitschaft und Vereinsamung des Genies, um das sich alle Bürgeratmosphäre zu eisigem Weltäther verdünnt.[40] Und hier stehen Hallers Aufzeichnungen und der Traktat nicht nur im bewußt von Hesse formulierten Widerspruch zueinander,[41] hier gibt es auch zwischen der am Ende verkündeten Radikaltrennung von Schein und Sein, Imagination und Wirklichkeit einerseits und den Überlegungen des Traktats andererseits Zusammenhänge, denn zunächst läuft auch, was da als *Wagnis der Menschwerdung*[42] apostrophiert wird, auf Negation der bürgerlichen Wirklichkeit hinaus, ohne daß da eine andere Wirklichkeit als Bereich menschlicher Möglichkeiten sichtbar würde. Bestandsaufnahme, Diagnose einer Zeitsituation ist Hesses Buch, Entdeckung der Welt hinter den Fassaden der Alltäglichkeit. Darin fühlte sich der Dichter einem Franz Kafka verwandt und meinte: *Er würde auch den „Steppenwolf" verstehen und goutieren und genau sehen, was hinter dieser Fassade steckt . . .*[43]

Franz Kafka

F. Kafka

Auch dieses ist für Hesses Geisteshaltung kennzeichnend: Als fünf Jahre nach dem *Steppenwolf* in Aldous Huxleys „Brave New World" der noch Mensch gebliebene Held den Zeitgenossen als „Wilder" erschien, lehnte Hesse als Rezensent Huxleys Zukunftsbild, die Berufung auf die Technik ab: *Ein Flugapparat und ein Projektil zum Monde sind gewiß ergötzliche Dinge, aber daß durch sie die Menschen und ihre Beziehungen untereinander wesentlich geändert werden könnten, mögen wir doch angesichts der Weltgeschichte nicht gerne glauben.*[44]

So hat sich der Dichter Hermann Hesse immer auf zweierlei beschränkt: im Bewußtsein unmöglich gewordener Klassizität auf das bekenntnishafte Aussprechen von Zeiterfahrungen zum einen, zum anderen auf einen bewußt gepflegten Konservatismus in der Berufung auf Literatur zwischen 1750 und 1850, auf eine aristokratische *Magie des Buches*. Philosophisch gesprochen gehören dazu das Beharren weitgehend auf Schopenhauerschen Positionen, die Ablehnung, den Gang der spätbürgerlichen Philosophiegeschichte über Nietzsche hinaus zu Heidegger mitzuvollziehen. Gegen die existenzphilosophische Glaubensformel vom „Geworfensein" des Menschen opponierte Hesse als gegen ein *nervös hysterisches Drapieren des Ungenügens ins scheinbar Tragische hinauf.*[45]

Imaginierte heile Welt

So also stand es um Hermann Hesse am Ende jener berühmt-berüchtigten „roaring twenties", von denen es in Klaus Manns Autobiographie „Der Wendepunkt" heißt: „Warum sollten wir stabiler sein als unsere Währung? Die deutsche Reichsmark tanzt: Wir tanzen mit! Millionen von unterernährten, korrumpierten, verzweifelt geilen, wütend vergnügungssüchtigen Männern und Frauen torkeln und taumeln dahin in Jazz-Delirien ... Man tanzt Hunger und Hysterie, Angst und Gier, Panik und Entsetzen. Mary Wigman — jeder Zoll eckige Erhabenheit, jede Geste eine dynamische Explosion — tanzt Weihevolles, mit Musik von Bach. Anita Berber — das Gesicht zur grellen Maske erstarrt unter dem schaurigen Gelock der purpurnen Coiffure — tanzt den Koitus ... Ein geschlagenes, verarmtes, demoralisiertes Volk sucht Vergessen im Tanz."[1] Allein nicht nur dort. Ein Schwabe, Joachim G. Boeckh, pries bereits die Treue, die erst „aus einer Menge zusammengewürfelter Menschen ein Junges Volk" macht,[2] Ernst Jünger dekretierte: „Es gibt nur eine Masse, die nicht lächerlich wirkt: das Heer"[3], und der stets latent gewesene Antisemitismus drängte nach vorn — in der Literatur und in der Wirklichkeit, als der Mord an Walther Rathenau 1922 als „deutsche Notwehr" zumindest entschuldigt wurde: „Der dümmste Deutsche ist als Außenminister erträglicher als der klügste Jude."[4] Schon sehr zeitig hatte sich zu Beginn der zwanziger Jahre die Entwicklung zum Faschismus angedeutet — nicht nur darin, daß Robert Musil die „geistige Diktatorenverehrung" bis hin zu Klages und Heidegger als „ein Bedürfnis nach Herrschaft und Führerschaft, nach dem Wesen des Heilands" schon lange vor Mussolini, Hitler und Franco feststellte.[5] Auch Hesses Briefwechsel mit jungen Menschen zeugt von solchen Tendenzen. Bereits 1922 schrieb er an Rolland: *In Deutschland drüben hat die geistige Stimmung etwas Anarchisches, aber auch Religiös-Fanatisches, es ist eine Stimmung wie bei Weltuntergang und kommendem tausendjährigem Reich da.*[6]
Hermann Hesse machte sich in jenen Jahren über den Gang

der Dinge und den Verlauf der Geschichte, zumindest was eine negative Entwicklung anging, die zum 30. Januar 1933 führte, gewiß wenig Illusionen. In einem Brief an Thomas Mann heißt es: *Deutschland hat es versäumt, seine eigene Revolution zu machen und seine eigene Form zu finden. Seine Zukunft ist die Bolschewisierung ... Und leider wird ihr ohne Zweifel eine blutige Welle weißen Terrors vorangehen.*[7] Die politische Entwicklung in Deutschland auf dem Höhepunkt der Weltwirtschaftskrise provozierte auch einige von Hesses politisch klarsten und entschiedensten Äußerungen, allerdings nur im privaten Briefwechsel formulierten Einsichten in die historischen Fehler der deutschen Sozialdemokratie, bei der er revolutionäre Konsequenz vermißte. So schrieb Hesse an Wiegand: *Es freut mich, daß wir beide im Politischen fast überall einig sind. Was mir fehlt und worüber ich gern einmal mit Ihnen spräche, ist eine wirkliche Verdauung des Marx und damit die Möglichkeit einer Stellungnahme zu Kommunismus, Revolution etc. So einig ich mit Ihnen nach rechts hin bin, so teile ich doch ein klein wenig die kommunistische Aversion gegen die deutschen Menschewiki, die Patrioten anno 14 waren und Patrioten heute sind, die an der Revolution nicht teilgenommen haben, den Eisner wie den Liebknecht im Stich gelassen haben, aber als Erben auf deren Stühlen sitzen. Ich bin keine revolutionäre Natur, weiß Gott nicht, aber wenn schon Revolution und Machtkampf, dann auch durchführen und Ernst machen ...*

In diesem großen Bekenntnisbrief an Heinrich Wiegand hat Hesse seine bittere *Verachtung für die deutsche Sozialdemokratie* bekundet, *die weder irgend etwas zum Zustandekommen der Revolution noch zur edlen Ausnutzung derselben getan hat, sondern als dummer fetter Erbe auf den Leichen Liebknechts, Landauers etc. sitzt, welche Persönlichkeiten sie alle ebenso bekämpft, gehaßt und sabotiert hat wie sie es jedem Geist gegenüber tut ...*[8] Überschaut man die Stellungnahmen eben jener Leipziger sozialdemokratischen Presse, für die Wiegand als Musikkritiker tätig war, zur politischen Entwicklung in Deutschland, so wird man angesichts eines ganz vordergründigen Antikommunismus der Hesseschen Kritik vielfach zustimmen müssen.

Akzeptables, historisch Bestätigtes mischt sich hier mit Apriori-Vorstellungen und einem bürgerlichen Denkklischee von der Geistfeindlichkeit der Arbeiterbewegung, die noch lange nicht so weit sei, daß „Karl Marx den Friedrich Höl-

Otto Dix, Die Großstadt

derlin gelesen hat"[9]. Das klingt auch mit, wenn Hesse in dem erwähnten Brief hinzusetzt: *Ich weiß und fühle, daß Sie bei dieser Partei sind und bleiben, weil Stärkeres da ist als alle Kritik und weil Sie keinen anderen Weg sehen, Ihren echten Sozialismus doch irgendwie zur Wirkung zu bringen. Also in dieser Richtung, hoffe ich, gibt es keine Mißverständnisse. Ich wollte nur von meiner Abneigung kein Hehl machen, sie gilt jener Verhudelung, Verflachung und Feigheit des Geistes, für welche keine Einmaligkeit, keine Persönlichkeit, keine Tragik, also im Grunde auch keine Kunst existiert, die aber nicht klar und nicht mutig genug ist, das zuzugeben.*[10]

Davon zog sich Hesse zurück auf eine elitäre Steppenwolf-Position, auf einen geistigen Aristokratismus, in dem er sich mit André Gide, auch mit Karl Jaspers und dessen Warnung vor der Preisgabe eines *Anspruchs des Selbstseins* in der Schrift *Die geistige Situation der Zeit* berührte und der ihn Ortega y Gassets „Aufstand der Massen" lebhaft empfehlen ließ als *eine Warnung der Geistigen an die Dumpfen, der Aristokraten an die*

181

Fahnenträger der kollektiven Ideale, einen Protest der Persönlichkeit gegen die Massen.[11] Und er schreibt: *Ich habe, trotz allem, in der Französischen Revolution von 1789 nie die Revolution geliebt und bewundert, sondern stets die in guter Haltung sterbenden Aristokraten.*[12] Die Schlußfolgerung heißt: *Es ist heute an uns, möglichst mit Haltung unterzugehen.*[13] Durch solches Elitedenken abgelöst vom Volk, vermag Hesse keinen Zugang zu den geschichtlichen Bewegungen der Epoche zu gewinnen, bleibt nur Defätismus übrig. Von hier aus erschließen sich Werk und Wirken Hesses in den nachfolgenden Jahren politisch.

So wie hier im Politischen die Bindung an eine von der deutschen Romantik sich herleitende Tradition, die den Gebildeten gegen die ungebildete Masse ausspielt, besonders augenfällig wird, so erscheint auch das nächste große Werk des Dichters, die Erzählung *Narziß und Goldmund,* in starker Abhängigkeit von romantischer Überlieferung, nicht zuletzt von Franz Baaders „Fermenta Cognitionis" und der dort vertretenen Auffassung von der Eva und Maria in jeder Frau,[14] womit Hesse auch noch einmal, psychoanalytische Theorien ebenso aufnehmend wie Bachofens Muttermythos, partiell zur Demiangeschichte zurückkehrte.

Das Buch, das 1930 herauskam, wurde von einem durch die Radikalität des *Steppenwolfs* erschreckten Publikum als willkommene Heimkehr des Dichters in vertraute romantische Bereiche begrüßt und entsprechend gepriesen.[15]

In diesem neuen Werk erscheint am stärksten — wohl auch als bewußt gewähltes Gegengewicht gegen die Rückgriffe auf charakteristische Gestaltungselemente: das Klosterthema,[16] die Figurenantithetik, die Naturromantik — die Hesse-Problematik objektiviert zu einer Erzählung von Vorgängen, zum Bericht. Der Dichter ist „raunender Beschwörer des Imperfekts"[17].

Dieses an äußerer Handlung reichste Buch Hermann Hesses, die Geschichte von Goldmunds Lehr- und Wanderjahren in der Welt, bis er ein Künstler geworden, ist angefüllt und attraktiv gemacht durch eine Vielzahl erotischer Szenen, in denen der Dichter wie bisher in keinem seiner Werke die Hingabe an natürliche Sinnlichkeit preisen möchte. Daß er es eben dabei nicht bewenden läßt, daß dem Buch tiefere Bedeutung gegeben wird, macht die Erzählung von 1930 freilich so fragwürdig und vielfach auch so fatal. „Das Verhältnis dieses schwäbischen Lyrikers und Idyllikers zur Sphäre der Wiener erotologischen ‚Tiefenpsychologie‘, wie es sich etwa in ‚Narziß und Goldmund‘, einer in ihrer Reinheit und Interessantheit durchaus einzigartigen Romandichtung, kundgibt, ist ein geistiges Paradoxon der anziehendsten Art“, meinte Thomas Mann, trotz wortreichen Lobes nicht ohne einen Unterton von Reserviertheit und erstauntem Zweifel gegenüber dieser Leistung des Freundes.[18] Denn gar nicht selten ist um vieles krasser als im *Demian*, auf dessen sehr anfechtbare Stellen Walter Killy gelegentlich nicht unberechtigt hingewiesen hat, die Nähe zum Kitsch gefährlich groß — sprachlich etwa in einer Dialogpassage, wenn der Autor eine liebende Frau *glühend flüstern* läßt: *Von dir, du süßer Goldfisch, möchte ich ein Kind haben! Und noch lieber möchte ich an dir sterben. Trink mich aus, Geliebter, schmilz mich, töte mich!*[19] Kompositorisch liegt auf dieser Linie die durchaus kolportagehaft als mäßige Filmkulisse einmontierte pestheimgesuchte Stadt. Und gedanklich macht es sich der Autor mit seiner Antithetik von Künstler und Denker, Goldmund und Narziß einigermaßen leicht, wenn er gerade in der Disputation seiner beiden Titelhelden zum Schluß entgegen eigener besserer Proklamation das Denken eines mittelalterlichen Mönches extrem vereinfacht. Ob man da noch — auch angesichts mancher „peinlichen Abgeschmacktheit“[20], des barbarischen Kitsches schließlich jener Szene, da die soeben vergewaltigte Lene *voll Wollust und Bewunderung* zusieht, *wie ihr starker Geliebter den Eindringling dahinschleppte, wie er ihn würgte, wie er ihm das Genick brach und seinen Leichnam von sich schmiß*, worauf sie sich jubelnd aufrichtet und Goldmund ans Herz fällt, ehe sie ohnmächtig wird[21] —, ob man da noch mit Ernst Robert Curtius ein „wundervoll farbiges Bild aus deutschem Mittelalter, in dem Romantik und Realistik verschmolzen sind“[22], erblicken darf, mag bezweifelt werden. Zumindest aber scheint das Postulat zweifelhaft und anfechtbar: „Kein Werk von Hesse hat größere Anwartschaft darauf, in den Bestand unserer Dichtung einzugehen. Es ist ein ganz deutsches Buch, unberührt von der Verführung des Ostens, die den Dichter schon damals umspann.“[23] Der Gedanke scheint jedenfalls nicht ganz von der Hand zu weisen, es handle sich hier nicht um ein eklatantes Fehlurteil allein, dahinter stehe der von Thomas Mann gelegentlich gerügte politische Provinzialismus eines in seinem

Fache außerordentlichen und außerordentlich weltoffenen Gelehrten.

Das eben ist das Dilemma von Hesses Buch, daß es bei aller Objektivierung doch keineswegs ein historisch genau gearbeiteter Roman ist, daß es auch wieder nur verschlüsselt Bruchstück einer Hesseschen großen Konfession sein möchte, die unaufgelöste Dissonanz in der Begegnung Harry Hallers mit Pablo, des kritischen Geistes mit dem augenblickshingegebenen Künstlertum durch Transzendierung parteiisch zugunsten des Künstlers so zu lösen trachtet, daß der Intellektuelle als der Mann ohne Mutterbindung den Rückweg zur Natur im Tode nicht zu finden vermag.[24]

Die Art und Weise, wie Hesse Goldmunds Künstlertum aus der traumhaft emporgeholten Mutterwelt sich offenbaren und in der hypertrophen Gestaltung des Phallus sich bekunden läßt, zeigt in absichtsvoller Konstruktion die Aufnahme und Verarbeitung psychoanalytischer Erkenntnisse und Theorien Sigmund Freuds. Augenfällig sind auch Parallelen zur Entwicklung moderner Kunst mit ihrer Wiederentdeckung einer Kunst der Primitiven, aber auch Beziehungen etwa zu der auch von Freud beeinflußten, dennoch weitgehend selbständiger Umwertung der menschlichen Sexualität als Widerpart christlicher Sittlichkeit bei Rilke.[25] Wie wenig es sich bei Hesse um die einfache Nutzung wissenschaftlichen Materials für die Konstruktion seines Buches handelt, wie weit Gemeinsamkeiten mit kulturphilosophischen Überlegungen Freuds gehen, erweisen die deutlichen Berührungspunkte, die es zu Freuds Essay von 1930 über „Das Unbehagen in der Kultur" gibt. Da geht es — im Gespräch des Psychoanalytikers mit Romain Rolland — genau um jene Problematik, die bereits das Gespräch Hallers mit Mozart im *Steppenwolf* beherrscht hatte: die Integrität des Ich, die Beziehung zur Außenwelt in Zeit und Raum.

Kunstproduktion ist in *Narziß und Goldmund* das Wiederaufholen einer göttlichen Bilderschrift, ist Gestaltung von Eva und Maria, der Mutter und der jungfräulichen Geliebten, der Johannesstatue, die Goldmund nach dem Bilde seines Freundes Narziß, der Maria, die er nach dem Bilde der Geliebten Lydia, fertigt.

Narziß und Goldmund — das ist personifiziert die behauptete Gegenüberstellung von Wissenschaft und Kunst, Denken und

Fühlen. Aber in der Beziehung der Freunde zueinander hat Narziß auch eine Funktion, die für Goldmund keine der vielen Frauen, denen er begegnete, zu erfüllen vermag, die der Hermines für Haller im *Steppenwolf* vielleicht vergleichbar ist, insofern Hermine Teil von Hallers Wesen und Bild des Jugendfreundes Hermann ist. Die Frage lag nahe, wieweit es sich dabei in *Narziß und Goldmund* um homoerotische Beziehungen handelt, wie Hesse persönlich es hier hält. Das war zu jener Zeit ein bevorzugtes Thema, u. a. auch in Stefan Zweigs bei hoher Wortkunst doch ein wenig fataler „Verwirrung der Gefühle". Entsprechende Fragen waren einige Jahre zuvor anläßlich des „Todes in Venedig" auch an Thomas Mann gerichtet worden, und er hatte 1920 darauf geantwortet.[26] Charakteristisch für ihn — und das verbindet ihn mit Hesse — ist der Versuch, aus dem Hölderlinvers „Wer das Tiefste gedacht, liebt das Lebendigste"[27] eine Art Programm zu machen. Hermann Hesse erklärte, *was die Freundschaften Goldmund — Narziß, Veraguth — Burckhardt, Hesse — Knulp etc. betrifft. Daß diese Freundschaften, weil zwischen Männern bestehend, völlig frei von Erotik seien, ist ein Irrtum. Ich bin geschlechtlich „normal" und habe nie körperlich erotische Beziehungen zu Männern gehabt, aber die Freundschaften deshalb für völlig unerotisch zu halten, scheint mir doch falsch zu sein. Im Fall Narziß ist es besonders klar. Goldmund bedeutet für Narziß nicht nur den Freund und nicht nur die Kunst, er bedeutet für Narziß auch die Liebe, die Sinnenwärme, das Begehrte und Verbotene.*[28] Der psychoanalytische Apparat in *Narziß und Goldmund* dient dazu, eine ästhetische Konzeption zu verwirklichen, die Hesse 1907 in einer Rezension des „Grünen Heinrich" von Gottfried Keller absolut formuliert hatte: *Denn bleibend ist nur das Sinnbild, nie das Abbild.*[29] Das war eine so eigenwillige wie anfechtbare Gottfried-Keller-Interpretation. Als Grundmaxime des Erzählers Hermann Hesse führte das schon früh zur Symbolik in seinen Märchen, zu den Figurenkonstruktionen, wie sie im *Demian* und im *Steppenwolf* gegeben sind. Wirklichkeit, vom Dichter zwar reizempfindlich aufgenommen, wird auf den in ihr entdeckten Sinnbildwert reduziert, und selbst der farbigste Detailrealismus, wie er in *Narziß und Goldmund* zu beobachten ist, wird in solche Funktion gedrängt. Übrigens ergeben sich aus solcher Haltung zur Wirklichkeit auch Gattungs- und Genreprobleme in Hesses Werk. Die Reduktion des Romanhaften auf den Mechanismus der Symbole, des Sinnbildes, die stilistische Brüchigkeit und unverkennbare Überdirektheit in *Narziß und Goldmund* zeitigte im *Glasperlenspiel* die Auflösung des Romans ins Essayistische und die Fiktionen von Lebensläufen. Ästhetisch mußten in *Narziß und Goldmund* Brüche entstehen, wo formal ein Höchstmaß an objektivierter Darstellung prätendiert ist, mit dem Bilder- und Situationsrepertoire romantischer Dichtung noch einmal zeitgenössische Literatur des 20. Jahrhunderts geschrieben werden soll. Da denkt man wohl an Musils boshaft kritische Tagebuchnotiz: „Germanist. Schwärmt für die Naturschilderungen bei Stifter. Und findet, daß sie nur Ginzkey an einer Stelle überboten hat. Wo liegt da der Urteilsfehler?"[30]

Hesse weiß natürlich um die Gefährdung des Künstlers, zum Bürger, zum Handwerker zu werden. „Und wenn er auch so leicht tut, er ist verkleidet, und er wird ein Bürger und geht durch seine Küche in die Wohnung", heißt es bei Rilke in der 4. Duineser Elegie.[31] Aber während dort aus dem Aussprechen schroff empfundener Entfremdung zugleich ein neuer Zugang zur Wirklichkeit gewonnen wird, scheint bei Hesse in *Narziß und Goldmund* preisgegeben, was an kritischem Erfassen der Wirklichkeit im *Steppenwolf* erreicht war, gibt es vielmehr eine romantisch regressive Abbiegung. Nicht allein der unumgängliche Vergleich mit dem *Steppenwolf*, auch ein Blick auf Thomas Manns Behandlung der Künstlerproblematik, die schließlich im „Doktor Faustus" ihren lange vorbereiteten Höhepunkt erreicht, macht die Fragwürdigkeit des Hesseschen Buches evident. Skepsis hinsichtlich der sozialen Leistung, auch Leistungsfähigkeit der Intellektuellen bei Hesse gegenüber Harry Haller, bei Thomas Mann dann gegenüber Zeitblom erscheint als Verbindendes. Und eben diese bemerkenswerten Beziehungen, die zwischen Hesses *Steppenwolf* und Thomas Manns Altersroman gesehen werden können, mögen den Vergleich wohl rechtfertigen. Thomas Manns bei aller Sympathie und Identifizierung schärfer in der Leverkühnfigur die Gefährdungen des Künstlers offenbarender Darstellung steht bei Hesse 1930 eine eher romantische Verklärung der problematischen Künstlerpersönlichkeit, ein Bekenntnis zu ihr als Bekenntnis zu eigener Ungesichertheit und angestrebter Sicherung in einer imaginierten Welt des Heilen, Klassischen, Humanen gegenüber. Und dafür kam Hesse die Psychoanalyse durchaus gelegen — wie Thomas Mann meinte: „die einzige Erscheinungsform des modernen Anti-Rationalismus..., welche keinerlei Handhabe bietet zu reaktionärem Mißbrauch."[32]

Hesse hat in dem 1928 am 2. Dezember niedergeschriebenen Bericht einer *Arbeitsnacht* sein neues Buch auch der Gattung nach in Zusammenhänge der romantischen Literatur zu stellen getrachtet, es mit dem „Ofterdingen" und dem „Hyperion" verglichen.[33] Und er hat über den Schaffensprozeß Auskunft gegeben: *Eine neue Dichtung beginnt für mich in dem Augenblick zu entstehen, wo eine Figur mir sichtbar wird, welche für eine Weile Symbol und Träger meines Erlebens, meiner Gedanken, meiner Probleme werden kann. Die Erscheinung dieser mythischen Person (Peter Camenzind, Knulp, Demian, Siddharta, Harry Haller usw.) ist der schöpferische Augenblick, aus dem alles entsteht.*[34] Schwerer als die *Seelenbiographien..., Monologe, in denen eine einzige Person, eben jene mythische Figur, in ihren Beziehungen zur Welt und zum eigenen Ich betrachtet wird,*[35] fällt Hesse *eine „spannende"* Seite.[36] Das berührt in der Tat die Grundproblematik von Hesses Position. Und zugleich verweist das auf Probleme der Romanentwicklung im 20. Jahrhundert. Im Hinblick auf die Hessesche Werkentwicklung läßt sich feststellen, daß ein zeitweiliger, erheblich an der Wirklichkeit orientierter Ansatz zunehmend verlorengegangen ist. Nach dem *Peter Camenzind* und *Unterm Rad* wurden die Geschichten immer kleiner, ergab die abgebildete Wirklichkeit immer weniger Substanz, *eine spannende Seite* zu füllen. Auch theoretisch vollzog Hesse eine Abkehr von einer Traditionslinie, von der er herkommt und für die der Name Gottfried Keller steht. Eine Uminterpretation, die das Sinnbild vor das Abbild stellt, ist der Beginn, der Abschied von „Seldwyla im Abendschein" eine endgültige Absage. Hesse hat im Grunde einen bescheidenen, aus der persönlichen Erfahrung genommenen Wirklichkeitsvorrat literarisch aufgebraucht. So verliert der darzustellende reale Vorgang, eine reale Gestalt auch für den Schriftsteller Hermann Hesse an Repräsentationskraft, die objektiv den Randsiedlern des Lebens ohnehin nicht eignet. Spätestens vom *Demian* an sucht Hesse, aus Mangel an gestaltbarer, in ihrer Symbolik zu analysierender Wirklichkeit, den Ausweg in der Symbolkonstruktion, in der Bevorzugung des Sinnbildes vor dem Abbild. Literarhistorisch gesehen, bedeutet das Preisgabe der realistischen Tradition, Verzicht darauf, diese Tradition mit den Mitteln und unter den Bedingungen des Romans im 20. Jahrhundert weiterzuentwickeln, statt dessen Orientierung auf den kritischen Subjektivismus der Romantik. Von daher werden die ironisch-kritischen Montagen im *Steppenwolf* ebenso möglich wie eine Auflösung des Politischen in der Konstruktion einer Elitewelt in der *Morgenlandfahrt* wie schließlich im *Glasperlenspiel* eine lyrisch-essayistische Auseinandersetzung mit der Epoche, wobei zwar eine ironische Historisierung der Handlung im Sinne einer Distanzierung fast bis ins Mythische erfolgt, aber gerade die reale Historie, auf die der Roman natürlich, wie verschlüsselt und überhöht auch immer, zielt im Gegensatz etwa zu Thomas Manns intensiver Gesellschaftsanalyse im ,,Doktor Faustus" gründlich ausgespart bleibt. In einer Situation, da seine Dichtung ihrem Gehalt wie ihrer Form nach offenkundig im Gegensatz zur Zeit steht, fragt er sich auch nach dem Sinn seines Tuns. Von *Bemühung um die Bildung unserer Seele*[37] wird gesprochen, aber schließlich trotzig bekannt: *Ich wußte wieder, daß alles Glück der Glücklichen, alle Rekorde und alle Gesundheit der Sportsleute, alles Geld der Geldleute, alle Berühmtheit der Boxer mir nichts bedeuten würden, wenn ich dafür auch nur das Mindeste von meinem Eigensinn und meiner Leidenschaft hergeben müßte. Ich wußte auch, daß es auf alle die historischen und gedanklichen Begründungen für den Wert meiner ,,romantischen" Bestrebungen gar nicht ankam, sondern daß ich meine Spiele treiben und meine Figuren gestalten würde, auch wenn aller Verstand, alle Moral und alle Weisheit gegen sie spräche. Mit dieser Gewißheit ging ich zu Bett, stark wie ein Riese.*[38]

Das alles war als Reaktion auf eine Zeit gedacht, an deren progressive demokratische Möglichkeiten und Perspektiven der Dichter nicht mehr glaubte. Drastisch meinte er: *Das Leben in dieser Welt und Zeit schmeckt wie preußisches Essen mit sächsischem Kaffee.*[39] Darum trat er auch 1930 aus der Preußischen Akademie der Künste endgültig aus. Der Hinweis auf seine Schweizer Staatsbürgerschaft und einen Widerspruch zwischen der Mitgliedschaft in einer preußischen Akademie und gleichzeitiger Nichtzugehörigkeit zum Reich ist nur vorgeschoben. Offen sagte Hesse: *Ich bin nicht mißtrauisch gegen den jetzigen Staat, weil er neu und republikanisch, sondern weil er mir beides zu wenig ist. Ich kann nie ganz vergessen, daß der preußische Staat und sein Kultusministerium, die Schirmherren der Akademie, zugleich die verantwortliche Instanz für die Universitäten und ihren fatalen Ungeist sind, und ich sehe in dem Versuch, die „freien" Geister in einer Akademie zu vereinen, ein wenig auch den Versuch, diese oft unbequemen Kritiker des Offiziellen leichter im Zaume zu halten.*[40] Und als sich Thomas Mann, dessen Bruder Heinrich 1931 Vorsitzender der Sektion für Dichtkunst geworden war, um deren Gefährdung durch Austritte und Spaltungsversuche abzuwenden, nochmals vermittelnd an Hesse wandte, fiel die Antwort um ein erhebliches schroffer, bei historisch gesehen gewiß richtiger Beurteilung der Lage ungerecht gegen Heinrich Manns Bemühungen[41] um eine gesellschaftliche Funktion der Akademie aus: *Also: der letzte Grund meines Unvermögens zur Einordnung in eine offizielle deutsche Korporation ist mein tiefes Mißtrauen gegen die deutsche Republik. Dieser haltlose und geistlose Staat ist entstanden aus dem Vacuum, aus der Erschöpfung nach dem Kriege. Die paar guten Geister der „Revolution", welche keine war, sind totgeschlagen, unter Billigung von 99 Prozent des Volkes. Die Gerichte sind ungerecht, die Beamten gleichgültig, das Volk vollkommen infantil... So sehe ich die Dinge seit langem, und so sympathisch mir die kleine Minderheit der gutgewillten Republikaner ist, ich halte sie für vollkommen machtlos und zukunftslos, für ebenso zukunftslos, wie es einst die sympathische Gesinnung Uhlands und seiner Freunde in der Frankfurter Paulskirche war.*[42] So verband sich zutreffende Kunstkritik mit Geschichtspessimismus und Quietismus. Gerade diese Haltung ist für Hermann Hesse außerordentlich charakteristisch. Aus dem Unbehagen an einer nur in ihren Äußerlichkeiten wahrgenommenen Umwelt erfolgen Rückzüge auf die Innerlichkeit. Die *kleine Minderheit der gutgewillten Republikaner* erscheint romantisiert und idealisiert, weil der enttäuschte, zumeist nur persönlich mißlaunisch reagierende Autor keine Anstrengungen unternimmt, diese Minderheit aus ihrer Isoliertheit herauszuführen an die Seite ihrer potentiellen Verbündeten. Während unmittelbar gleichzeitig Thomas Mann in seiner „Deutschen Ansprache" von 1930 einen „Appell an die Vernunft" formulierte und mit großer politischer Schärfe — bei durchaus vorhandenen Mißverständnissen im einzelnen — für die Überwindung hochmütiger bürgerlicher Ablehnung der gesellschaftlichen Klassenidee sprach und dem deutschen Bürgertum seinen Platz an der Seite der deutschen

Sozialdemokratie anwies, vollzog Hesse diesen komplizierten geistigen Entwicklungsprozeß nicht mit. Thomas Mann hat Illusionen über die deutsche Sozialdemokratie wie die Weimarer Republik und eine friedliche Revision des Versailler Vertrages durch die Außenpolitik Stresemanns schließlich auch zu revidieren gehabt. Aber für ihn führte der Weg vom Appell an die Vernunft, vom Engagement für die Demokratie folgerichtig in die politische Aktivität in der Emigration, zur Einreihung in die „humanistische Front".

Vor den geistigen wie praktischen Konsequenzen seiner gewiß illusionslosen Kritik an vielen Erscheinungen der Weimarer Republik hat sich Hesse in die Isolation begeben, seine Wirksamkeit auf einen kleinen Kreis Eingeweihter und Gleichgesinnter beschränkend.

Der schöpferische Künstler opponierte gegen einen pseudokritischen Feuilletonismus der Tageskritik und wohl auch Literaturwissenschaft in einem Lande, *wo man sowohl Minister wie Universitätsprofessor werden kann, ohne Deutsch zu können,*[43] und *im Sport- oder Handelsteil einer durchschnittlichen Zeitung sehr viel sachlicher und gewissenhafter gearbeitet (wird) als im Feuilleton.*[44] Brecht hatte aus der gleichen Erfahrung seine Konsequenz gezogen, indem er sich an die „Fachleute" wandte, an die Boxspezialisten wie dann an die Kenner der politischen Ökonomie und der marxistischen Philosophie. Hesse diagnostizierte zwar einen Zustand, da eine beamtete Kritik sich mit ephemerer Unterhaltungsliteratur abgibt und für die Werke von Ewigkeitswert nicht zuständig ist, ihnen gegenüber auch versagen würde, da sie unangemessene Kriterien anlege. Aber er plädierte für eine idealistische Dichtung, deren *Stoff* nicht gewählt, sondern Ursubstanz, *des Dichters Vision und Seelenerlebnis*[45] ist. Ihr mit Ehrfurcht zu begegnen, sie als autonomes Kunstwerk zu verstehen und nicht als Vorwand und Stoff *rationalisierender und moralisierender Biographie,*[46] ist seine Forderung. Und so erinnert er an die großen künstlerischen Leistungen der Vergangenheit.

Die Suche nach dem Zeitlosen, Gültigen hatte auch die kleine Schrift *Eine Bibliothek der Weltliteratur* geprägt, die zuerst 1929 in Reclams Universal-Bibliothek erschienen war. Hier führte Hesse seine Betrachtung freilich nur bis an die Grenze der eigenen Epoche, die Kommentierung der Gegenwartsliteratur in Reclams Universal-Bibliothek einem minder Würdigen,

Dr. Paul Fechter nämlich, überlassend.[47] Die französische Poesie endete für ihn bei Verlaine, die deutsche Literatur bei Wilhelm Raabe. Es fehlen Rilke und Kafka, man vermißt Thomas und Heinrich Mann, Hugo von Hofmannsthal oder Gerhart Hauptmann, von den Jüngeren ganz zu schweigen. Als Rezensent russischer und sowjetischer Literatur hat Hesse zwar die Dichtung von Puschkin bis Gorki, vor allem das Werk Dostojewskis zu schätzen gewußt, gelegentlich auch Andrejew und Babel zur Kenntnis genommen, aber Majakowski, Block und Scholochow völlig ignoriert. Dabei wandte sich Hesse mit seinem Muster einer Bibliothek der Weltliteratur an die Leser fünf Jahre, nachdem der „Zauberberg" erschienen war, zwei nach dem „Streit um den Sergeanten Grischa", ein Jahr nach der „Dreigroschenoper" und dem „Aufstand der Fischer von Sankt Barbara". Im gleichen Jahre 1929 erschienen Döblins „Berlin Alexanderplatz", Remarques „Im Westen nichts Neues", Wolfs „Cyankali" und die deutsche Übersetzung des ersten Bandes von Scholochows „Stillem Don". Was also mochte einen Kenner der modernen Literatur, einen Schriftsteller dieses 20. Jahrhunderts veranlassen, mit solch eigentümlich rückwärts gewandtem Akzent den Zeitgenossen Brechts und Prousts, Majakowskis und Gorkis, Pirandellos und Hemingways die Predigten Taulers, indische und chinesische Weisheitslehren anzubieten? Gewiß gehörten die Dichtungen des 18. Jahrhunderts zu den frühesten Leseerlebnissen des jungen Hermann Hesse, die ihn prägten und denen er allzeit eine besondere Liebe bewahrt hat. Daß indessen auch noch oder gerade erst recht der Autor des *Steppenwolfs* an die Weiße oder Rabener, Rammler und Gellert, Bodmer und Geßner, Eckartshausen und Hippel erinnert, ist ein Bekenntnis zum Konservativen, so wie sich Hesse 1925 im *Kurzgefaßten Lebenslauf* auf die konservativen Religionen des Konfuzius, Brahma und der römisch-katholischen Kirche berufen hatte. Zugleich ist er dem Gefährdeten und Problematischen gegenüber keineswegs reizunempfindlich, nur daß er es gewissermaßen entschuldigend, gleichsam mit schlechtem Gewissen vorstellt: *Chesterfields Briefe an seinen Sohn sind kein tugendhaftes Buch, aber nehmen wir es doch auf... Und von dem unglücklichen de Quincey nehmen wir, obwohl sie ein sehr pathologisches Buch sind, die Bekenntnisse eines Opiumessers.*[48] Das ist gedacht und gesprochen in der Art eines Moralisten des 18. Jahrhunderts,

und in der Tat hat Hesses Idee der Bildung starke Rückverbindungen zur geistigen Sphäre des Guten und Schönen
Shaftesburyscher Prägung und einer ästhetischen Erziehung
des Menschen im Sinne Friedrich Schillers.

Die *Magie des Buches* — wie ein Aufsatz von 1930 betitelt
ist — erfährt nur eine Elite. *Man kann Erkenntnisse oder Dichtungen, welche bisher der geheime Besitz und Schatz weniger waren,
den vielen zugänglich machen, ja sogar die vielen zwingen, jene
Schätze kennenzulernen. Aber das alles geht an der obersten
Oberfläche vor sich, und in Wirklichkeit ist nichts in der Welt des
Geistes anders geworden, seit Luther die Bibel übersetzt und
Gutenberg die Presse erfunden hat. Die ganze Magie ist noch da,
und noch immer ist der Geist das Geheimnis einer hierarchisch
geordneten kleinen Schar von Bevorzugten, nur daß die Schar
anonym geworden ist.*[49]

Hesse übernimmt für seine *Bibliothek der Weltliteratur* den
Goetheschen Begriff der Weltliteratur, insofern es darauf
ankommt, aus einer Vielzahl der Nationalliteraturen das Gute
anzueignen. Zugleich werden wesentliche Elemente des
Goetheschen Begriffs aber anders verstanden oder negiert:
Musterhaft galt Goethe nicht etwa ein Besonderes der einen
oder anderen nationalen Literatur, sondern das Wirken der
alten Griechen, ,,in deren Werken stets der schöne Mensch
dargestellt ist‘‘[50]. Solch klassischen Humanismus ersetzt Hesse
durch romantische Religiosität oder religiös in einem nicht
konfessionell gebundenen Sinne aufgefaßte Romantik. Dabei
opfert er in seiner Betrachtung wesentlich den Goetheschen
Gedanken einer historischen Würdigung der unter dem Begriff
Weltliteratur versammelten Werke. Ihm ist jedes Werk ,,un-
mittelbar zu Gott‘‘[51].

Die *Bibliothek der Weltliteratur* beschreibt gleichsam das geistige
Zentrum von Hesses umfangreicher, natürlich auch mit Gegenwartsliteratur vollgestopfter Privatbibliothek mit ihren
Tausenden Bänden, geordnet nach den Literaturen der Völker
und in besondere philosophische, psychologische und historische Abteilungen. Sie bewahrt, *kraft dessen die Menschheit eine
Geschichte und ein fortdauerndes Bewußtsein ihrer selbst haben
kann.*[52] Aufgenommen ist, *was beinahe jeder alte Bücherfreund
in den Grundlagen beinahe gleich aufgestellt hätte,*[53] ergänzt durch
einige private, doch auch wieder für die Nachkriegsjahre zeittypischen Vorlieben Hesses für deutsche Mystik, indische und

chinesische Literatur, die Lehren der Buddha, Konfuzius und Laotse.[54]

Goethe wird *in der schönsten und vollständigsten Ausgabe, die unsere Mittel uns irgend erlauben,*[55] aufgenommen, *denn bei ihm tönt alles an, was uns Seelenschicksal ist, und vieles davon wird endgültig formuliert.*[56] Seine Lehre sei — wie Hesse im Jahre 1917 bereits in einer seiner Betrachtungen zu Krieg und Politik gesagt hatte — der Jesu oder Laotse oder der Veden gleich als die Lehre vom Himmelreich, welches wir inwendig in uns tragen. So beherrscht Goethe als Prunkstück diese *Bibliothek der Weltliteratur* — gewiß nicht im Sinne eines Goldschnittklassikers für das Renommee bürgerlicher Wohlbeschlagenheit in litteris, vielmehr als eine höchste Belohnung, und so auch wieder der Aktualität eigentümlich entrückt. Im Goethejahr 1932 hat Hesse in seinem zuerst in Frankreich publizierten *Dank an Goethe* bekannt, der reine Dichter, der Sänger, der ewig junge und naive, bei dem viel zu genießen, aber nichts zu lernen sei, wäre ihm nie zum Problem geworden, um so mehr aber der Literat, der Humanist Goethe, sein Versuch einer Synthese von Genialität und Vernunft, Dichter und Politiker,

Goethe

Tasso und Antonio. Begegnet sich Hesse hier durchaus mit Thomas Mann, dessen Goethereden des Jahres 1932 auch immer wieder von Mißlingen, Scheitern, Fragwürdigem handeln, so ist die Konsequenz solcher Erfahrung bei Hesse genau der von Thomas Mann entgegengesetzt. Für den steht der Mensch Goethe — er ist ihm wichtiger als der Dichter — im Mittelpunkt, liebevoll trotz aller Ironie dem nachgeborenen, sich zur Goetheschen Familie zählenden Dichter anverwandelt. Hesse dagegen rühmt Goethe gerade als den überpersönlichen, zeitlosen Weisen: *Er ist zeitlos, denn alle Weisheit ist zeitlos. Er ist unpersönlich, denn alle Weisheit überwindet die Person,* formuliert Hesse eine Grundüberzeugung,[57] womit Goethe über Bürgerlichkeit, Sturm und Drang und Klassizismus, über sich selbst hinausgehoben, in den Bereich einer Frömmigkeit entrückt wird, die Synthese von Indïen, China, Griechenland sein soll. *Daß Goethe durch sein Dichtertum und durch sein Literatentum hindurch je und je zu diesem Höchsten emporgestoßen ist, zu der Ruhe über den Wirbeln, das ist es, was mich immer wieder zu ihm gezogen...*[58] So wird Goethe einem philiströsen Klassikerkult entrückt, durch die Nachbarschaft zu Heinrich Jung-Stilling und Matthias Claudius in eine Sphäre gemütvoller Vertraulichkeit, des *Dufts von Wald, Wiese und Kornfeld*[59] einbezogen.

Das Klassische scheint Hesse zuzeiten verdächtig, nur mehr dekorative *oberirdische Erscheinung,* hinter der die unterirdischen nicht zurückzustehen brauchen. *Alle Klassiker stehen an einem Ende, sind Erben und Verzehrer, und eine Blüte wie Mozart etwa hat neben ihrer beglückenden Strahlung immer auch das Gegenteil in sich, die traurigmachende Ahnung, daß in einer solchen Hochblüte ein altes, langsames, edles Wachstum sich nicht erneut, sondern erschöpft und aufzehrt. Dagegen hat die Beschäftigung mit jenen blütenlosen, aber stillwirkenden Taten und Männern mit scheinbar kleinen Lebensläufen wie dem eines Bengel und Oetingers stets etwas tief Erfreuendes, tröstlich Bestärkendes in sich, als habe man einen Blick in das verborgene, heilige Wachstum der Natur und der Völker getan.*[60]

Persönlich näher freilich als Goethe ist Hermann Hesse allzeit Jean Paul gewesen. Hier pflegte er Familiensinn und mochte sich in seiner Tessiner Abgeschiedenheit dem Erfinder des „Siebenkäs" vergleichen, wie der in Bayreuth lebte, *wo er in der berühmten Rollwenzelei sich mit Schreibzeug und Bierkrug* einzuschließen pflegte und in *Wonnen des Denkens und Schaffens zu vergessen suchte, was im Leben nicht stimmte.*[61] In ihm sah Hesse eine der größten Dichterbegabungen aller Zeiten, in seinem Werk einen *wahren Urwald der Poesie.*[62] Und mit dem Bekenntnis zu Jean Paul stellte er sich einmal mehr der eigenen Epoche entgegen als Humorist, so wie die Humoristen *alle und immer nur ein einziges Thema haben: die wunderliche Traurigkeit und, man erlaube den Ausdruck, Beschissenheit des Menschenlebens und das Staunen darüber, daß dies jämmerliche Leben trotzdem so schön und köstlich sein kann.*[63]

Hesses Liebe gehört Clemens Brentano, Novalis, Hölderlin. Dessen Platz in der *Bibliothek der Weltliteratur* ist zwischen Brentano und Novalis, wohlerwogen weit entfernt von Schiller. Hesse rückt ab von einer Hölderlinmode, da in der Nachkriegszeit die Gedichte und Hymnen neben den Reden Buddhas und den Feuilletons Tagores auf den Tischen mancher Damen lagen, er bejaht dagegen eine Aktualität von Hölderlins *edler Geistigkeit* und *adligem Übermenschentum* in der Zeit *einer tiefen Korruption und eines hoffnungslosen Verkauftseins an materielle Nöte.*[64] Dieser Hölderlin paßt vortrefflich zu den in *Zarathustras Wiederkehr* entwickelten Ideen. Polemisch wird dann Hölderlin gegen Schiller ausgespielt. Hesse empfindet in Hölderlins Dichtung eine Unterströmung von Musik, er spürt rhythmische und klangliche Geheimnisse. Schillers Vorbild habe sie oft nahezu unterdrückt. Und an der Vergewaltigung dieser heiligen Schöpferkraft sei Hölderlin zugrunde gegangen, unter Schillers Einfluß habe er sich beinahe schon zum Intellektuellen entwickelt. Romantischen Irrationalismus und eine traumwandlerische Sicherheit des Gefühls, eines unbewußten Beisich- und Zuhauseseins stark betonend, korrigiert Hesse: Hölderlin steht in der *Bibliothek der Weltliteratur* zwischen Novalis und Brentano. Die höchst subjektive und vermittelte Betrachtungsweise Hesses wird auch an anderer Stelle ablesbar, an der Übernahme beispielsweise des Rodinschen eigenwilligen Balzacbildes. *Wenn wir seiner denken (mir wenigstens geht es unweigerlich so, so oft ich es tue), so sehen wir nicht nur Balzac, den wir gelesen haben, oder den historischen Balzac der Biographen, sondern es erscheint uns die Vision eines anderen großen Furchtbaren und Magiers, die Balzac-Figur Auguste Rodins. In dieser Figur, in dieser visionären Gestalt eines überzeitlichen, eines gotischen, eines dämonischen*

Balzac ist, zumindest für das Heutige, das vielfältige Phänomen umschreiben und sichtbar gemacht, das dieser Meister für uns bedeutet.[65]

In jedem Falle ist für Hesse die Welt der Literatur eine der Magie, entgegengestellt einer Sphäre der Eisenbahn, der praktischen Vernunft, der nützlichen Arbeit. So jedenfalls wird sie in der Erzählung *Die Morgenlandfahrt* verstanden, dieser wichtigen Arbeit des Jahres 1932, die mit der Ahnenreihe der Morgenlandfahrer von Zoroaster, Laotse, Platon, Xenophon, Parzival und den Barmekiden über Sternes Tristram Shandy und den Sancho Pansa des Cervantes bis zu Novalis, dem Witiko Adalbert Stifters und Baudelaire ebenso wie mit der Einbeziehung von Hugo Wolf, Othmar Schoeck und Paul Klee sowie der persönlichen Freunde des Dichters in Zürich, Winterthur und Bremgarten noch einmal im Sachlichen wie Ideellen die persönliche Gültigkeit der von Hesse eingerichteten *Bibliothek der Weltliteratur* bekräftigt.

Erzählt wird nicht allein von Etappen der Morgenlandfahrt der Reisenden, die, *indem sie auf alle die banalen Hilfsmittel moderner Dutzendreisen, auf Eisenbahnen, Dampfschiffe, Telegraph, Auto, Flugzeug und so weiter verzichteten, wirklich ins Heroische und Magische durchgestoßen sind,*[66] auf daß der Weg im Sinne des Novalis immer nur nach Hause führe. Wichtiger und die eigentliche Erzählung ausmachend sind die Bemühungen eines Teilnehmers, die verlorengegangene Verbindung zum Bund der Morgenlandfahrer wiederzugewinnen und dessen Geschichte zu schreiben. Und da erweist sich Hesse bei der mythisierend verschlüsselten Darstellung des nie genau Gesagten als ein großer ironischer Spieler. Seine Morgenlandfahrer, die ohne Eisenbahn und Flugzeug Schwaben, Italien und das Mittelalter durchreisten und für sich *die vom Krieg erschütterte Welt durch unsern Glauben bezwangen und zum Paradiese machten,*[67] entbehren ja gleichwohl nicht der notwendigen Reisepässe, Landkarten und Kreditbriefe, vor allem nicht eines Bundesbriefes. Indessen, was eigentlich sein Inhalt ist, bleibt im vagen; erkennbar wird nur eine klosterähnliche Struktur des Bundes, aber auch eine stets in der Schwebe gehaltene Ähnlichkeit mit einer politischen Partei, deren Unternehmungen ein Erbfeind zum Scheitern bringen will, die, von Außenstehenden *einer theosophischen Bewegung oder irgendeiner Völkerverbrüderungsunternehmung gleichgestellt,*[68]

Paul Klee

als Geheimbund zur Wiederaufrichtung der Monarchie miß-
verstanden wird, welch letztere Version einige Anhänger
offenbar selbst unter Bundesbrüdern hat, die vom Bundes-
brief glauben, er *sei bei der Regierung im Kyffhäuser deponiert
worden* [69]

Das Entscheidende ist indessen wohl, daß ein jeder Teilnehmer
der Morgenlandfahrt außer den sehr hohen, nicht mitteilbaren
Zielen des Bundes ein persönliches Reiseziel haben mußte. Mit
diesem Verhältnis von einzelnem und Gemeinschaft reflektiert
die Erzählung eine charakteristische Grundhaltung vieler
deutscher Intellektueller der Weimarer Republik. Robert Musil
formulierte schärfer als Hesse: ,,Ich bin als einzelner revolutionär. Das kann gar nicht anders sein, der schöpferische
einzelne ist es immer. Ich bin aber in politicis evolutionär. Nur
muß für die Evolution etwas geschehen ... Keine politische
Partei kann aufbauen. Wohl aber fällt ihr die Herrichtung und
Schaffung des Bauplatzes zu.''[70]

So geht es auch in der *Morgenlandfahrt* um den schöpferischen einzelnen, der als Voraussetzung seiner Leistung der Einheit von Persönlichkeit und Ideal bedarf. Das ist der Sinn der Suche nach dem Diener Leo in der Erzählung. Wie im *Steppenwolf* dominiert der Schein vor dem Sein, sind *die von ihnen erdachten Figuren doch ohne Ausnahme viel lebendiger, schöner, froher und gewissermaßen richtiger und wirklicher als die Dichter und Schöpfer selber*,[71] weshalb es für den Auswege Suchenden keine Möglichkeit der Selbstbefreiung von Leo, dem Scheinbild, der pabloähnlichen Figur gibt, sondern nur ein Übrigbleiben Leos: *Er mußte wachsen, ich mußte abnehmen.*[72]

Das hochgeistige Spiel dieser Erzählung rührt fortwährend an unüberschreitbare Grenzen, und es bereitete dem Dichter offenkundiges Vergnügen, mystifizierend von etwas zu sprechen, was er als real voraussetzt, jedoch niemals genau bestimmt, statt dessen das scheinbar Belanglose, am Rande Liegende als das Wesentliche zu bestimmen. Es ist, vorausweisend auf das *Glasperlenspiel*, eine meisterhaft beherrschte Kunst des Symbols, die hier geübt wird. In dieser Haltung, auch in der Ablehnung von Leistungsethikern und Haltungsmoralisten[73] fand Hesse Zustimmung der in Dresden um die Zeitschrift „Die Kolonne" gescharten jungen Dichter wie Martin Raschke, Peter Huchel, Günter Eich. Dessen frühes ästhetisches Credo, formuliert als Ablehnung der politischen Dichtung in einer scharfen Rezension von Johannes R. Bechers „Großem Plan", weist deutliche Korrespondenz zur Grundhaltung Hermann Hesses auf: *Wer glaubt, daß nur das auf der Welt Wert habe, was als Waffe im Kampf für eine Idee gebraucht werden kann, der sei konsequenterweise ein Gegner der Kunst überhaupt und überlasse das Verseschreiben denen, für die es kein Wollen ist.*[74] Zwar führte diese apolitische ästhetisierende Dichtungskonzeption bei Eich sowenig wie bei Hesse zu einer poèsie pure oder l'art pour l'art, aber zu einer Transzendierung gesellschaftlicher Problematik ins Symbolische, in eine Kunst, die der Aussprache einer isolierten Individualität immer nur auf das Individuum, auf eine abstrakt gesetzte Menschlichkeit zielt. Es bleibt die Hoffnung auf die „Eingeweihten", der Appell an die „anständigen Leute", und vage „Botschaften" kommen aus einer reinen Natur statt aus gesellschaftlicher Einsicht.

Hermann Hesses Erzählung ist nicht nur dem „Heinrich von

Ofterdingen" des Novalis verpflichtet. Mit der Auflösung der Reisegruppe wird die märchenhafte Romantik der ersten Abschnitte aufgegeben. Die Suche nach dem Bund, nach dem Reich der Humanität vollzieht sich fortan in einer deutschen Großstadt der Nachkriegsjahre, bis durch das Auftauchen Leos und die Vorladung des Erzählers vor das Bundesgericht erneut magische Elemente in den Vordergrund treten. An diesen Stellen ist Hesse — und das nicht nur wegen der Identifizierungsmöglichkeiten des H. H. beziehungsweise des Josef K. mit ihren Erfindern[75] — Franz Kafka außerordentlich nahe. Das geheimnisvolle Bundesgericht, die Mystifizierung des Vorgeladenseins, die Bundesbürokratie, die Vernehmung — überall sind motivische Verwandtschaften mit Kafkas „Prozeß" unverkennbar.

Aber es gibt noch andere, weitergehende literarische Beziehungen. Alles läuft bei Hermann Hesse auf Mythisierung hinaus, in der *Morgenlandfahrt* mit der Gestalt Leos noch stärker als im *Steppenwolf*. Die „Rückverzauberung der Legende in lebendige Wirklichkeit"[76] wird möglich durch Annäherung an Leo, der Diener und Oberster der Oberen zugleich ist, in dessen Person ebenso das verkörpert ist, was Goethes Geist, das „Vorwaltende des oberen Leitenden" genannt hat,[77] wie auch nicht anders als in der Pablofigur der Hermes Psychopompos neuerlich erkennbar wird.[78] Solcher Versuch eines humanen Mythos der Ich-Findung, der Überwindung des Gegensatzes von Schein und Sein verweist auf parallele Bemühungen Thomas Manns im Josephsroman, der ja nicht minder um ähnliche Probleme kreist: die belustigende Vermischung von Schein und Sein, Mythos und Wirklichkeit, die „festliche Begegnung von Dichtung und Psychoanalyse"[79], vor allem als „Ausdruck bangen, leidenschaftlichen und fast gebethaften Fragens des Menschen nach sich selbst in einer Stunde größter Not und Gefahr"[80] die Aufhebung des Gegensatzes von Künstlertum und Bürgerlichkeit, von Vereinzelung und Gemeinschaft, Individuum und Kollektiv im Märchen.[81] Zu Hermann Hesses Bund der Morgenlandfahrer, zu dieser Gemeinschaft lebender und längst abgeschiedener Dichter und Maler und ihrer Phantasiegeschöpfe gehört neben Figuren wie Pablo und Goldmund auch der Ich-Erzähler mit den Hesse-Initialen, *der ... von Beruf eigentlich nur Violonspieler und Märchenleser war.*[82]

Märchenleser, Morgenlandfahrer, Verfasser einer *Bibliothek der Weltliteratur:* das gehört zusammen — und doch wohl in diesem Sinne, der der Morgenlandfahrt gegeben war: *Unser Morgenland war ja nicht nur ein Land und etwas Geographisches, sondern es war die Heimat und Jugend der Seele, es war das Überall und Nirgends, war das Einswerden aller Zeiten,*[83] aber ganz offenkundig auch im Sinne eines spätzeitlichen, nur mehr rezeptiven und tradierenden, nachschaffenden und interpretierenden, aber nicht mehr eigentlich schöpferischen Verhaltens.

Thomas Mann hielt es da viel später mit Ironie und Parodie, empfand sich damit freilich auch als einen Abschließenden, nach dem die Geschichte vom „Erwählten" wohl nicht noch einmal zu erzählen sei. Hesse, der die Literatur seiner Epoche im Widerstreit zwischen einem vergangenen Schönheitsidealen verpflichteten leeren Klassizismus und einer Kunst ohne Klas-

Hesse 1935

200

sizität sah, faßte die Aufgabe der Kunst dahingehend, das Ich in der Welt untergehen zu lassen und sich angesichts der Vergänglichkeiten den ewigen und außerzeitlichen Ordnungen einzureihen. *Diese Gedanken oder Lebensstimmungen auszudrücken schien mir nur durch das Mittel des Märchens möglich, und als die höchste Form des Märchens sah ich die Oper an, vermutlich weil ich an die Magie des Wortes in unserer mißbrauchten und sterbenden Sprache nicht mehr recht glauben konnte, während die Musik mir immer noch als ein lebendiger Baum erschien, an dessen Ästen auch heute noch Paradiesäpfel wachsen können. Ich wollte in meiner Oper das tun, was mir in meinen Dichtungen nie ganz hatte glücken wollen: dem Menschenleben einen hohen und entzückenden Sinn zu setzen.*[84] Hugo von Hofmannsthal und Richard Strauss hatten versucht, gleichsam Goethe noch einmal zu dichten, Mozart noch einmal zu komponieren. An eine solche Möglichkeit des Neu- oder Noch-einmal-Machens, eines

Frans Masereel,
Aus dem Zyklus
„Das Buch"

201

Suchens nach Varianten und ihrer möglichst kunstvollen Beschreibung glaubte Hesse nicht. *Die Dichtung hatte ich aufgeben müssen, nachdem ich gesehen hatte, daß alles, was zu sagen mir wichtig schien, im „Goldenen Topf" und in „Heinrich von Ofterdingen" schon tausendmal reiner gesagt war, als ich es vermocht hätte. Und so ging es mir nun auch mit meiner Oper. Gerade als ich mit den jahrelangen musikalischen Vorstudien und mehreren Textentwürfen fertig war und mir den eigentlichen Sinn und Gehalt meines Werkes noch einmal möglichst eindringlich vorzustellen suchte, da machte ich plötzlich die Wahrnehmung, daß ich mit meiner Oper gar nichts anderes anstrebe, als was in der „Zauberflöte" längst schon herrlich gelöst ist.*[85]

Wie witzig und ironisch sich dergleichen 1925 für die Leser der Hesseschen Konjekturalbiographie in der „Neuen Rundschau" ausnehmen mochte: dahinter steht nicht ohne Melancholie ausgesprochene bitter ernste Künstlerproblematik in der spätbürgerlichen Gesellschaft. So hat sich Hesse immer wieder als kenntnisreicher, verborgenen Kostbarkeiten nachspürender Herausgeber betätigt, sich Arnim und Eichendorff, Justinus Kerner, Claudius und Geßner, den Gesta Romanorum und „Des Knaben Wunderhorn" gewidmet. Was Hesse dabei anstrebte, war weniger der Typus einer akademischen Werkedition, wiewohl er editorisches Engagement so ziemlich für die einzige Tugend der deutschen Literaturwissenschaft seiner Zeit hielt; ihm ging es darum, durch thematische Anthologien, Erschließung weniger beachteter Genres dem Lesevergnügen vergessene Texte zurückzugewinnen. Das Vorbild für seine editorischen Bemühungen sah Hesse in Hugo von Hofmannsthals großen Leistungen mit den „Deutschen Erzählern" und dem „Deutschen Lesebuch", in einer Auffassung von *Schrifttum als geistigem Raum der Nation,* nach der es Aufgabe eines titanischen Beginnens des einzelnen sei, in einer konservativen Revolution, *jenes Ganze da außen mit den bloßen zwei Händen auszureißen aus seinem Stand, den es einnimmt in der Welt scheingeistiger Ordnungen, und es mit sich hinabzureißen in die tiefere Lebenswoge und es von da wieder emporzureißen zu neuer Wirklichkeit.*[86] Denn „wo geglaubte Ganzheit des Daseins ist — nicht Zerrissenheit —, dort ist Wirklichkeit", hatte Hofmannsthal 1927 im Auditorium maximum der Münchener Universität postuliert.[87] Hesse mochte da wohl zustimmen.

Krönung seines editorischen Wirkens sollte schließlich eine große dreibändige Anthologie *Geist der Romantik* werden, deren Manuskript seit 1931 mehreren namhaften deutschen Verlagen vorlag, ohne daß sich einer zum Druck entschließen konnte, ehe die Arbeit bei Bombenangriffen des zweiten Weltkrieges vernichtet wurde.

Hausherr in Montagnola

In der „Arch" in Zürich saßen wir an einem Frühlingsabend des Jahres 1930 und plauderten, und die Rede kam auch auf Häuser und Bauen, und auch meine gelegentlichen Hauswünsche wurden erwähnt. Da lachte plötzlich Freund B. mich an und rief: „Das Haus sollen Sie haben!"[1] So hat es Hesse beschrieben, wie er zu seinem neuen Haus in Montagnola kam, das der Freund H. C. Bodmer — *verborgen unter flotter Maske / Des Reiters, Zechers, Offiziers, Mäzens / Lebt dein Strahlendes, dein heimliches Königtum[2]* — bauen ließ und dem Dichter auf Lebenszeit zur Verfügung stellte. Ein wenig traurig neiderfüllt hat Thomas Mann einmal in einem Brief an Agnes E. Meyer gefragt: „Warum ist in diesem Lande nie eine Stadt, eine Universität auf den Gedanken gekommen, mir etwas Ähnliches anzutragen, sei es auch nur aus ‚Ehrgeiz' und um sagen zu können: We have him, he is ours?"[3]

Hesse verließ 1931 die Casa Camuzzi, das *märchenhafte Haus,[4] das mehr das meinige als irgendeines der früheren (war), denn hier war ich nicht Ehemann und Familienvater, hier war nur ich allein zu Hause, hier hatte ich in bangen harten Jahren nach dem großen Schiffbruch mich durchgekämpft . . .[5]*

Die Casa Hesse mit Blick auf den Luganer See, den San Salvatore, die Höhenzüge des Monte Generoso liegt oberhalb von Montagnola.[6] Dort fand Hesse Raum für seine Arbeiten und seine Liebhabereien: für sein *Studio,* für das Atelier des eifrigen Aquarellisten, für die umfangreiche, sorgfältig geordnete Bibliothek. Doch nicht minder wichtig war Hesse der Garten. *Jeden Morgen lese ich vor dem Atelierfenster ein paar Hände voll Feigen auf und esse davon, dann hole ich Strohhut, Gartenkorb, Hacke, Rechen, Heckenschere und begebe mich ins herbstliche Gelände. Ich stehe an der Hecke, befreie sie aus dem meterhohen Unkraut, das sie bedrängt, häufe in großen Haufen die Winden und den Knöterich, den Schachtelhalm und den Wegerich, entzünde ein Feuerchen am Boden, nähre es mit etwas Holz, decke es mit etwas Grünem, daß es langsam schmore, sehe den blauen Rauch sanft und stetig wie eine Quelle fluten und zwischen den* goldenen *Maulbeerkronen hinüber ins Blau des Sees, der Berge und des Himmels schwimmen.*[7] Die *Stunden im Garten*[8] sind eine in ihrer Hexametergeschraubtheit weltfremd anachronistische, oftmals unfreiwillig komische Idylle, aus der den Dichter höchstens die aus der Stadt heimkehrende Gattin aufstört, die bei Tisch dann *meint, es wär' an der Zeit wohl, / Daß ich das nächste Mal sie dorthin begleite, die Haare / Hingen mir wieder so lang im Nacken, man müsse / Sie mir schneiden, ich sei ja schließlich ein Mensch und kein Waldgott.*[9]

Während Hesse in dieser Tessiner Idylle lebte, voll Verachtung für den *Abendländer und besonders seine dümmste und wildeste, kriegerischste Form, den „faustischen Menschen" (das heißt: den Deutschen, der aus seinen Inferioritäten durch Maulaufreißen Tugenden gemacht hat),*[10] mußten nach Hitlers Machtantritt und dem Reichstagsbrand vom 27. Februar 1933 zahlreiche, Hesse seit langem persönlich bekannte Schriftsteller Deutschland verlassen. *Die Betten sind auch bei mir gerüstet, und ich erwarte morgen den ersten aus Deutschland entkommenen Gast,* schrieb der Dichter Anfang März 1933.[11] Es war der langjährige Briefpartner Heinrich Wiegand. Auch Kurt Kläber, Bernard von Brentano und Bertolt Brecht besuchten Hesse, Max

Hesses Haus in Montagnola

Herrmann-Neiße hat es 1937 als rührend und beglückend empfunden, „einmal wieder jenseits aller Wirrnis der Zeit und über alle Niederungen des Gegenwarts-Wehes in einem rein gebliebenen geistigen Raume mit einem wirklichen Dichter von menschlichen Dingen reden zu dürfen...“[12] Und Annette Kolb schrieb: „Es ist tröstlich in einer Zeit wie dieser an Sie zu denken!“[13]

Das mochte in jener Zeit dem einzelnen, der sich unter den Bedingungen des Exils zurechtfinden mußte, viel bedeuten. Aber zu einem Zeitpunkt, da die Formierung aller humanistischen Kräfte zu einer Kampffront gegen den Faschismus notwendig war und vielfältige antifaschistische Aktivitäten der ins Exil gezwungenen Schriftsteller — von der ersten Sammlung um Emigrantenzeitschriften bis zur konsequenten Einreihung in die antifaschistische Volksfront — diesem Ziel

Hermann Hesse,
Thomas Mann,
Jakob Wassermann
beim Skilaufen

dienten, bedeutete die Vorstellung, durch individualistische Ablehnung der Geschehnisse nicht nur sich selbst, sondern auch dem deutschen Volk zu dienen, objektiv ein Verkennen der wirklichen Aufgabenstellung. Während die im Exil geschaffenen und durch die Situation des Exils bedingten Werke eines Stefan Zweig, eines Franz Werfel, erst recht natürlich eines Heinrich Mann durch einen Zuwachs an kämpferischem

Humanismus gekennzeichnet sind, vollzog der Schriftsteller Hermann Hesse gerade in diesen Jahren — wie an der Entstehungsgeschichte des *Glasperlenspiels* ausführlich zu zeigen sein wird — eine Abkehr von der direkten Auseinandersetzung mit der Epoche. Letztlich lag dieser Haltung ein Beharren auf der längst anachronistisch gewordenen, zur privaten Geste abgeschwächten Position von 1914 zugrunde. Als ein Beispiel dafür mag Hesses Haltung gegenüber den Opfern einer faschistischen Rassengesetzgebung und erbarmungslosen Vertreibung der Juden herangezogen werden.

Zionistische Tendenzen lehnte er wie alle nationalistischen Bestrebungen ab, mit Mitleid wegen des Vaterlandsverlustes begegnete er dem *deutschen, wohlangepaßten Durchschnittsjuden der jüngsten Vergangenheit*.[14] Seine eigentliche Anteilnahme galt einem Manne wie Martin Buber, in dessen Person Hesse die chassidische Tradition des Ostjudentums lebendig sah. Und seine Hoffnung richtete sich darauf, daß durch ihr Schicksal die Juden *auf das Unzerstörbare, Geistige, Göttliche in ihrer Herkunft* zurückgewiesen werden sollten, um *dadurch dem Geist auf Erden zu dienen*.[15] In solchen Äußerungen wird man auch Fragwürdigkeiten in der von Hesse vertretenen Ethik zu erblicken haben, man dürfte wohl auch angesichts solcher Abstraktion von Existenzproblematik, Bevorzugung des Geistig-Moralischen, mit Thomas Mann sagen: ,,Großartig. Aber wie nimmt sich das alles aus, nachdem es auf den Hund und den Hitler gekommen?"[16]

Enger gestaltete sich in jener Zeit allerdings Hesses Verhältnis zu Samuel Fischer, *dem geschätzten älteren Manne, der meine Geschäfte so gut führte*,[17] und in seinem Nachruf 1934 für den Verleger erinnerte sich der Dichter: ... *in den letzten Jahren erlebte ich noch manche Stunde, in der sein Gespräch und auch seine bloße Gegenwart mich erfreut und erwärmt hat*.[18]

Hesse hat, vor allem zu Beginn des ,,Tausendjährigen Reichs", wiederholt bekannt, daß ihn als langjährigen Schweizer Staatsbürger die deutschen Ereignisse weniger als seinerzeit 1914 berührten, und diese persönliche Sicht auf die Dinge von der Warte eines, der seines *persönlichen Gewissens jetzt sicherer*[19] ist als 1914, ergibt nicht zuletzt in den Briefen an Thomas Mann eine nicht immer leicht nachzuvollziehende Vermischung von Hesses Verständnis für die Emigrantensituation mit absoluten Alltagsunbedeutendheiten wie Dürre im Garten oder Neu-

Hesse mit Brigitte Fischer, Ninon Hesse
und Samuel Fischer, Montagnola 1933

erwerb zweier Katzen. Umgekehrt gehört es freilich auf der
Emigrantenseite zu den seltsamen Phänomenen, wie groß das
Bemühen ist, bei vollem Bewußtsein der Emigrantenlage den
gewohnten Arbeitszustand, eine Sphäre bürgerlicher Behag-
lichkeit schnellstens wiederherzustellen und in Briefen, wie sie
etwa Thomas Mann geschrieben hat, geradezu fetischhaft zu
beschwören.

Verantwortungsbewußtsein — er nennt es zumeist Ehrfurcht —
und ein ausgeprägter Individualismus bestimmten Hermann
Hesses Haltung. Schon 1932 hatte er Briefpartnern unmißverständlich gesagt, daß er eine Teilnahme an Wahlen, ein
Engagement für einzelne Parteien für sinnlos erachte, daß die
Aufgabe derer, die sich für den Geist Deutschlands mitverantwortlich fühlen, darin bestehe, auf die versäumten Lehren
aus der Geschichte hinzuweisen *und sich der aktuellen Politik
ganz zu entziehen,*[20] so wie Hesse bereits *während der deutschen
Revolution, als mir dort eine Tätigkeit angeboten wurde,* 1918 *bei
aller Sympathie für Landauer*[21] abseits geblieben war. Wohl

Unter dem Feigenbaum in Montagnola

stimmte er 1932 dem Sohn Heiner zu: *Was Du über manche Kommunisten sagst, welche sich im täglichen Leben als gute, hilfsbereite Menschen bewähren, das ist ganz richtig. Ich habe manche Kommunisten gekannt, und es sind solche darunter.*[22] Was ihn aber, wie von jeder Partei, so speziell von einer kommunistischen trennt, ist das von ihm in völliger Verkennung des Wesens revolutionärer Gewalt mit der Bereitschaft zum Töten schlechthin identifizierte Bekenntnis zur Revolution. Diese Grenze hat Hermann Hesse nie überspringen können und wollen, aber weil er um sie gewußt hat, fühlte er sich außerstande, mit seiner persönlichen Entscheidung für junge Menschen zum Führer zu werden. *Ich gebe jungen Menschen oft die Literatur der revolutionären Linken zu lesen, aber wenn darüber gesprochen wird und das übliche verantwortungslose Schimpfen auf den Bürger, den Staat und den Faschismus losgeht (die ich natürlich alle zum Teufel wünsche), dann erinnere ich an die Gewissensfrage: daß man bereit zum Töten sein muß, und nicht bloß zum Töten von solchen, die man als Verbrecher kennt und haßt, sondern zum Blindlings-Töten, zum Schießen in Massen. Meinerseits bin ich dazu nicht bereit, unter keinen Umständen, und bin darin Christ, daß ich im Notfall durchaus das Getötetwerden dem Töten vorziehe, aber ich habe nie einen andern, auch nicht meine Söhne, beim Entscheid in dieser letzten Gewissensfrage irgend zu beeinflussen gesucht.*[23] Zeugnis von Hesses problematischer, prekärer geistiger Situation am Beginn des faschistischen Jahrzwölfts ist ein von Anfang März 1933 datierter Gedichtentwurf, der zwar durch eine Nachbemerkung auf der Handschrift als *in dieser Form nicht brauchbar* erklärt wurde, den Hesse aber doch, wohl als ein Dokument der persönlichen Selbstverständigung, als *Geschenkchen ins Krankenbett für Ninon* sandte. Da formulierte er seine Haltung so: *Lieber von den Faschisten erschlagen werden / Als selber Faschist sein,* setzte aber sogleich hinzu: *Lieber von den Kommunisten erschlagen werden / Als selbst Kommunist sein!* Hier bezieht Hesse die äußerste Position eines absoluten Individualismus; es ist der Individualismus eines, der sich eingesteht, nicht Patriot, nicht Weltverbesserer mehr zu sein, Schiffbruch erlitten zu haben; Ideale wie „Menschheit" oder „Masse" gelten nurmehr als „Rauschgift" und enden mit Krieg und Gas. So will er es vorziehen, lieber einsam als Träumer zu verderben *als Euer Partei- und Maschinenglück (zu) genießen / Und im Namen der Menschheit auf unsre Brüder (zu) schießen.*[24]

Die immer wieder betonte Klage über *ein Deutschland, das seine Revolution nicht vollzogen, seine neue Staatsform nicht aufgenommen und angenommen hat und das zu jedem Abenteuer zu haben ist, die Vernunft aber wie den Teufel fürchtet,*[25] ist verbunden mit illusionären Vorstellungen von einer zukünftigen Aufgabe Deutschlands, *zwischen Sowjet und dem Westen neue Formen der Entkapitalisierung zu finden und dadurch selber wieder zu Ansehen und Einfluß zu kommen.*[26] Allerdings sind so unmittelbare politische Äußerungen nur im privaten Briefwechsel zu finden und, soweit man sieht, nie publiziert worden. Hesse mangelte *eine wirkliche Verdauung des Marx und damit die Möglichkeit einer Stellungnahme zu Kommunismus, Revolution etc.*[27] Er bekundete aber zuzeiten auch gern seine Sympathien für Eisner und Karl Liebknecht, die er als die tragisch im Stich gelassenen großen Geister der Revolution verstand und auf seine Weise schätzte, wie er auch Lenin als den Kopf der russischen Revolution würdigte, ohne den sie *völlig verbürgerlicht und bestenfalls bei Kerenski steckengeblieben* wäre.[28] Die gelegentlich stark betonte Einigkeit mit dem sozialdemokratischen Publizisten Wiegand im Politischen gilt in erster Linie für die Ablehnung aller rechten Reaktion. Eine zeitweilig recht scharfe Ablehnung politischer Inkonsequenz in der deutschen Sozialdemokratie hat bei Hesse nie aus der Erkenntnis zur Konsequenz eines politischen Handelns, einer kämpferischen Abgrenzung von den Rechten und Orientierung auf die progressiven Kräfte geführt.

Das Gedicht *Besinnung*, das Bekenntnis zu *der Schöpfung gebrechlichstem Kind,*[29] zum Menschen wiederum in der abstrakt polaren Spannung zwischen Vater- und Mutterwelt, Geist und Leib, die Mahnung zu geduldiger Liebe und liebendem Dulden erklärte er dagegen zu seinem *Glaubensbekenntnis in ziemlich scharfer Formulierung, recht weit weg vom „deutschen" Christentum dieser Tage, das den Primat des Geistes nicht kennt, weil es von „Rasse"-Gläubigkeiten betrunken ist. . .*[30]

Das am 20. November 1933 im Verenahof in Baden niedergeschriebene Gedicht meinte der Dichter als sein Wort zur Zeit, das er in einem Privatdruck zahlreichen Freunden zusandte, u. a. Thomas Mann, Hans Carossa, Martin Buber, Stefan Zweig und Jakob Wassermann, auch Hans Fallada, Alfred Kubin, Franz Werfel, Ernst Rowohlt und Fritz Adolf Hünich, der es 1934 in der Gedichtauswahl „Vom Baum des

Lebens" erscheinen ließ, nachdem sich Bemühungen als er-
folglos erwiesen hatten, es in deutschen Zeitungen und Zeitschriften wie der „Vossischen" oder „Corona" unterzubrin-
gen.[31] Zugleich verstand Hesse die Verse, die zweifellos eine
zentrale Stellung in seinem Werk einnehmen,[32] als *eine be-
ginnende Besinnung auf meine Herkunft, welche christlich ist*,[33]
und bekannte: *Über „Besinnung" schrieb mir der eben 70jährig
gewordene Basler Philosoph K. Joel, ich habe da das ausgesprochen,
was lebenslänglich sein Glaube und die Triebfeder seines Denkens
gewesen sei, und der Ausdruck sei vollkommen. Nun gehen meine
Überzeugungen allerdings noch um einen Schritt weiter ins Religiöse
hinein, als in jenem Gedicht zu sehen ist, aber das läßt sich nicht
mehr ausdrücken, ohne sich der allzu verbrauchten christlichen
Terminologie zu bedienen.*[34]

Es hat nicht an Anfeindungen gerade wegen dieses Gedichts gefehlt. Aber Hesse blieb in Deutschland zunächst unbelästigt. *In Aufrufen an die Hitlerjugend, sich um ihre deutschen Dichter zu kümmern, finde ich mich weder unter den empfohlenen Kolbenheyern etc. noch auch unter den „Asphaltliteraten" genannt, vor denen gewarnt wird. Man hat mich diesmal vergessen, und ich schätze das sehr, ohne doch zu vergessen, daß es nur ein Versehen ist und sich jeden Tag ändern kann.*[35]

Die begonnene Arbeit am *Glasperlenspiel* stockte. Hesse flüchtete vor der Zeit zur Lektüre pietistischer Biographien des 18. Jahrhunderts, die er für das neue Werk zu nutzen hoffte. Energisch lehnte er eine geforderte Überarbeitung seiner *Bibliothek der Weltliteratur*, die Streichung jüdischer Autoren und die modische *Aufnordung* ab. Er verteidigte, anläßlich einer aus Existenzgründen für den Verlag notwendig gewordenen, von der Autorin gebilligten, dann von einer Schweizer Zeitung monierten Streichung einer Fußnote über Juden in einem Buch der Annette Kolb, die mutige Arbeit des Fischer-Verlages, für dessen „Neue Rundschau" er regelmäßig Bücherberichte schrieb.

Hesse war seinen literarischen Zeitgenossen ein aufmerksamer und fleißiger Leser, ein eifriger, anspruchsvoller Rezensent. Nicht nur im „März" und in „Vivos voco", sondern in insgesamt mehr als zwei Dutzend in- und ausländischer angesehener Zeitungen und Zeitschriften äußerte er sich über Neuerscheinungen auf dem Büchermarkt. Und unter den insgesamt 1160 Titeln, die er nach seiner sorgfältig geführten, dennoch kaum vollständigen Kartei allein zwischen 1920 und 1938 in insgesamt 33 Zeitungen und Zeitschriften angezeigt oder rezensiert hat, befinden sich, insbesondere in den Jahren nach 1933, neben vielen Ausgaben älterer Literatur positiv besprochene Werke von Musil und Kafka, Loerke und Suhrkamp, Polgar, Gertrud von Le Fort und Stefan Zweig. Elias Canettis „Blendung" hat Hesse ebenso zu schätzen gewußt wie die formalen Vorzüge von Leonhard Franks „Traumgefährten". Über Arnold Zweigs „Bilanz der deutschen Judenheit 1933" stellte er den „Born Judas", eine Sammlung jüdischer Volkserzählungen. Da gibt es ein schönes Bekenntnis zu dem Komponisten Ferruccio Busoni, den Hesse gespalten sah *zwischen einem modern geschulten, bewußt unsentimentalen und antiromantischen Intellekt und einer kindlich zeitlosen, heimlich der*

Hesse mit
Gunter Böhmer

Romantik sehr nahestehenden Seele.[36] Ein freudiger Gruß für
Thomas Manns Essayband „Leiden und Größe der Meister"
versteht sich in diesem Zusammenhang fast von selbst.

Bei seiner gesamten Rezensententätigkeit folgte Hesse der
Maxime: *Ich bin kein Analytiker und kein Kritiker; wenn Sie zum
Beispiel den Bücheraufsatz ansehen, den ich Ihnen schicke, so
finden Sie, daß ich nur ganz selten und nebenher mich kritisch
äußere und nie aburteile, das heißt, ein Buch, das ich nicht ernst
nehmen und schätzen kann, lege ich weg, ohne mich je darüber zu
äußern.*[37]

Solch subjektiv-moralischem Anspruch an die Literatur folgend, widmete er vor allem nach 1933 *Juden, Katholiken, Pro-
testanten, deren Gesinnung und Geist dem herrschenden System
entgegen und die gute Tradition und intellektuelle Ehrlichkeit zu
wahren bemüht ist,*[38] seine besondere Aufmerksamkeit: zunächst
noch in der „Neuen Rundschau" des S. Fischer Verlages, dann
in Beiträgen für „Bonniers Litterära Magasin". Dessen Li-

teraturberichterstatter war Hesse 1935 als Nachfolger des Thomas-Mann-Biographen Eloesser und des 1932 bereits wegen seiner faschistischen Gesinnung in Schweden abgelehnten Will Vesper geworden.

Damals war Hesse, als er im „März"-Heft 1935 seine Berichte über Nya Tyska Böcker begann, als wohlbekannter Romancier vorgestellt worden, dessen *Steppenwolf* der Bedeutung nach vergleichbar sei mit Thomas Manns „Zauberberg" oder Remarques Kriegsroman. Bald jedoch stieß die von ihm gepflegte unpolitische, ausschließlich ästhetisch-moralische, auf Auseinandersetzung und Negation verzichtende Art der Rezension auf Widerspruch — bei deutschen Emigranten im Ausland, wie beispielsweise 1936 im „Pariser Tageblatt" in einem Artikel Georg Bernhardts gegen Hesse und Annette Kolb, und andererseits, wie kaum anders zu erwarten, im faschistischen Deutschland bei Will Vesper. Der Mann, der 1910 anläßlich vulgär antisemitischer Spötteleien des jüdischen Philosophen und Mathematikers Theodor Lessing gegen Samuel Lublinski zusammen mit Otto Falckenberg, Theodor Heuss und Stefan Zweig bedauert hatte, daß es in solchen Fällen kein Ehrengericht für Journalisten gibt,[39] warf nun, zwei Jahre, nachdem faschistische Agenten auch den einst wegen seiner antisemitischen Äußerungen gerügten Theodor Lessing ermordet hatten, Hermann Hesse vor, daß er Kafka, Polgar, Stefan Zweig und andere rühme und die deutsche Dichtung der Gegenwart — die Kolbenheyer, Johst und Blunck also — an die Feinde Deutschlands und an das Judentum verrate. „Hermann Hesse ist als Schriftsteller in tiefe Abhängigkeit von der Psychoanalyse des Wiener Juden Freud geraten"[40], war Vespers letztes Argument, als Hesse, der den Angriffen mit formal-juristischen Mitteln und Argumentationen zu begegnen suchte, mit Unterstützung des Schweizer Schriftstellervereins, dessen Mitglied er war, darauf drang, daß eine Richtigstellung der Angaben in der „Neuen Literatur" hinsichtlich seiner Schweizer Staatsbürgerschaft, der ihm daher zustehenden Rechte und des mithin unberechtigten Vorwurfs, ein Volksverräter zu sein, erfolge. Und eben diese Art der Reaktion, daß Hesse sich zwar persönlich zur Wehr setzt, aber keine offensive Kampfposition entwickelt, sondern schließlich resigniert, offenbart die Schwäche seiner Position. Wenn Hesse auch vorgab, solche Attacken nicht ernst zu nehmen, sie trafen ihn doch tief, und so gab er 1936 seine Rezensententätigkeit sowohl für die „Neue Rundschau" als auch für „Bonniers Litterära Magasin" auf: *Wie zu erwarten war, bin ich wegen meiner neutralen und sachlichen Berichte von zwei Seiten angegriffen worden: die Reichsdeutschen klagen mich an, weil ich auch Juden und Emigranten zu den Menschen rechne und hier und da deren Bücher erwähnt habe, die Emigranten wiederum beschuldigen mich, mit dem Nationalsozialismus unter einer Decke zu stecken. Damit hatte ich, wie gesagt, gerechnet, und das hat mich nicht eingeschüchtert. Es ist eine alte Erfahrung, daß derjenige, der als neutraler Dritter zwischen zwei kriegführenden Fronten Frieden zu stiften sucht, selbst unfehlbar Prügel bekommt. Nun sind aber die Angriffe von beiden Seiten mit einer solchen Gehässigkeit erfolgt und der Kampf ist mit so unzulässigen Mitteln ausgefochten worden, daß ein Mensch von geistiger Redlichkeit sich nicht zu einer Verteidigung herablassen kann. Ich ziehe mich daher zurück . . . ,*[41] heißt es in der Erklärung, mit der Hesse seine Berichte über Nya Tyska Böcker einstellte. Der Gang der Zeit lehrte, daß weniger noch als im ersten Weltkrieg eine Position „oberhalb des Getümmels" möglich war, auf der sich Hesse wie einst mit Rolland nun gern mit Thomas Mann getroffen hätte, dessen Bekenntnis zur Emigration im Brief an die „Neue Zürcher Zeitung" von 1936 er mißverstand als bloßes Nachgeben gegenüber einem Druck der *Herren in Prag und Paris, die Sie auf so banditenhafte Art bedrängten.*[42] Der als Rezensent politisch und menschlich gescheiterte Neutrale beharrte auf dieser Position.

Hesse will eine Position des Weder-Noch: kein Marxist, will er doch auch kein Anhänger des Kapitalismus sein, kein Antisemit, dafür in jedem Falle hilfreicher Freund jüdischer Emigranten, möchte er sich doch gelegentlich *Ariergefühle* gegen manches *Jüdische* gestatten.[43]

Er glaubte sich durch die politische Entwicklung wie auch zunächst der dann in der Emigration zu Korrekturen genötigte Thomas Mann[44] in seiner Auffassung von der Unmöglichkeit zu partei- und gesinnungsmäßiger Bindung des Künstlers bestärkt. Mit Eigensinn und Melancholie beharrte er auf der Don-Quichotterie einer Opposition im Freundeskreis. Hesse erschien es jedenfalls unmöglich, *à la Sinclair mir eine neue Jugend zuzulegen*[45] und sein Werk dem guten heimlichen Deutschland unmittelbar nutzbar zu machen. Trotz Haß und

Heinrich Mann

Verachtung, die er nur für die faschistischen Herren Deutschlands übrig hatte, und trotz seiner Achtung vor den antifaschistischen Widerstandskämpfern fand Hesse keine Verbindung zur antifaschistischen Volksfrontpolitik.

Im Jahre 1935 traf Hesse zum ersten und einzigen Male mit Christoph Schrempf, *diesem schwäbischen Sokrates,*[46] zusammen, da wurden im Gespräch mit dem Fünfundsiebzigjährigen, neben dem sich Hesse *lächerlich verbraucht und müde vorkam,*[47] die Bindungen an den schwäbischen Pietismus ebenso lebendig wie, vermittelt über das Sokratische in der Gestalt dieses ganz und gar unkünstlerischen Mannes, die Beziehungen zum aufklärerischen Erbe, zu Lessings „Ernst und Falk" und „Erziehung des Menschengeschlechts". Hesse fügte ihn der *Bilderwelt seines Lebens*[48] ein.

Und sein moralisches Verhältnis zur Zeit betreffend formulierte Hesse: *Die Stelle von Jünger, die Sie mir mitteilten, ist freilich charakteristisch. Die Jüngersche Welt ist eine Welt von Geist,*

Kritik, Verstand und hohem künstlerischen Geschmack, nur ohne Liebe. Und charakteristisch in Ihrem Zitat scheint mir besonders der Schluß vom Schicksal, das keine persönliche Haftbarmachung kenne. So ist es: niemand ist schuldig, man schießt und brennt die Welt in Trümmer und ist dabei völlig unschuldig, man ist „Exponent" oder „Faktor" oder irgend etwas Geistreiches, aber kein Mensch, kein moralisches, unter Gott stehendes, ihm verantwortliches Wesen. Ich gebe, deutsch gesprochen, keinen roten Pfennig dafür.[49]

Das Verhältnis der Machthaber des Dritten Reiches wie ihrer Journalisten und Literarhistoriker zu Hesse, der 1936 den Schweizer Gottfried-Keller-Preis erhielt, blieb kühl und reserviert, mochte auch 1937 „im Einvernehmen mit dem Herrn Reichsminister für Volksaufklärung und Propaganda und der Parteiamtlichen Prüfungskommission zum Schutze des NS-Schrifttums aus bestimmten Gründen die Ansicht vertreten (werden), daß der Schriftsteller Hermann Hesse zukünftig keinerlei Angriffen mehr ausgesetzt und daß demnach die Verbreitung seiner Werke im Reich nicht behindert werden soll"[50]. Das änderte sich freilich im Laufe der Jahre, wenn sich auch in den Kriegsjahren noch Mit-Eidgenossen (wie mit verächtlichem Spott notiert wurde) bereit fanden, im Auftrage des Joseph Goebbels um Hesse als intellektuellen Kollaborateur der braunen Machthaber in Deutschland zu werben. Doch

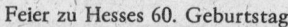

Feier zu Hesses 60. Geburtstag

schon 1937, zu Hesses 60. Geburtstag, war dem schwäbischen Lyriker und ehemaligen Simplizissimus-Mitarbeiter Hans Erich Blaich (Dr. Owlglass) bei Hesses „offizieller Unbeliebtheit" eine öffentliche Gratulation nicht mehr möglich, und so „schnitzelte er zum Privatgebrauch einen Vierzeiler:

> Die ganze deutsche Presse
> notiert für Hesse Baisse.
> Ja, gäb es noch den Mosse,
> dann hätte Hesse Hausse..."[51]

Und als der Autor 1942 seinen großen Altersroman *Das Glasperlenspiel* beendet hatte und ihn, getreu seiner 1936 vertretenen Auffassung, an den Fischer-Verlag beziehungsweise einen eventuellen neuen Besitzer durch Verlagsvertrag gebunden zu sein, Peter Suhrkamp übergab, der nach Dr. Gottfried Bermann-Fischers Emigration den in Deutschland verbliebenen Teil des Fischer-Verlages leitete, von der Gestapo beargwöhnt, bespitzelt und schließlich inhaftiert, da blieb das Werk in Berlin sieben Monate liegen, ohne daß von den faschistischen Behörden die Druckgenehmigung erteilt wurde. So übergab Hesse 1943 sein Buch dem Schweizer Verlag Fretz und Wasmuth, bei dem die Erstausgabe des *Glasperlenspiels* erschien.

Das Glasperlenspiel

Im *Glasperlenspiel* hat Hesse die Summe eines langen und reichen Lebenswerkes gezogen, und durchaus berechtigt hat daher Ernst Robert Curtius das gesamte vorangegangene Werk als „Linien...", die zum Verständnis des ‚Glasperlenspiels' (1943) führen", bezeichnet,[1] den Roman als „die nunmehr endgültig gelungene Transposition und Überhöhung all jener Lebensläufe, in denen Hesse sich als Camenzind, als Giebenrath, als Sinclair, als Siddharta, als Goldmund darstellte", gesehen.[2]

Das Bekenntnis: *Es waren viele Geister um mich während der Arbeit an diesem Buch: eigentlich alle Geister, die mich erzogen haben,*[3] kann ebensosehr im engeren Sinne auf all jene für den Menschen wichtig und für den Erfinder der Kastalier vorbildhaft gewordenen Persönlichkeiten bezogen werden und hat dann für die Präsenz von Burckhardt und Nietzsche, Thomas Mann und Goethe in diesem Buche zu stehen,[4] wie es auch in einem weiteren Sinne aufgefaßt werden kann, daß in der Tat in die Lebensbeschreibung Josef Knechts thematisch und motivisch alles Eingang gefunden hat, was lange zum Charakteristischen Hessescher Hervorbringung gehört.

Abermals hat man also den Gegensatz von vita activa und vita contemplativa, die Zusammengehörigkeit zweier gegensätzlicher Figuren, des Weltmannes und des Denkers. Wiederum sind die unmittelbare Umwelt des Autors, diesmal also vorzugsweise die Schweiz, aber auch Erinnerungen an die schwäbische Heimat vorbildhaft für die Szenerie. Und auch bis in diese Bereiche hinein gibt es wiederholt Selbstzitate: wenn etwa aus *Narziß und Goldmund* die Bäume vor dem Kloster in Knechts erster Schule Eschholz wiederkehren oder aus dem *Demian* die zeichnerische Nachbildung eines Traumerlebnisses als Aufgabe nach einer Meditationsübung nun neuen Zusammenhang und Sinn erhält. Alles deutet auf Lebenssumme, auf ein Bilanzieren, auf eine letzte Verdichtung und auch Vergeistigung eines erprobten Wirklichkeitsvorrates in diesem Buch, in dessen Titel sogleich das Allgemeine, Überindividuelle

[Handschriftlicher Text in deutscher Kurrentschrift, größtenteils unleserlich]

Manuskriptseite aus der ersten Fassung des „Glasperlenspiels" hervorgehoben ist, wenn die Sache, das Symbol an die erste Stelle tritt, der einzelne, Josef Knecht, nur im Untertitel seinen Platz angewiesen bekommt.

Als Ausgangspunkt seiner Arbeit hat Hesse die *Vorstellung ... der Reinkarnation als Ausdrucksform für das Stabile im Fließenden, für die Kontinuität der Überlieferung und des Geisteslebens überhaupt* bezeichnet,[5] die *Vision eines individuellen, aber überzeitlichen Lebenslaufes.*[6] So wird nicht nur erzählt, was vom Leben Knechts, des von hier und heute aus gesehen in ferner Zukunft längst Abgeschiedenen, auf den Chronisten einer noch ferneren Zukunft gekommen ist. Knechts hinterlassene Schriften, nach der im *Hermann Lauscher* und im *Steppenwolf* bereits praktizierten Form einer fiktiven Herausgebertätigkeit des Autors dem Buche eingefügt, und Knechts Gedichte, von

Kloster Maulbronn

denen am prononciertesten das *Stufen* überschriebene das dialektische Prinzip des Buches und seine Idee auf die Goethesche Formel *Wohlan denn, Herz, nimm Abschied und gesunde*[7] bringt, dienen dieser Grundidee. Ein einleitender Herausgeberbericht soll die Fiktion einer historischen und kulturhistorischen Einordnung der nachfolgenden vita Knechts herstellen. Da wird mit Historie ein ironisches Glasperlenspiel betrieben, die Fiktion der Utopie, des Zukünftigen erweist sich immer wieder als Mittel, Konsequenzen zurückzunehmen, zu relativieren.

Das *feuilletonistische Zeitalter* liegt lange zurück, und des längst abgeschiedenen Josef Knechts Befürchtungen hinsichtlich einer Gefährdung, gar Abschaffung Kastaliens sind offenbar auch nach dem Tode des Warners nicht Wahrheit geworden. Mit Recht ist auf diese perspektivische Ironisierung gerade in jenen Passagen des Buches hingewiesen worden, die am unmittelbarsten Zeitkritik enthalten und am stärksten so empfunden werden mußten und so empfunden wurden.[8]

Die seither aus dem Nachlaß im Marbacher Hermann-Hesse-Archiv bekannt gewordenen, bis in das Jahr 1931 zurückreichenden Vorarbeiten zum *Glasperlenspiel* geben interessante Aufschlüsse über wesentliche Differenzen, die zwischen ursprünglichen Plänen und dem vollendeten Werk bestehen.

Am Anfang war die Idee einer Reihe von Lebensläufen. *Dreimal wird X geboren,* hatte Hesse auf der Rückseite eines Briefes vom 30. April 1931 notiert, die Angabe dann durchgestrichen und durch *fünf* ersetzt.[9] Der vierte Lebenslauf sollte nach einem erhaltenen Schema der des Romanerzählers sein, ein fünfter von der Zerstörung des Elfenbeinturms durch die empörten Besitzlosen handeln: *Zukunft. Noch weniger Wirklichkeit, noch mehr Phantasie. Höchste Kultur: das Perlenspiel in vielen Kategorien, umfaßt Musik, Geschichte, Weltraum, Mathematik. X ist jetzt höchster Perlenspieler, spielt die Weltsymphonie, wandelt sie nach Plato, nach Bach, nach Mozart, drückt das Komplizierteste in zehn Zeilen Perlen aus...*[10] Man hat wesentliche Interessengebiete Hermann Hesses beisammen: die äußerste Komprimierung von Inhalten in den ostasiatischen Poesien, im mehrfach von Hesse gerühmten japanischen Siebzehnsilbengedicht beispielsweise, platonische Philosophie, Bach- und Mozartmusik und das ständig wiederkehrende Weltraumthema. *Aber die Notleidenden und Kulturlosen haben genug, sie schlagen (mit Recht) alles zusammen, die Perlenspieler sind ihnen lächerlich und verhaßt...*[11]

Dieser Plan zeigt noch einmal deutliche Beziehungen zum Roman vom *Steppenwolf*. Was dort die Phantasmagorie eines magischen Theaters zu leisten hatte, soll hier mit Hilfe von Zeitvorgriffen bewerkstelligt werden, die freilich so minimal sind, daß man sich doch scheut, von Utopie zu sprechen. Denn nach den ebenfalls inzwischen von der amerikanischen Germanistik ausgewerteten zwei Typoskripten, von der endgültigen Veröffentlichung erheblich abweichender Versionen der Einleitung, erfolgte die Erfindung des Glasperlenspiels im Jahre 1940 durch den Frankfurter Oberrechnungsrat Reinhold Klaiber.[12] Als Ersatz für das ihm verhaßte Bridgespiel seiner Frau erdachte er eine Art Bildungsquartett, das zum Spiel der Gebildeten wurde, woraus sich schließlich ein regelrechter Kult entwickelt habe. Diese später von Hesse nicht ausgeführte Vorgeschichte des Glasperlenspiels rechtfertigt überraschend direkt die dann von Rudolf Pannwitz herausgefundene Beziehung zum Kreuzworträtsel,[13] zeigt aber vor allem eine ursprüngliche kritische Intention des Buches, die dann zugunsten einer utopischen Verteidigung des Kultes reiner Geistigkeit aufgegeben, zumindest ganz stark zurückgedrängt wurde. Damit verbunden war, daß aus der ursprünglichen *Klaiberzeit* das *feuilletonistische Zeitalter* wurde, die unmittelbare Zeitbezüglichkeit auf Straßenkämpfe zwischen bewaffneten Nationalsozialisten und Kommunisten, aber auch auf das Buch „Kriegsschuldlüge" des fiktiven Professors Lankhaar als kaum verschlüsselte Polemik gegen Hitlers „Mein Kampf" zurückgenommen wurde. Dabei hatte der ursprüngliche Plan, wie auch unterschiedliche Konzeptionen des Schlusses in einer Notiz vom 22. Juni 1931 belegen,[14] in jedem Falle eine sehr unmittelbare Auseinandersetzung mit dem Faschismus vorgesehen. Erwogen worden war ein großes Gespräch Knechts mit dem Führer der Diktatur, der den Glasperlenspielmeister für den neuen Staat und die Partei gewinnen will, andernfalls drohe dem Orden Verbot und Auflösung. *Der Versucher spricht recht klug und beinah geistig,*[15] aber Knecht widerspricht dem Antrag, Kastalien dem Staate zu unterstellen und eine ihm überwiesene Jugend auszubilden, daß *der Geist mit der Politik und Aktien verbunden werde*[16] (wie Hesse 1931 bemerkenswert klarsichtig Bestrebungen des noch nicht an die Macht ge-

Faschistische Bücherverbrennung 1933

langten deutschen Faschismus bestimmte, ohne daß allerdings
solche gewonnene Einsicht später direkten Ausdruck im vollendeten Werk gefunden hätte). Also bleibt Knecht vor dem
Abtreten nur das letzte große Glasperlenspiel als Kampf des
Geistes gegen die Macht, und alle Fortschritte der Macht
gegen den Geist sollen sich nach dem Willen des Dichters als
geheime Auflösung der Macht erweisen, denn alles zeige sich
schließlich durchsetzt und verwandelt durch Geist.
Es liegt auf der Hand, daß eine derartige, ganz auf den endlichen Sieg des Geistes gerichtete Konzeption nach dem
30. Januar 1933 nicht mehr durchführbar war. Aber auch die
andere Möglichkeit, ein intaktes Kastalien als ewig unange-
fochtenes Refugium, das Knecht anscheinend grundlos ver-
läßt, erwies sich als unangemessen. So entstand Hermann
Hesses *Glasperlenspiel* aus dem Widerstreit vielfacher in Er-
wägung gezogener Möglichkeiten und dem Zwang der Zeit.
Die Funktion, die das neue Werk zunächst vor allem für den
Autor zu erfüllen hatte, wandelte sich grundlegend. Aus der
Kritik am Produkt der *Klaiberzeit* wurde bei allem Vorbehalt
die Verteidigung Kastaliens und des Glasperlenspiels, dessen
Entwicklung aus nur allzu begründetem Unglauben an einen
deutschen Beitrag zur Geistesgeschichte von Deutschland

nach England und Frankreich verlegt wurde.[17] An die Stelle von ursprünglich erwogener direkter Auseinandersetzung trat, auch mit Rücksicht auf eine von Hesse beabsichtigte und Peter Suhrkamp versuchte Publikation im faschistischen Deutschland, eine Kryptokritik.

Immerhin enthielt die Erstfassung des Buches nach brieflichen Äußerungen Hesses immer noch Kampfansagen gegen die

Motto zum „Glasperlenspiel"

faschistischen Diktatoren als Ausdruck eines leidenschaftlichen Protestes gegen die Vergewaltigung des Lebens und des Geistes. Handschriftlich wurden sie im Freundeskreis des Dichters verbreitet. Möglichenfalls hätte es hier eine Parallele zur Wirkung von Thomas Manns „Lotte in Weimar" gegeben, aus der Auszüge, für authentischen Goethe-Text genommene, in denen nur vom Autor Goethe in den Mund gelegte Kritiken am deutschen Nationalismus in der antifaschistischen Propaganda eine Rolle spielten. Hesse hat solche Unmittelbarkeit in das Werk hineingeheimnister Bezüge schließlich gescheut. *Später hatte die kämpferisch-protestierende Funktion meines Buches für mich keine Bedeutung mehr,*[18] erklärte er dann. Dafür zielte er mit seinem *Glasperlenspiel* auf eine umfassendere, aber abstraktere kulturphilosophische Auseinandersetzung mit der geistigen Situation der Epoche, aber auch vorzugsweise mit literarhistorischen und philosophischen Traditionen sowie mit dem eigenen Werk. Gewidmet ist das *Glasperlenspiel* den Morgenlandfahrern, jener eigentümlichen Gemeinschaft realer und fiktiver, historischer und damals noch lebender Personen, von deren Zug durch *halb Europa und einen Teil des Mittelalters*[19] Hesse 1932 erzählt hatte. Die Beziehungen zur deutschen Romantik sind auch im *Glasperlenspiel* allenthalben deutlich. Aber in einem Brief während der Arbeit an diesem Roman hatte der Dichter geschrieben: *Es kommt darauf an, aus der romantischen Haltung ein verantwortliches Dichtertum zu erziehen, mit großer Strenge im Wort und großer Vorsicht im Anlehnen an Vorbilder. Die alte Romantik ist da und braucht nicht nochmal geschaffen zu werden.*[20] Und so wäre denn das Motto zum *Glasperlenspiel*-Roman — *Sein Motto hat den Vorzug vor vielen andern, daß es haargenau paßt, und das war keine Kunst, denn der deutsche Text ist von mir und der Autor Albertus erfunden; die Fassung in scholastischem Latein hat Schall gemacht und Collofino (Feinhals) revidiert, drum sind auch die beiden in der Quellenangabe dankbar mitgenannt*[21] — auch dahingehend zu lesen, daß mit der kastalischen Utopie die Frage an die Morgenlandfahrer gerichtet wird, wie es denn mit der Verantwortlichkeit stehe im Erstreben und Verwirklichen gewisser Dinge, *deren Existenz weder beweisbar noch wahrscheinlich ist, welche aber eben dadurch, daß fromme und gewissenhafte Menschen sie gewissermaßen als seiende Dinge behandeln, dem Sein und der Möglichkeit des Geborenwerdens um einen Schritt näher*

Hesse mit Frau Ninon und deren Schwester

geführt werden.[22] Und solcher Annäherung an die Möglichkeit der Existenz dient ja auch das Buch vom *Glasperlenspiel*, von einer kastalischen pädagogischen Provinz.

Das wäre eine erste Ebene der Betrachtung: das *Glasperlenspiel* als eine sehr persönliche, sehr unmittelbare Auseinandersetzung des Autors mit dem eigenen Werk, der eigenen Wirkung in der geschichtlichen Wirklichkeit. Der *grinsenden Gegenwart zum Trotz das Reich des Geistes und der Seele als existent und unüberwindlich sichtbar machen*[23] hieß zugleich Verteidigung des eigenen Werkes, bedeutete — um im geistigen Raum des Romans zu bleiben — mit dem Pater Jakobus die historisch gesetzmäßigen Bedingtheiten vergangener Entwicklungen zu erkennen und (als das Hesse während der Jahre des Faschismus einzig Mögliche) die Zukunft offen, wenn auch undurchschaubar, von keiner Geschichtsphilosophie vorausbestimmt zu sehen. Es bedeutete zugleich, nicht allein im Sinne des Paters Jakobus und Jacob Burckhardts, sondern auch im Sinne des als Romantiker verstandenen Hegel[24] ein optimistisch-dialektisches Prinzip in dem Gedicht *Stufen* gelten zu lassen. So wäre denn unter diesem Aspekt das *Glasperlenspiel* — wie das Gesamtwerk des Dichters — als immer neue Antwort *des*

229

Geistes auf den *Ruf des Lebens* zu lesen, wie nicht nur die Gedichte interpretieren, sondern auch die historischen Lebensläufe als gemeinhin viel zuwenig beachtete integrierende Bestandteile des Romanwerks beweisen, als ein Buch des Abschiednehmens, als eine Elegie, aber nicht als ein Schlußwort.

Die entsprechenden Selbstaussagen des Dichters sind klar und eindeutig: *Es galt für mich zweierlei: einen geistigen Raum aufzubauen, in dem ich atmen und leben könnte aller Vergiftung der Welt zum Trotz, eine Zuflucht und Burg, und zweitens den Widerstand des Geistes gegen die barbarischen Mächte zum Ausdruck zu bringen und womöglich meine Freunde drüben in Deutschland im Widerstand und Ausharren zu stärken.*[25]

So projizierte der Dichter sein Bild einer Welt des Geistes und des Friedens in die Zukunft, bannte die üble Gegenwart in eine überstandene Vergangenheit, überzeugt davon, wie er Emil Staiger schrieb: *Das Beschwören einer Idee, das Darstellen einer Verwirklichung ist an sich schon ein Schrittchen zu dieser Verwirklichung (paululum appropinquant).*[26] Das alles spräche dafür, wie ernst es dem Dichter mit dem humanistischen Programm seines Buches war, wie sehr hier Verteidigung der eigenen Position bei aller Skepsis hinsichtlich totaler Realisierung im Vordergrund stand.

Schaut man indessen genauer auf diese Utopie, die nach allgemeiner Rechnung der Interpreten um das Jahr 2200 spielen soll, so stellt sich die kastalische Welt im Rundbrief des ausbrechenden Magister ludi Josef Knecht zwar als Ergebnis einer Nachkriegssituation, des Rückzugs auf den Geist nach dem Kriege dar, die geschilderte äußere Bedrohung allerdings der kastalischen Provinz hat starke Ähnlichkeit mit jener sehr realen Bedrohung, der die Schweiz während des zweiten Weltkrieges durch das faschistische Deutschland ausgesetzt war. Hier wie an anderer Stelle gibt es Brüchigkeiten, Unstimmigkeiten in der poetischen Konstruktion. Im Einzelfall mögen sie sich aus einem Hervortreten älterer Konzeptionen erklären, insgesamt scheinen sie, betrachtet man das Werk genau, vom Dichter beabsichtigt, Ausdruck unaufgehobener Unentschiedenheiten. Die mehr „träumerische Kultur-Utopie und -Philosophie", die Thomas Mann da im Gegensatz zum „kritischen Leidensausbruch und (der) Feststellung unserer Tragödie" im „Doktor Faustus" sah,[27] wird man schwerlich anders als für eine insgeheim längst angezweifelte und mit skeptischer Ironie betrachtete Botschaft nehmen dürfen.

Worum also handelt es sich beim *Glasperlenspiel*? Daß es eine Utopie in den Maßstäben europäischer Staaten in der ersten Jahrhunderthälfte ist, haben Wissenschaft und Essayistik hervorgehoben.[28] Und wie sehr diese Utopie auch in ihren einzelnen Zügen und Momenten Auseinandersetzung mit der geistigen Situation und geistigen Möglichkeiten in eben dieser ersten Jahrhunderthälfte ist, wird allenthalben evident. Es ist Absage ebenso an den preußischen Hofhistoriker Heinrich von Treitschke und dessen Satz, daß Männer Geschichte machen, wie an die in seiner Nachfolge schreibenden Historiker im Nazideutschland, wie aber auch an jene, die ihre Hoffnungen auf die Aktionen der großen Einzelnen richteten, wenn Hesse seinen Pater Jakobus an einer wichtigen Stelle des Romans unter deutlichem Bezug auf die reale historische Situation in Deutschland erklären läßt: *Die großen Männer sind für die Jugend die Rosinen im Kuchen der Weltgeschichte, sie gehören auch zu deren eigentlicher Substanz, gewiß, und es ist gar nicht so einfach und leicht, wie man meinen sollte, die wirklich Großen von den Scheingroßen zu unterscheiden. Bei den Scheingroßen ist es der historische Augenblick und dessen Erraten und Anpacken, was den Schein der Größe gibt; es fehlt ja auch nicht an Historikern und Biographen geschweige denn Journalisten, denen dies Erraten und Erfassen eines geschichtlichen Augenblicks, will sagen: der momentane Erfolg, schon als ein Kennzeichen der Größe erscheint. Der Korporal, der von heut auf morgen Diktator wird, oder die Kurtisane, die es für eine Weile dazu bringt, über die gute oder böse Laune eines Weltherrschers zu regieren, sind Lieblingsfiguren solcher Historiker. Und ideal gesinnte Jünglinge lieben, umgekehrt, am meisten die tragisch Erfolglosen, die Märtyrer, die um einen Augenblick zu früh oder zu spät Gekommenen. Für mich, der ich ja vor allem ein Historiker unseres benediktinischen Ordens bin, sind das Anziehendste, Erstaunlichste und Studierenswerteste in der Weltgeschichte nicht die Personen und nicht die Coups und Erfolge oder Untergänge, sondern meine Liebe und unersättliche Neugierde gilt solchen Erscheinungen wie unsre Kongregation eine ist, jenen sehr langlebigen Organisationen, in welchen der Versuch gemacht wird, vom Geist und der Seele der Menschen zu sammeln, zu erziehen und umzuformen, sie durch Erziehung, nicht durch Eugenik, durch den Geist, nicht durchs Blut zu einem Adel zu*

*machen, der zum Dienen wie zum Herrschen befähigt ist ... Daß
ein Abenteurer einmal Glück hat und ein Reich erobert oder begründet, das dann zwanzig oder fünfzig oder sogar einmal hundert
Jahre dauert, oder daß ein wohlmeinender Idealist von König oder
Kaiser einmal eine redlichere Art von Politik anstrebt oder einen
kulturellen Wunschtraum zu verwirklichen sucht, daß einmal unter
hohem Druck ein Volk oder eine andre Gemeinschaft Unerhörtes
zu leisten und zu dulden fähig war, das alles ist mir längst nicht
so interessant, als daß immer wieder der Versuch zu solchen Ge-
bilden gemacht wurde, wie unser Orden eines ist, und daß einige
dieser Versuche sich tausend und zweitausend Jahre erhalten
konnten. Von der heiligen Kirche selbst will ich nicht reden, sie
steht für uns Gläubige oberhalb der Diskussion. Aber daß Kon-
gregationen wie die der Benediktiner, der Dominikaner, später der
Jesuiten und so weiter manches Jahrhundert alt geworden sind und
nach all den Jahrhunderten noch, trotz allen Entwicklungen,
Entartungen, Anpassungen und Vergewaltigungen, ihr Gesicht
und ihre Stimme, ihre Gebärde, ihre individuelle Seele bewahrt
haben, das ist für mich das merkwürdigste und ehrwürdigste
Phänomen der Geschichte.*[29]

Hesse verkündet durch den Mund des Benediktinerpaters eine
Art der Geschichtsbetrachtung, *worin auch das aktuellste und
leidenschaftlichste Geschehen mit einer wahrhaft antiken Ruhe und
Klarheit betrachtet wird,* wie er an den *Weltgeschichtlichen Betrachtungen* Jacob Burckhardts hervorhob.[30] Und in Korrespondenz zu den Bemerkungen des Paters Jakobus über die
Fragwürdigkeit aller Beschäftigung mit Geschichte heißt es
in einem Brief Hermann Hesses an Thomas Mann: *Und dann
ist natürlich inmitten der heutigen Art von Geschichtsauffassung
und Geschichtsschreibung die stille, leicht melancholische Ironie mir
bis ins kleinste lieb geworden, mit der Sie letzten Endes die Problematik aller Geschichte und allen Erzählenwollens ansehen, ohne
doch einen Augenblick in der Bemühung um eben diese im Grund
als unmöglich erkannte Geschichtsschreibung nachzulassen.*[31] Bekräftigt werden im *Glasperlenspiel* solche Anschauungen als
Meinung des Autors und nicht allein einer Romanfigur auch
durch des Altmusikmeisters Ablehnung aller Geschichtsphilosophie, alles *Lehrenwollen des „Sinns",* wodurch *einst die
Geschichtsphilosophen die halbe Weltgeschichte verdorben, das
feuilletonistische Zeitalter eingeleitet und eine Menge von vergos-
senem Blut mitverschuldet* hätten.[32] Damit ist eine grundsätz-

liche weltanschauliche Position Hermann Hesses bezeichnet; äußerlich führt sie zu der romantisierend geschnörkelten Attitüde in den Romanen, in letzter Konsequenz zum bewußten Verzicht auf historische Tiefendimension und Perspektive zugunsten zeitloser Sinnbilder. In solcher Grundhaltung — und nicht in der Eigentümlichkeit der poetischen Konstruktion — ist die Grenze des Buches begründet: die Folgenlosigkeit eines Humanismus, dessen Angriffsziel transzendiert und damit der Aktualität enthoben ist.

In ehrfurchtsvoller Betrachtung einer postulierten Unzerstörbarkeit des schließlich immer und überall triumphierenden Geistes möchte der Dichter Trost finden. Dabei verzichtet er wie auf die Scheingrößen des Augenblicks auch auf die tragisch Erfolglosen, auf die Idealisten, schließlich auf das Volk mit seinen Leiden und Leistungen als geschichtsrelevante Größe. Solche Wirklichkeitsreduktion führt zur ästhetischen Problematik des späten Romans und begründet die weltanschauliche Begrenztheit einer für problematisch erkannten Utopie. Das führt zur Aufhebung schließlich des Romans und der Knechtschen Entwicklung, insofern sub specie aeternitatis, wie hier geschrieben wird, Knechts Warnungen vor der Gefährdung des Ordens sowohl durch das Volk, das einmal keine Lust zur Duldung mehr haben könnte, als auch durch die Scheingrößen kriegerischer Politik offenkundig nicht eingetroffen ist. Kastalien bleibt bestehen, Knecht aber ertrinkt beim Baden. Das scheint ein sinnloser Tod, die Opferung des Geistes an das „Leben" (als Wiederaufnahme einer für die Dichtung des Jahrhundertbeginns charakteristischen Antithetik). Und enttäuschte Leser haben es dem Dichter entsprechend verübelt, daß er Knecht, nun da er als Lehrer und Erzieher des jungen Tito Designori endlich eine ergebnisversprechende Tätigkeit begonnen habe, so plötzlich umkommen lasse. Dem wäre entgegenzuhalten, daß Gedanken des pädagogisch weiterwirkenden Opfers nicht übersehen werden sollten, der offene Schluß der Lebensgeschichte Knechts Voraussetzung für jenes „Transzendieren" der Problematik ist, das in den folgenden Gedichten, erst recht in den Lebensläufen geleistet wird, wobei es ein ironischer Kunstgriff des Erzählers ist, daß die Lebensläufe in lange zurückliegende historische Epochen verlegt wurden, auf eine zeitliche Progression verzichtet wurde.

In diesem Zusammenhang gewinnt aber auch — über das autobiographische Moment einer abschließenden Äußerung Hesses zu Traditionen seiner Herkunft hinaus — die Erinnerung an den schwäbischen Pietismus, an Johann Albrecht Bengel vor allem, größere Bedeutung.

In der Verehrung für den sonderbaren Mann begegnen sich Knecht und der Pater Jakobus, was in Anbetracht der gerade im Gespräch von beiden entwickelten Geschichtsauffassung nicht gar so verwunderlich ist.[33] Der Bezug auf den Vater des schwäbischen Pietismus gibt nicht allein Gelegenheit, das

Glasperlenspiel noch einmal expressis verbis mit dem enzyklopädischen Gedanken des 18. Jahrhunderts in Verbindung zu bringen. Die Erinnerung an Bengels Erklärung der Offenbarung Johannis mit der darin enthaltenen Zeiten-Ordnung und Prophezeiung der Wiederkunft Christi für das Jahr 1836 veranlaßt Knecht zu der halb scherz-, halb ernsthaften Auffassung, Bengel wären, hätte er ein System wie das Glasperlenspiel besessen, Irrwege erspart geblieben; er *fand für die verschiedenen Begabungen, die er in sich vereinigte, die ersehnte Richtung auf ein gemeinsames Ziel nicht ganz...*[34] Knecht, der so frohgemut das Spielsystem seines Ordens als Lösung anpreist, steht am Ende durchaus vor einer vergleichbaren Problematik. Zugleich sieht er aber mit Bengel die Möglichkeit, einer kleinen und vergänglichen Kirche zu dienen, *ohne dabei etwas vom Dienst am Ewigen zu versäumen. Frömmigkeit, das heißt gläubiger Dienst und Treue bis zur Hingabe des Lebens, sei in jedem Bekenntnis und auf jeder Stufe möglich, und für die Aufrichtigkeit und den Wert jeder persönlichen Frömmigkeit sei dieser Dienst und diese Treue die einzige gültige Probe.*[35]

Bei allem Bezug auf Bengel hat diese Frömmigkeit, hat der kastalische Orden insgesamt, wie sogleich bei Erscheinen des Buches kritisch vermerkt wurde, etwas Unchristliches, wenn nicht gar Gegenchristliches. Dazu hat Hesse sich ausdrücklich bekannt: *Ich habe im „Glasperlenspiel" die Welt der humanistischen Geistigkeit dargestellt, die vor den Religionen zwar Respekt hat, aber außerhalb derselben lebt ... Mehr als dies habe ich nicht zu geben. Über die Werte und Segnungen der christlichen Religion wird Ihnen jeder Priester und jeder Katechismus mehr sagen, als ich Ihnen sagen könnte.*[36]

Auch daß seine Utopie im Sinne einer platonischen Idee vom Autor sogleich als höchst relativ erkannt wurde, als ein Trotzalledem dennoch mutig einer barbarischen Welt entgegengehalten wurde, hat Hermann Hesse in einem Brief an Robert Faesi ausgesprochen und zugleich die Position bezeichnet, von der her er die eigene Idee kritisch bewertete: *Dagegen hat es mich sehr gefreut, daß Sie die Struktur meiner Utopie so richtig erkannt und es so gut formuliert haben: sie zeigt lediglich eine Möglichkeit des geistigen Lebens, einen platonischen Traum, nicht ein für ewig gültig zu haltendes Ideal, sondern eine mögliche, sich ihrer Relativität aber bewußte Welt. Den inneren Sinn dieser Welt stellt der jüngere Joseph Knecht und der Ordensmeister dar,*

*während der spätere Knecht, historisch vorgeschult, den Gedanken
der Relativität und Vergänglichkeit auch der idealsten Welt verkörpert. Daß Knecht sie so sehn konnte, verdankt er dem Meister
Jakobus, und daß ich Kastalien, meine Utopia, zugleich in ihrer
Relativität sehen konnte, verdanke ich jenem Jakobus, nach dem
der Pater seinen Namen bekommen hat: Jacob Burckhardt.*[37]
Mit alledem steht das Buch in der eigentümlichen Spannung,
daß da zwar einerseits eine skeptisch betrachtete Utopie gegeben wird, sich diese Utopie aber zugleich als spätzeitliche
Kulturkritik präsentiert, das heißt auch: als subtile Analyse
einer spätzeitlichen Situation, ohne daß freilich anders als in
Resignation und Bescheidung Auswege kenntlich gemacht
werden könnten. Offenkundig geht es auch noch einmal um
das Problem der Dekadenz. Nicht allein, daß Knecht in der
kastalischen Reduktion des Geisteslebens auf unschöpferische
Analyse eine Gefährdung sieht, gegen die er, der Mann des
zarten Künstlergefühls,[38] sich wehrt, nicht allein, daß Tegularius
als einsamer Vorläufer einer unausweichlichen Dekadenz, als
Repräsentant eines entarteten und niedergehenden Kastaliens[39]
verstanden wird. Hesse selbst hat auf die Beziehung zwischen
Tegularius, *dessen Glasperlenspiele zuzeiten die Neigung haben,
auf scheinbar legitimstem Wege in Melancholie und Ironie zu
enden,* und Thomas Manns Adrian Leverkühn hingewiesen.[40]
Auch Designori, der Weltmann und Politiker, der Mann der
vita activa als Gegenpol, ist im Grunde eine Dekadenzfigur,
der Weltmann mit einem Hegelschen „unglücklichen Bewußtsein" gleich Knecht. An Designori erweist sich die Fragwürdigkeit Kastaliens als Modell einer pädagogischen Provinz.
Damit findet auch Kritik und Zurücknahme der aufklärerisch
intendierten Ideen Goethes, Schillers und Mozarts statt.
Kastalien verlangt, soll Erwähltheit nicht zu geistigem Hoch-
mut führen, Demut und Opferbereitschaft (wovon die drei
Lebensläufe schließlich handeln). Die Berührungspunkte mit
Gedanken des späten Thomas Mann, Opfer und Gnade betreffend, scheinen größer als die zur klassisch-humanistischen Tradition. Übrigens steckt wie in der Gestalt des Glasperlenspielmeisters auch in der Designoris noch einmal viel persönliche
Lebensproblematik des Menschen und Dichters Hermann
Hesse, darf man hier eine letzte, endgültige Auseinandersetzung
mit den spannungsvollen Jahren der scheiternden ersten Ehe,
des Bruchs mit der bisherigen Umwelt sehen.

Hesse. Zeichnung von Gunter Böhmer

Unter solchen Aspekten stellt sich Knechts Streben nach einer
Synthese zwischen Kastalien und der Außenwelt als ein mehr
denn problematisches Unterfangen dar. So führt Knechts Weg
nicht zu kollektivem Tun, sondern in die Einsamkeit.

Bei Hölderlin hatte Hesse gelesen und schon 1924 den Satz als
eine tiefe Einsicht hervorgehoben[41]: „Es kommt alles darauf an,
daß die Vortrefflicheren das Inferieure, die Schönern das
Barbarische nicht zu sehr von sich ausschließen, sich aber auch
nicht zu sehr damit vermischen, daß sie die Distanz, die
zwischen ihnen und den andern ist, bestimmt und leiden-
schaftslos erkennen und aus dieser Erkenntnis wirken und
dulden. Isolieren sie sich zu sehr, so ist die Wirksamkeit verloren, und sie gehen in ihrer Einsamkeit unter."[42] Und Hesse
interpretierte: *Seine eigentliche Tiefe zeigt der Satz erst, wenn wir
ihn auch nach innen verstehen, als die Forderung, der Edle müsse
nicht nur in der Umwelt, sondern auch in sich selbst, in der eigenen
Seele das Gemeinere, das naturhaft Naive anzuerkennen und zu
schonen wissen.*[43] Das indessen bedeutet nichts anderes als die
Preisgabe der Grundidee des klassischen Bildungs- und

237

Erziehungsromans. Dessen Ziel war Darstellung der allseitigen und vollständigen Ausbildung einer Individualität durch Konfrontation mit einem ausgewählten, modellhaft vorgestellten Stück Wirklichkeit gewesen. Die Regression auf ein intellekt- wie gesellschaftsbedrohtes Gemeineres, naturhaft Naives im Menschen widerspricht dem völlig, deutet auf ein vom spätbürgerlichen Künstler nicht mehr zu bewältigendes Verhältnis von Macht der Außenwelt und Möglichkeit des Individuums. Hesses dagegengesetzte Darstellung eines stufenweisen Fortschritts in der Entwicklung natürlicher menschlicher Weisheit stellt schließlich auch das Modell Kastalien auf einer höchsten Ebene in Frage. Der Bezug des *Glasperlenspiels* auf Goethes „Wilhelm Meister", die Reduktion des Meisters zum Knecht, ist rasch bemerkt worden. Aber es gibt auch den Bezug aus „Faust".

Die weiteren Beziehungen, die es auch zwischen Hesses Erfindung des Glasperlenspiels und den Überlegungen des Holländers Johan Huizinga über den „homo ludens" gibt, wurden ebenfalls frühzeitig erkannt und anläßlich der Verleihung des Nobelpreises an Hesse besonders hervorgehoben. „Sub specie ludi" hatte der Ordinarius für allgemeine Geschichte an der Universität Leiden in seinem Buch, das auch dem Erscheinungsjahr 1938 nach in auffälliger Parallelität zu Hesses *Glasperlenspiel* steht, die Kulturgeschichte betrachtet, das Spiel als eine Form von Aktivität, als sinnvolle Form, soziale Funktion, aber auch als Offenbarung eines immateriellen Elements begriffen. Bemerkenswerte Übereinstimmungen mit Hesses Überlegungen gibt es bei der Erörterung des Spielelements in der heutigen Kultur. Sowohl des Wissenschaftlers wie des Dichters Gedanken kreisen am Ende um das Problem der Sittlichkeit und humanen Verantwortung. Die Konsequenzen stimmen überraschend genau überein, übrigens auch in einer gewissen Abstraktheit. Von Knecht heißt es bei Hesse, daß ohne vorangegangene Zucht der Eliteschule und ohne Aufsicht der Erziehungsbehörde die Freiheit des Studiums eine schwere Gefahr sei, wie sie es in vorkastalischer Zeit für die jungen faustischen Naturen gewesen wäre, die *alle Schiffbrüche eines ungezügelten Dilettantismus erleiden mußten; Faust selber ist ja der Prototyp des genialen Dilettanten und seiner Tragik.*[44]

Dem kastalischen Electus ist jegliches Studium, die Beschäftigung mit dem Entlegensten gestattet — mit einer gegen Faustisches gerichteten Einschränkung: *solange nur nicht ihre Sitten entarten.*[45] Da scheint eher der Famulus Wagner als der Doktor Faust für den kastalischen Glasperlenspieler zuständig, dessen Tätigkeit kombinatorische Interpretation, aber nicht schöpferische künstlerische Produktion ist, wie in diesem vom Spiel handelnden Buch Kunst überhaupt hinter Wissenschaft zurücktritt, wesentlich nur als deren Objekt gesehen wird.

Zwar ist gelegentlich darauf hingewiesen worden, daß im Rundbrief des Glasperlenspielmeisters die mögliche Aufkündigung der materiellen Voraussetzungen Kastaliens durch die Produzenten des Lebensnotwendigen, die Arbeiter, den Brechtschen „Fragen eines lesenden Arbeiters" nicht gar so fern stünde, die wichtigere Frage indessen, seit Klingers Faustroman, seit dem fünften Akt von Goethes zweitem Teil der Faust-Tragödie gestellt, von Brecht im „Leben des Galilei" unabweisbar aktuell formuliert, die Frage nämlich nach der Verantwortung des Gelehrten vor der Gesellschaft für die Folgen wissenschaftlicher Entdeckungen, bleibt in diesem Buche ausgespart. Die kastalische Provinz des Jahres 2200 — Hesses Erfindung aus den dreißiger und vierziger Jahren des 20. Jahrhunderts — bleibt beschränkt auf die traditionellen Geisteswissenschaften, bleibt unberührt vom Atomzeitalter. Der Blick bleibt rückwärts gerichtet auf die „Integration der abendländischen Tradition in Hesses Geistigkeit", wie Ernst Robert Curtius schrieb.[46]

So ist, in diesem Betracht jedenfalls, dieser Roman, der auch vom Schicksal des Wissens und der Wissenschaften handelt, mehr wehmutsvoller Abgesang einer endenden Epoche als Vorgriff auf eine neue, die Brecht das wissenschaftliche Zeitalter zu nennen pflegte.

Das gilt schließlich auch für die formalen Eigentümlichkeiten dieses Buches und seine Stellung in der deutschen spätbürgerlichen Romankunst. Ob es dem Autor während seiner Arbeit bewußt gewesen ist oder nicht, das *Glasperlenspiel* reflektiert unter anderem auch Probleme einer spätzeitlichen modernen Romanliteratur, das, was gern als „Krise des Romans", in der Umkehrung der auf Thomas Manns „Doktor Faustus" bezogenen Formel vom Roman der Endzeit als Endzeit des Romans bezeichnet worden ist.[47]

Das *Glasperlenspiel* ist wiederholt mit dem parallel entstandenen „Doktor Faustus" verglichen worden — von Thomas Mann zuerst, dann natürlich immer wieder von der Literaturwissenschaft. Es gibt aber auch den eigentümlichen, recht persönlich gefärbten Brief von Hesses Maler-Freund Ernst Morgenthaler, der nach der Lektüre von Thomas Manns Buch, dessen Musiktheorie er als Harmonielehrheft des kleinen Moritz, Seite eins, abkanzelte, formulierte: „Mir ist eines klargeworden dabei, nämlich: der Unterschied zwischen einem Dichter und einem Schriftsteller. Glasperlenspiel und Doktor Faustus — zwingender kann man diesen Unterschied nicht aufgezeigt bekommen ... so verneige ich mich vor dem großen Sprachkünstler und Erzähler Thomas Mann. Aber wie bin ich froh, daß es neben noch so genialen Schriftstellern auch Dichter gibt."[48]

Indessen ist das doch eine formale Antithese, unbewußt gebunden an ein übrigens von Thomas Mann immer wieder zurückgewiesenes Klischeedenken, dessen Verwendung in der präfaschistischen und faschistischen Literaturkritik jüngst in extenso dargestellt worden ist.[49] Es geht um Schwierigkeiten einer Kunstübung, an die — im Falle Hermann Hesse — nur ein einzelner verzweifelt und im Bewußtsein seines Einzelgängertums noch glaubt, was zur Elegie im Sinne des Schillerschen Aufsatzes über naive und sentimentalische Dichtung führt in der Entgegensetzung zur Parodie aus Unglauben an die Möglichkeit solcher Kunstübung im Falle Thomas Manns.[50]

Einem Dichter, der wie Hesse den Platon gelesen hatte und natürlich auch dessen schlechte Meinung von den Dichtern als Lügnern genau kannte, mochten wohl Zweifel an künftigen Möglichkeiten der Fiktion kommen. Und seine eigenen Werke als Bekenntnisse anlegend, verstehend und interpretierend, meinte sie Hesse als Polemik gegen die Lügenhaftigkeit, die ihm als allgemeines Kennzeichen der Literatur erschien.

Die Frage, „ob es nicht aussähe, als käme auf dem Gebiet des Romans heute nur noch das in Betracht, was kein Roman mehr ist"[51], scheint mit dem *Glasperlenspiel* positiv beantwortet: Dieses Buch handelt, seinem Titel nach, von einer Sache, gibt sich als wissenschaftliche Deskription eines Phänomens, das nach dem Willen des Autors zugleich Symbol einer ganzen geistigen Situation sein soll. Josef Knecht ist in den Untertitel

verwiesen, und das, obwohl er als „Held" eines spätbürger-
lichen Bildungsromans, als Mann von bedeutenden geistigen
Fähigkeiten und einem hohen Grad von Bewußtsein vor-
gestellt wird und sich so durchaus etwa von Thomas Manns
Hans Castorp als einem Prototyp spätbürgerlicher Bildungs-
romanhelden unterscheidet.[52] Dennoch wird auch Knechts
Geschichte „nicht um seinetwillen"[53] erzählt, und auch
Knecht ist vor allem reizempfindlich Aufnehmender und
Reagierender. Das berührt eine Problematik, die Robert Musil
1932 in einer Notiz über seinen „Mann ohne Eigenschaften"
auf die paradoxe Formel brachte: „Die Geschichte dieses
Romans kommt darauf hinaus, daß die Geschichte, die in ihm
erzählt werden soll, nicht erzählt wird."[54]

Sodann: Die Fiktion archivalischer Ausgrabung wird im *Glasperlenspiel* in längeren, zum Essayistischen tendierenden oder
als Abdruck aufgefundener Dokumente ausgegebenen Passagen befestigt. Anders gewiß als bei Thomas Mann gibt es
doch auch hier in diesem Buch „kostümierte Essayistik"[55].
Und es bleibt Raum für eine absichtsvoll durchsichtige Hul-
digung an den geschätzten Kollegen, der als Thomas von der
Trave figuriert. Das kennzeichnet den Bezug des Romans auf
reale Persönlichkeiten und geistige Phänomene und weist
solcherart ästhetische Berührungspunkte mit Thomas Manns
Verwendung von Adorno-Zitaten für die Teufelsfigur im
„Doktor Faustus" auf, wie es auch kollegial freundschaftliche
Antwort auf die *Steppenwolf*-Huldigung für Hermann Hesse
im zweiten Josephsband[56] ist, wo gelegentlich von Josephs
Lektüre des Gilgamesch-Epos bemerkt worden war: „Das zog
ihn an, er fand es vorzüglich, wie die Dirne den Steppenwolf
zustutzte."[57]

Auch in einem Roman mit scheinbar starker Traditionsver-
bundenheit erweisen sich die festgehaltenen, überlieferten
Formen als völlig verwandelt. In Hesses Roman sind „alle
Bedeutungsvarianten des Erzählten ausdrücklich formuliert,
so daß der Leser in jedem Augenblick weiß, um was es geht,
wodurch aber gerade die Unendlichkeit der Tiefenperspektive
zerstört wird, die etwa einen Goetheschen Roman wie ‚Die
Wahlverwandtschaften' zu einem bis heute unausschöpfbaren
und wohl niemals ganz auszuschöpfenden Kunstwerk macht,
da hier alle Bedeutung in dem erzählten Vorgang selbst verborgen bleibt"[58].

Schließlich genügt Hesse auch der *Versuch einer Lebens-beschreibung.* nicht, Josef Knechts hinterlassene Schriften werden mitgeteilt, zunächst Gedichte, die als unverkennbare Hesse-Gedichte bei aller engen Beziehung zur Geisteswelt Knechts doch eher selbständige Variationen über das Thema des Buches darstellen und so auch nirgends als Zeugnisse für Knechts poetisches Talent ausgegeben werden.[59] Es folgen die drei Lebensläufe als der vielleicht *wertvollste Teil unseres Bu-ches.*[60] Diese dem kastalischen Schüler gestellte Aufgabe, *sich in eine Umgebung und Kultur, in das geistige Klima irgendeiner frühern Epoche zurückzuversetzen und sich darin eine ihm ent-sprechende Existenz auszudenken,*[61] führt im Grunde bereits hinüber zu einem bewußten Spiel mit der Fiktion, wie es dann Max Frisch nach dem Motto „Ich probiere Geschichten an wie Kleider"[62] virtuos betreiben sollte.

Dennoch ist da noch anderes zu berücksichtigen. Hesses Spiel mit den Fiktionen steht im Dienste einer kulturphiloso-phischen Idee, so daß schließlich der kompositionell an erster Stelle stehende *Versuch einer Lebensbeschreibung des Magister Ludi Josef Knecht* als der zeitliche Abschluß des Buches ver-standen worden ist, das auf diese Weise von Urzeiten bis ins Künftige der Hesseschen Utopie reiche.[63]

Bis in Urzeiten zurück — im Lebenslauf des *Regenmachers* — wird der Fall eines Josef Knecht als typologisches Problem verfolgt. Dazu gibt es schließlich im *Indischen Lebenslauf* eine ganze Reihe antithetischer Begriffe: vita contemplativa — vita activa, Denken — Politik, Mann — Weib, Seele — Leib.[64] *Unter andrem soll das Buch mehrere Lebensläufe desselben Mannes ent-halten, der zu verschiedenen Zeiten auf Erden lebte oder doch solche Existenzen zu haben glaubt,* heißt es 1934 in einem Brief an die Schwester Adele. *Das erste Stück davon ist geschrieben, da ist er Regen- und Wettermacher vor etwa 20 000 Jahren bei einem pri-mitiven Menschenstamm. Eine der späteren Existenzen wird die eines schwäbischen Theologen aus der Zeit Bengels und Oetingers sein, daran bin ich seit Monaten, d. h. erst an Vorbereitungen, zur Zeit habe ich aus einer Zürcher Bibliothek sämtliche Bände von Spangenbergs Leben des Grafen Zinzendorf bei mir und viele andere solche Sachen, auch ein württembergisches Gesangbuch vom Jahre 1700...*[65]

Dieser Lebenslauf indessen, der als dritter zwischen dem *Beichtvater* und dem *Indischen Lebenslauf* hätte stehen sollen, blieb als Fragment liegen, wurde vom Dichter als mißglückt empfunden. *Die allzu genau bekannte und allzu reich dokumentierte Welt jenes Jahrhunderts entzog sich dem Einbau in die mehr legendären Räume der übrigen Leben Knechts...*[66]

In den legendenhaften Lebensläufen ist noch einmal eine Summe von Hesses Denken gezogen. Das Thema der Ehrfurcht, zu der Angst veredelt werden müsse, klingt auf, das ästhetische Problem einer vorzüglich auf die Mensch-Natur-Beziehung gestellten epischen Darstellung erfährt im *Regenmacher* eine schlüssige Lösung. Vor allem kreist das Denken des Dichters um Probleme der Flucht, des Opfers, der Heiligkeit. Ein letztes gewiß unchristliches Wort zu Glaubensfragen wird gesprochen. Gut nietzscheanisch[67] erscheint der Heilige als der selbst Angefochtene[68] und der Wissende, der Denker gilt als der eigentliche Sünder.[69] Aber Flucht als Vollzug eines Willensaktes wird abgelehnt, Verzweiflung soll Erweckung zu neuem Leben bewirken. Solchem Aktivismus, einem männlichen Bekenntnis zum Bestehen gestellter Aufgaben und Prüfungen wird das Glück des Einschlafendürfens entgegengesetzt — und so führt schließlich der Weg Dasas im *Indischen Lebenslauf* über den Verzicht zur Aufgabe des Wollens in einer schopenhauerianisch als Maya erkannten Welt, zum Rückzug des Yogin in den Wald. Das letzte Wort des Romans betrifft

den Verzicht auf *die nutzlosen Gedanken*, das, was noch nicht *jenseits der Bilder und Geschichten liegt*.[70] Dafür steht das Bekenntnis zu *Zucht und Dienst*.[71] Nun steht, was nach dem frühen Plan von 1931 eine Etappe der lebensreichen Geschichte des Helden hatte sein sollen, programmatisch am Schluß. Darin offenbart sich unverkennbar ein noch vom Zeiterleben verstärkter Altersskeptizismus, ein Moment der Resignation. Die hier bekundete Humanität ist schließlich als „Dienst am einzelnen Menschen", auch wohl rein introvertiert als Bewahrung der eigenen Menschlichkeit, verstanden.

So war Hesses *Glasperlenspiel* als Wort zur Zeit zu lesen.

Deutschland und Europa

Die Kriegsjahre, das Leben *inmitten dieser Drohungen für die physische und geistige Existenz eines Dichters deutscher Sprache*,[1] brachten auch die Sichtung und Ordnung des lyrischen Werks für die Ausgabe der Gedichte, die 1942 erschien. *Bei den Vorbereitungen wurde festgestellt, daß ich etwa elftausend Verszeilen geschrieben habe. Ich erschrak nicht wenig über diese Zahl.*[2] Über 600 Gedichte umfaßt diese Sammlung, nach Bernhard Zellers Zeugnis mit Ausnahme von etwa 150 Gelegenheits- und Scherzgedichten und einigen Stücken privatesten Charakters aus *Krisis* das lyrische Gesamtwerk.[3] Die als solche kenntlich gemachte chronologische Anordnung ergibt eine abgekürzte Darstellung von Hesses persönlicher und dichterischer Entwicklung und darf wohl kaum als Geringschätzung des Inhaltlichen, Stofflichen, als Postulat des in sich abgeschlossenen Kunstwerkes verstanden werden,[4] eher als Hesses *Bekenntnis zu dem, was ich gelebt und getan, als restloses Hergeben des Materials, ohne Retouchierung und Unterschlagung, als Bejahung des Ganzen, samt allen seinen Mängeln und Fragwürdigkeiten, wozu nicht nur die unreinen Reime und metrischen Läßlichkeiten gehören.*[5] An solchen formalen Mängeln fehlt es zweifellos nicht in Hesses Lyrik, wenn da zum Beispiel *Naiven — Tiefen* gereimt wird. Darüber hat sich nicht nur Ernst Robert Curtius mokiert, der schlußfolgernd meinte: „Auch aus dem Gewässer von Hesses Lyrik erheben sich einige Inseln. Sie könnten ein Bändchen vom Format der ‚Inselbücherei‘ füllen und in solcher Auswahl deutscher Besitz werden."[6] Auch Johannes R. Becher notierte: „Bei dem von mir so verehrten Hermann Hesse heißt es in einem Gedicht (solche Reime sind leider typisch bei ihm):

> *Jeder hat's gehabt,*
> *Keiner hat's geschätzt,*
> *Jeden hat der süße Quell gelabt,*
> *O wie klingt der Name Friede jetzt.*

Nein, so geht es nicht mehr. Was im Anfangsstadium einer sich entwickelnden Lyrik möglich war, kann man heute nicht einfach kopieren, um auf diese Weise einen volkstümlichen Ton zu erzeugen. Was volkstümlich sein will, heute, muß schon davon Kenntnis nehmen, daß sich inzwischen die Lyrik ausgebildet und höher entwickelt hat."[7]

Hesse, der als Lyriker „mit einer überkommenen Form, einer gangbaren Machart, einem Schema zufrieden" war[8] und sich bewußt gegen die *ästhetisch einwandfreien Dichter, die George etc., mit den schönen, neuen, ungebrauchten Reimen und den genau gezählten Silben*[9] stellte, weil er die *einfach affig*[10] fand, begann als Erbe der Romantik mit volksliedhaften Versen, die sich einer von Brentano, Eichendorff, auch Theodor Storm bezeichneten Linie deutscher Lyrik einfügen. Gewiß, da ist auch die Heinesche Tradition, aber nicht minder Mörike als Vorbild. Versuche, soziale Wirklichkeit in den Vers zu bannen, geraten nicht anders als beim frühen Rilke nur als sentimentale Poetisierung des „armen Lebens". Eine Zusammenstellung der für Hesse charakteristischen Vokabeln und poetischen Bilder[11] zeigt eine Vorliebe für sentimentale Nuancen, für die Übertragung persönlicher Trübsal auf traurige Naturstimmungen, und wo es kräftigere Akzente gibt, da ist Hesses Blumenexotik jenem Kult der exorbitanten Kostbarkeiten nicht gar so fern, den Stefan George als Lyriker betrieben hat. Der Literaturkritiker Kurt Tucholsky fand diese Gedichte einfach „rührend schlecht"[12], aber er fühlte sich durch sie auch zu der Mahnung an die Rezensenten veranlaßt, die Verse junger Leute „sorgfältiger zu lesen, Klischee von Inhalt, Phrase vom Wort zu trennen. Denn immer wieder bricht ‚es' durch: das Ingenium."[13]

So gibt es auch bei Hesse schon sehr früh Kunstwerke vom Range der Ravenna-Gedichte:

> *Ich bin auch in Ravenna gewesen.*
> *Ist eine kleine tote Stadt,*
> *Die Kirchen und viel Ruinen hat,*
> *Man kann davon in den Büchern lesen.*
>
> *Du gehst hindurch und schaust dich um,*
> *Die Straßen sind so trüb und naß*
> *Und sind so tausendjährig stumm,*
> *Und überall wächst Moos und Gras.*

Das ist wie alte Lieder sind —
Man hört sie an, und keiner lacht,
Und jeder lauscht, und jeder sinnt
Hernach daran bis in die Nacht.[14]

Früh schon wird die Musik zu einem Thema dieser Lyrik, gibt
es Versuche, ein Chopinsches Nocturne oder die Geigenkunst
Pablo de Sarasates (hier allerdings in stärkerer Beziehung zu
parallelen „neuromantischen Moden", beim jungen Hofmannsthal beispielsweise) in Verse zu fassen. Später wird er
mehr Orgel- oder Flötenspiel, eine Toccata von Bach etwa,
zum Anlaß eines Gedichts nehmen.

Die Gedichte aus den Jahren heftiger Lebens- und Schaffens-
krisen wie bereits die Verse von der *Indienreise* sind vielfach
hemmungslos bis zum Ungestalten hingewühlte Bekenntnisse,
gekennzeichnet durch Reime von unkünstlerischer Banalität
und die Zerstörung aller Formen. Das Vokabular von Expressionismus und Neuer Sachlichkeit steht zur Verfügung,
aber es bleibt weitgehend poetisches Material. Hesse versucht
nicht wie Werfel oder Ehrenstein — oder auch Gottfried Benn
mit der schockierenden zynischen Verwendung medizinischen
Fachvokabulars —, diese Wirklichkeit vergeistigt, als Sinnbild
zu begreifen, sie zu verfremden und zu deuten. Bei ihm steht
der humane Geist unvermittelt dem verfluchten Chaos gegenüber; da findet keine Dämonisierung der Großstadtwelt, der
Maschinenkultur und der Nachtbars statt, da wird vor allem
über das Leiden eines reinen Geistes an seiner Beziehungs-
losigkeit zu dieser Welt geklagt.

Dennoch ist Hesse gerade als Lyriker — sosehr auch da
Schwächen der Prosa, „Konversationsjargon, verlegene
Doubletten, Aufschwemmung"[15] eine Rolle spielen, „wie es
denn überhaupt eine Schwäche von Hesses Stil ist, daß er
nichts weglassen kann"[16] — ein genau formender Künstler.
Dabei mischen sich bei ihm die Traditionen Goethescher
Natur- und Erlebnislyrik und die aufgelösten Formen romantischer Volkstümlichkeit mit Anregungen, die er chinesischer
Lyrik in den Übersetzungen Richard Wilhelms und den be-
wunderten japanischen Gedichten verdankt. Das hebt die aus
Alltag und Naturbeobachtung, Liebe zum Kleinsten und
ehrfürchtiger Verehrung alles Natürlichen gewählten poetischen Bilder zu höherer philosophischer Bedeutsamkeit, gibt

Othmar Schoecks Komposition des „Ravenna"-Gedichts

der Schlichtheit von Klang und Melodie die Gewichtigkeit der
Spruchformel.
Hesse hat die Meister des japanischen Siebzehnsilbengedichts
und die chinesischen Weisen, die ihm in ihrer kunstvollen
Schlichtheit das Gegenteil moderner Pathetiker verkörperten,
gerühmt und verehrt. Das war auch Widerspruch zu einer
Auffassung vom Dichter, wie sie etwa Gottfried Benn for-

muliert hatte, als er den Sänger als koffeinaufgepeitschten Zersprenger nach dem Gehirnprinzip verstand, dessen Kunst zum Nichts drängt. Hesse hat bei den großen Chinesen deren Streben nach Norm und Gesetz, eine zu höchsten sittlichen Forderungen entschlossene Geistigkeit in der Harmonie mit dem Spiel und dem Reiz des sinnlichen alltäglichen Lebens hervorgehoben. *Alle Spekulationen abstrakten Denkens, alle*

Spiele der Dichtung, alles Leid über die Hinfälligkeit unseres Daseins, aller Trost und aller Humor ist in jenen wenigen Büchern schon zum Ausdruck gekommen.[17] Nicht nur an den ins *Glasperlenspiel* aufgenommenen Gedichten, vielleicht noch stärker und überzeugender an den späten Versen wie *Welkes Blatt* oder *Knarren eines geknickten Astes,* an diesen lapidar großartigen, beziehungs- und anspielungsreichen, symbolkräftigen Versen ist die eigentliche Verarbeitung solcher ostasiatischer Vorbilder, Anregungen, Einflüsse und Liebhabereien abzulesen. In den allerletzten Gedichten schließlich drängt alles auf eine äußerste Verknappung, auf die Zerstörung aller falsch harmonisierenden Glätte. Das Ergebnis ist schließlich die gläubig-ehrfürchtige Hinnahme einer Lebenssumme, der Verzicht zugleich auf Unterscheidung, Bewertung, Kritik. *Nachts im April notiert* heißt ein Gedicht aus dem Sterbejahr; dort steht der Vers:

> *Was du liebtest und erstrebtest,*
> *Was du träumtest und erlebtest,*
> *Ist dir noch gewiß,*
> *Ob es Wonne oder Leid war?*
> *Gis und As, Es oder Dis —*
> *Sind dem Ohr sie unterscheidbar?*[18]

Bereits 1952 hatte der Dichter geschrieben: *... so bedarf es für das Erlebnis, das ich meine, doch eben des hohen Alters, es bedarf einer unendlichen Summe von Gesehenem, Erfahrenem, Gedachtem, Empfundenem, Erlittenem, es bedarf einer gewissen Verdünnung der Lebenstriebe, einer gewissen Hinfälligkeit und Todesnähe, um in einer kleinen Offenbarung der Natur den Gott, den Geist, das Geheimnis wahrzunehmen, den Zusammenfall der Gegensätze, das große Eine.*[19]

Es versteht sich bei einem Dichter, der persönlich ein enger Freund der Komponisten, Dirigenten und Sänger war, daß zahlreiche Hesse-Gedichte vertont wurden — von dem Freund Othmar Schoeck vor allem.

Lyrik war für Hesse, der seine Gedichte oft für Freunde zu gefälligen Aquarellen kalligraphierte, noch einmal persönliche Aussprache, neben den Rundbriefen eine Form des Kontaktes zur Umwelt. So haben seine Gedichte in vielen kleinen Auswahleditionen gewirkt.

Zu den Kuriosa gehört, daß in den ersten Nachkriegsjahren Studenten der Dresdner Technischen Hochschule dem Dichter sechsundzwanzig seiner Gedichte ins Gotische übertragen zusandten.[20]

Bei Kriegsende 1945 stand Hesse kurz vor der Vollendung des 68. Lebensjahres. Das literarische Werk war eigentlich mit dem *Glasperlenspiel* abgeschlossen. Was Hesse nun seinen Landsleuten und der Weltöffentlichkeit zu sagen hatte, blieb erst recht persönliche Beschwörung, war nicht, wie die letzte Erklärung des greisen Gerhart Hauptmann, zumindest symbolisches Bekenntnis zur Mitgestaltung einer demokratischen Erneuerung auch der deutschen Kultur, entbehrte gänzlich der politischen Klarsicht, die Thomas Mann bei der Analyse von Churchills Pan-Europa-Rede und deren antisowjetischer Tendenz bewies, wirkte also in der Konsequenz kaum aktivierend in Richtung auf eine antifaschistisch-demokratische Erneuerung Deutschlands.

Johannes R. Becher bei Gerhart Hauptmann

Das Kriegsende 1945 brachte für Hermann Hesse dann die zunächst briefliche Wiederbegegnung mit alten Freunden aus Deutschland. Denn während der Kriegsjahre hatte vorwiegend des Dichters „Gewohnheit, Briefen, die ihn selbst unterhalten haben, eine gewisse Freundes-Publizität zu geben"[21], den weiteren überpersönlichen Kontakt mit der Außenwelt, mit deutschen Emigranten in den USA speziell, für einen größeren Kreis aufrechterhalten müssen. Nun zwang der wiederhergestellte Kontakt mit Verwandten und Freunden in den zerstörten deutschen Städten, mit Kriegsgefangenen und Internierten zur Auseinandersetzung mit Kreisen der deutschen Bevölkerung, die *früher liberal und süddeutsch demokratisch gesinnt, ein Teil katholisch, ein großer Teil sozialistisch*[22] waren und die Hesse nun für *die leidgeprüftesten, reifsten und Weisen in Europa*[23] hielt. Von ihnen meinte er, *daß die Mehrzahl derer, welche diesen zwölf Jahre dauernden Angsttraum überlebt haben, gebrochen und zur aktiven Teilnahme an einem Wiederaufbau nicht mehr fähig sind. Wohl aber können sie unendlich viel beitragen zur geistigen und moralischen Erweckung ihres Volkes, das vorläufig noch gar nicht begonnen hat, das Geschehene und von ihm zu Verantwortende ins Bewußtsein einzulassen.*[24] Auch Hesse hatte die bittere Erfahrung zu machen, wie schnell manche Leute nach 1945 zwar geneigt waren, Hitler abzuschwören, wie wenige aber in Deutschland und unter deutschen Kriegsgefangenen zum Bekenntnis einer Mitschuld und den notwendigen Konsequenzen bereit und fähig waren, wie sehr es an nationaler Selbstkritik mangelte, wie dagegen *treuherzige alte Wandervögel*[25] ihre NSDAP-Mitgliedschaft als Versuch positiven Wirkens zu rechtfertigen strebten und zugleich gegen Thomas Mann und die Freundschaft Hermann Hesses zum Autor der BBC-Rundfunksendungen „Deutsche Hörer" polemisierten.

Der notwendigen Besinnung des deutschen Volkes galten die Worte des Dichters in der Silvesternacht 1945, als er sich zu der Lehre bekannte, *daß der Mensch sich nicht Größe noch Glück, nicht Heldentum noch süßen Frieden, daß er sich überhaupt nichts wünschen soll, nichts als einen reinen wachsamen Sinn, ein tapferes Herz und die Treue und Klugheit der Geduld, um damit so Glück wie Leiden, so Lärm wie Stille zu ertragen.*[26]

Was hier zuweilen leicht quietistisch pastoral klingt, in der Erinnerung an das lyrische Glaubensbekenntnis der dreißiger

Jahre mit der Aufforderung zu geduldiger Liebe und liebendem Dulden gipfelt, war gleichwohl nicht als bequemer Rückzug gemeint. Indem Hesse seine politischen Aufsätze zu *Krieg und Frieden* aus den Jahren des ersten Weltkrieges nun gesammelt herausgab, hoffte er unmittelbar zu wirken, wie sehr er als *ganz unpolitischer Mensch*[27] auch skeptisch auf seine Wirkungs- möglichkeit in einer Welt blickte, von der er — nicht anders als auch Thomas Mann etwa — befürchtete, *daß ein Kollektiv- mensch ohne Einzelseele im Entstehen begriffen* sei.[28] Nachdrück- lich bekannte sich Hesse dagegen zu den drei Bildungsmächten seines Lebens: dem völlig unnationalistischen Geist des Elternhauses, den Lehren der großen Chinesen und dem *Ein- fluß des einzigen Historikers, dem ich je mit Vertrauen, Ehrfurcht und dankbarer Jüngerschaft zugetan war: Jacob Burckhardt.*[29]

Das Verhältnis Hermann Hesses zu Deutschland war nicht minder als bei Thomas Mann und so vielen anderen deutschen Emigranten kompliziert. Das zeigte sich offen und deutlich, als 1946 der *Brief nach Deutschland* publiziert wurde und eine Flut von Schmähschriften zur Folge hatte. An der lebhaften Auseinandersetzung beteiligte sich auch die greise Ricarda Huch. Sie polemisierte bei Anerkennung notwendiger Zurück- weisung aller Nationalismen gegen Hesses Empfehlung zur Loslösung vom Nationalgefühl. Und sie stellte dem welt- bürgerlichen Goethebild des Verfassers von *Dank an Goethe* entgegen: „Auf eine Art Loslösung hat Goethe einmal hin- gedeutet, als er davon spricht, daß er eine Stufe erreicht habe, wo die Schicksale anderer Nationen ihn ebenso bewegten wie die der eigenen. Diese Stufe erreichen die großen schaffenden Menschen, die den Völkern gegeben sind und die zugleich der Menschheit gehören. Indem wir der Fahne folgen, die sie vorantragen, weihen wir uns den Idealen, zu denen sie sich bekannt haben, werden wir Brüder derer, die uns fremd oder feind waren. Abgesehen aber davon, daß nicht alle diese Stufe erreichen können, ist auch zu bezweifeln, daß die hohen Genien der Menschheit sich von der Wurzel ihres Volkstums wirklich loslösen konnten und wollten."[30]

Hesse, dessen Frau ihre Angehörigen und Freunde in den Gaskammern von Himmlers Lagern verloren hatte, fürchtete Deutschland *wie einen vor unserer Haustür sterbenden oder ge- storbenen Nachbarn, vor dem uns graut, der unbekannte, schlimme Krankheiten mitbringt und uns im Sterben kaum weniger unheim-*

lich ist, als er es im Leben war.[31] Und in der Polemik der sich
selbst bemitleidenden Deutschen gegen den Dichter, der die
Jahre des Krieges im sonnigen Tessin verbracht hatte und nun
mit seinen Aufsätzen über Krieg und Frieden Gehör be-
anspruchte, fiel auch das harte, böse, verletzende Wort vom
„Leckerlifresser", der „keinen Anspruch habe, im heutigen
Deutschland noch mitzureden"[32]. Zu solchen Stimmungen
dem Dichter und Menschen gegenüber mochten auch Bemerkungen in Thomas Manns vieldiskutiertem Brief an Walter
von Molo beigetragen haben. Denn da bekannte der „nach
Wildwest verschlagene Bruder — oder doch Cousin — im
Geiste"[33], Hermann Hesse beneidet zu haben, „weil er längst
frei war, sich beizeiten abgelöst hatte mit der nur zu treffenden
Begründung: ‚Ein großes, bedeutendes Volk, die Deutschen,
wer leugnet es? Das Salz der Erde vielleicht. Aber als politische Nation — unmöglich! Ich will, ein für allemal, mit ihnen
als solcher nichts mehr zu tun haben.' Und wohnte in schöner
Sicherheit in seinem Hause zu Montagnola, in dessen Garten
er Boccia spielte mit dem Verstörten!"[34] In solchen Sätzen

spricht sich nicht nur ein Gefühl der Wehmut des Emigranten mit seiner Sehnsucht, „den Boden des alten Continents noch einmal unter den Füßen zu spüren"[35], aus, hier ist auch bei allem Bewußtsein tief empfundener Brüderlichkeit eine sehr spezifische und durchaus kritische Sicht Thomas Manns auf Hermann Hesse Hintergrund der Formulierung.

Der Autor des „Doktor Faustus" und ironische Sprachkünstler des „Erwählten" sah im Erfinder des *Glasperlenspiels* den Meister eines „Deutsch, noch am Klassisch-Romantischen geschult", für das ein Sinn ihm nur in sehr intimen Bezirken der inneren und äußeren Emigration möglich schien.[36] Bei aller Gemeinsamkeit sind die Differenzen zwischen Hesse und Thomas Mann doch beträchtlich.

Hier der Mann, der in seinen Rundfunkansprachen an die deutschen Hörer der heimischen Bindung um des Neuen, der Zukunft willen abgesagt hatte, dort im Gegensatz zu Thomas Manns spannungsvoller politischer Entwicklung seit der Schrift über „Friedrich und die große Koalition" bis zur Rede über „Deutschland und die Deutschen" Hermann Hesse, der seine Aufsätze aus den Jahren des ersten Weltkrieges nach dem zweiten noch einmal vorlegte, zusammengefaßt unter dem Tolstoi-Titel *Krieg und Frieden*. Und dieser Bezug auf den großen Russen war zugleich ein weltanschauliches Programm und Bekenntnis. Zu einer Zeit, da Bertolt Brecht in Paris den Faschismus, aber ebenso die Möglichkeiten seiner Vernichtung als Klassenfrage, abhängig von der Veränderung der Besitzverhältnisse, erläutert hatte und auch in Thomas Manns Reden, Aufsätzen und Pamphleten die praktisch-politischen Momente, Einsichten von überraschender Klarheit hervortraten, schrieb Hesse 1938 in der „Civitas Nova" ein Bekenntnis zur Schweizer Eidgenossenschaft, in dem es heißt: *Der Kampf der Parteien und Klassen ist unsre Gefahr, wie es die jedes heutigen Staates ist. Wir können ihn weder aus der Welt schaffen noch dürfen wir ihn leicht nehmen, aber wenn wir nicht fähig sind, ihn zu vertagen oder mindestens ihn der soviel größeren gemeinsamen Gefahr unterzuordnen, dann haben wir die Weltgeschichte schlecht verstanden.*[37]

Als „Pazifisten im Elfenbeinturm" charakterisierte 1949 die „Tägliche Rundschau" den politischen Schriftsteller Hermann Hesse: „So ergreifend es auch ist, wenn ein Mensch wie Hermann Hesse sich so mächtig für den Frieden einsetzt, ohne die Wurzel des Krieges zu erkennen: revolutionär sein, heißt doch immer erkennen und handeln. Bei Hermann Hesse sind selbst solche Worte nur einmalig. Nie mehr findet er in seinen Betrachtungen zum hohen Pathos der Verantwortlichkeit zurück ... Der Rest ist Schweigen. Hesse wendet sich ab, sieht nicht mehr, will nicht mehr sehen oder (er betont ja seinen Individualismus) sieht objektiv falsch ... Und wenn er auch sagt, er habe ‚das Gefühl der Bedrohtheit durch nahe Katastrophen und Kriege‘ nie verloren und es in allen seinen Werken dieser Zeit heraushören lassen, so ist das doch nichts anderes als ein Sichbegraben im Elfenbeinturm.“[38] Dagegen stellt der Rezensent die Forderung: „Das Märchen von jener ‚andern Welt‘ der Literatur zu überwinden und die Aufgaben der Dichter im Kampf um die Erhaltung des Friedens als die vornehmsten und verdienstvollsten zu erkennen und zu erfüllen — das ist das Gebot der Stunde.“[39] Die Bewertung dieser lange zurückliegenden politischen Äußerungen Hesses kennzeichnet einmal mehr auf charakteristische Weise am Detail die divergierende Entwicklung in den beiden Teilen Deutschlands. In den deutschen Westzonen dominierte in der Pressepolemik die konservative Ablehnung aller Kritik am deutschen Nationalismus, die Wiederholung mithin der bereits nach dem ersten Weltkrieg vorgebrachten Argumente. Im Osten stand im Vordergrund der politischen Auseinandersetzung mit dem Dichter die Kritik, daß er mit seiner Haltung nicht auf der Höhe der Zeit sei, das Gebot der Stunde nicht erfülle. Wo diese Polemik aus aktuellem Anlaß eine Schärfe und Ausschließlichkeit erlangte, die Progressivem und Gültigem in Hesses Werk und Denken nicht immer gleichermaßen gerecht wurden, haben späterhin eine subtiler differenzierende Kritik und Essayistik sowie eine verantwortungsbewußte Editionspolitik ausgleichend gewirkt.

Die Anteilnahme der Öffentlichkeit am Werk des Dichters wuchs. So waren 1952 die mit je zwanzigtausend Exemplaren erstmals in der DDR aufgelegten Bände *Peter Camenzind* und *Unterm Rad* mit fünfzigtausend Vorbestellungen überzeichnet.[40]

Hesse suchte sich gerade in diesen Nachkriegsjahren immer wieder der alten Bindungen an eine gelegentlich wohl romantisch beschönigte heiter heile Welt des Calwer Eltern- und Missionshauses zu versichern. Er litt unter dem schmerzlichen

Bewußtsein, *daß diese Welt erkrankt ist, sich mit einem Aussatz von Halb- und Unwirklichkeit bedeckt*[41] und *die gespenstische Unordnung und Substanzlosigkeit des heutigen Weltbildes*[42] hinterlassen habe.

Die Stadt Frankfurt am Main verlieh Hesse ihren Goethepreis, im gleichen Jahr 1946 empfing er — mehr als zehn Jahre, nachdem Thomas Mann ihn erstmals dafür vorgeschlagen hatte, nun freilich als ein alter und kranker Mann, der die Reise nach Stockholm aus Gesundheitsgründen absagen mußte — den Nobelpreis.[43] „Er findet, er kann zufrieden sein: der Goethepreis, der Nobelpreis und sein schlimmster Feind, nämlich Rosenberg, zu Nürnberg gehängt! Klingt beinahe alttestamentarisch", resümierte Thomas Mann einen Brief des „Gekrönten", dem „bei aller Hypochondrie und Weltflucht die Ehrungen der letzten Zeit doch wohlgetan" hätten.[44] 1947 ernannte die Geburtsstadt Calw ihren inzwischen zu höchsten Ehren gekommenen Sohn zum Ehrenbürger. Und die Universität Bern promovierte ihn zum Ehrendoktor. Es folgten 1950 der Braunschweiger Wilhelm-Raabe-Preis und 1955, im gleichen Jahr, da Hesse in die Friedensklasse des Ordens „Pour le mérite" berufen wurde, vom westdeutschen Börsenverein in Frankfurt am Main der „Friedenspreis des Deutschen Buchhandels". Sogleich begann auch wieder Mythisierung. Sie klingt mit in Oskar Maria Grafs herzlicher Freude über die Nobelpreisverleihung, wenn er darin eine Auszeichnung für „das Unvergänglichste des wesenhaft Deutschen, den Geist unserer mächtigen, reichen deutschen Sprache" erblicken möchte,[45] vor allem, wenn er sich den großen hageren Mann am Luganer See vorstellt, der „mit seinen halbblinden Augen über das geruhige Blau des Wassers schaut"[46] und, was Ergebnis eines körperlichen Defekts ist, zu einem Bekenntnis umphilosophieren soll: „,Daß so alles in eins verschwimme', denkt er, ,was habe ich anderes gewollt'..."[47] In der wiedererstandenen „Weltbühne", in der einst freundschaftlich kritisch Kurt Tucholsky über ihn geschrieben hatte, figurierte der Nobelpreisträger als Dichter des „Tippelbruders", auf welche Weise in Hesses Werk wie in der Schweiz „Nationalbewußtsein eines Volkes und europäischer Geist zu einer Synthese echter Menschlichkeit verschmolzen"[48]. Hesse selbst hat gelegentlich solche Deutungen unterstützt, wenn ihm etwa 1947 an einer Neuausgabe des *Knulp* vor allem lag und er *Schön ist*

die *Jugend* und *Heumond* für eine Schulausgabe passender hielt
als den *Regenmacher*. Der literarischen und politischen Aktivität Thomas Manns in den Nachkriegsjahren sah Hesse zu „wie
der Bürger im Zirkus dem Seiltänzer oder Athleten"[49]. Der
Kontakt mit alten Freunden mußte von diesen als Besuchern
in Montagnola aufrechterhalten werden. Thomas Mann kam,
André Gide, Hans Carossa, Martin Buber, den Hesse 1949/1959
für den Nobelpreis vorschlug, obwohl auch andere — charakteristisch für Hesses extrem apolitische Betrachtungsweise wie
für seine literarischen Kriterien Hans Carossa, sodann Gertrud
von Le Fort und der *hochbegabte und beinah allzu interessante
Amerikaner Thornton Wilder*[50] — ihm würdig erschienen. *Martin
Buber ist nach meinem Urteil nicht nur einer der wenigen Weisen,*

die zur Zeit auf der Erde leben, er ist auch ein Schriftsteller sehr hohen Ranges...[51] 1957 hielt Buber dann die Festrede zum 80. Geburtstag Hermann Hesses.

Gewiß stand in den letzten Jahren an seiner Haustür der Wunsch *Bitte keine Besuche*, las der Besucher da „Worte des Meng Hsiä":

> *Wenn Einer alt geworden ist und das Seine getan hat,*
> *steht ihm zu,*
> *sich in der Stille mit dem Tode zu befreunden.*
> *Nicht bedarf er der Menschen. Er kennt sie, er hat ihrer*
> *genug gesehen,*
> *Wessen er bedarf, ist Stille.*
> *Nicht schicklich ist es, einen Solchen aufzusuchen, ihn*
> *anzureden,*
> *ihn mit Schwatzen zu quälen.*
> *An der Pforte seiner Behausung ziemt es sich vorbeizugehen,*
> *als wäre sie Niemandes Wohnung.*[52]

Und es gibt die Anekdote, daß eines Tages darunter geschrieben stand: „Schade, hätte Sie gern gesehen. Thomas Mann."[53] Dennoch war die Casa Hesse kaum je von Gästen leer. Verwandte des Dichters, Verwandte Ninon Hesses, aus Siebenbürgen umgesiedelt, lebten im Hause. Es gab ein Wiedersehen mit dem japanischen Vetter Wilhelm Gundert. Peter Suhrkamp besuchte seinen Freund und Verlagsautor in Montagnola, und der hat Suhrkamps persönliche Auffassung vom Verlegerberuf gegen die Entwicklung des alten Fischer-Verlages zum Konzern gerühmt und sie schließlich Suhrkamps Nachfolger Unseld als einen hohen Maßstab empfohlen.[54] Es kam auch, wie der Schulfreund Otto Hartmann der Erinnerungen an die schwäbische Jugendzeit wegen freundlich aufgenommen, Ludwig Finckh, der es freilich immer noch nicht lassen konnte, mit penetrantem Beharren auf faschistischen Rassentheorien Blutunterschiede zwischen sich und Hesse fest- und herauszustellen und für unterschiedliche künstlerische Wege verantwortlich zu machen. So nachsichtig Hesse politischen Haltungen seiner Freunde gegenüber sein konnte, so konsequent blieb er doch, auch gegen das Urteil seiner Freunde, in anderen Fällen, wo ihm die Beglaubigung der Person durch persönliche Kenntnis fehlte. Als 1956 Peter

Suhrkamp den Literaturkritiker Friedrich Sieburg als Mitglied des Karlsruher Preisrichterkuratoriums für den Hermann-Hesse-Preis vorgeschlagen hatte, beharrte der Dichter auf seiner schroffen Ablehnung des *prominenten Nationalsozialisten* und erklärte der Förderungsgemeinschaft: *Ich stelle nun den Antrag, daß Sie entweder Professor Sieburg zum Rücktritt veranlassen oder Ihrem Preis einen anderen Namen als den meinen geben.*[55] Gunter Böhmer, der Maler und Grafiker, der seit 1933 in der Casa Camuzzi wohnte und arbeitete, war häufiger Gast, Ernst Morgenthaler kam und malte Hesse. Und Briefe des Dichters gingen in die Welt hinaus. Sie waren Hauptteil des täglichen Arbeitspensums, aber Hesse fühlte sich zur Antwort verpflichtet, mochte sie auch in der Mehrzahl der Fälle darauf hinauslaufen, daß er ablehnte, Ratsuchenden als „Führer" zu dienen. Noch am Morgen nach dem 85. Geburtstag hat er mit der ihm eigenen Gewissenhaftigkeit früh um halb acht Uhr begonnen, die rund neunhundert Glückwunschschreiben zu beantworten.

Sosehr sich Hesse scheinbar zurückgezogen hatte, so lebhaft nahm er doch Anteil am Leben in Deutschland und der Welt. 1946 aus Anlaß der Überreichung des Frankfurter Goetheprei-

Das Haustor in Montagnola

ses hatte er zum Widerstand gegen den Größenwahn der
Technik und den Größenwahn des Nationalismus als die
beiden Weltkrankheiten aufgerufen.[56] Als Max Brod ihn, unter
Hinweis auf die kriegsgefährdeten Nachlässe von Novalis und
Kafka, zu einem Aufruf gegen die britische Israelintervention
1948 aufforderte, lehnte Hesse ab, er wollte nicht durch einen
Kompromiß, ein Eingehen auf die Spielregeln der Politiker den
Dienst an der Wahrung göttlicher Gebote, wie er seinen
Auftrag als Dichter verstand, gefährden. Darin äußert sich
ein historisch und gesellschaftlich nicht differenzierendes tiefes
Mißtrauen gegenüber allen Politikern schlechthin. Es führte
bei Hesse zu einer sehr skeptischen Haltung auch gegenüber
der politischen Entwicklung in Westdeutschland. Aber als sich
Schüler des amtsenthobenen Literarhistorikers Ernst Bertram
an Hesse wie an Thomas Mann wandten, kritisierte Hesse, daß
Ernst Bertram 1948 nicht entnazifiziert wurde.[57] Da gab es
wie in so vielem Übereinstimmung mit Thomas Mann in der
fortdauernden Bewunderung für Bertrams Nietzschebuch.
Hesse glaubte, alle „Maßnahmen" ablehnen zu müssen und

einen Akt historischer Notwendigkeit der subjektiven moralischen Entscheidung überlassen zu dürfen. Von daher stellte er die Frage, ob Bertram, der Nationalsozialist ohne Parteibuch, der Antisemit, mit dessen Zustimmung nach eigener Aussage Gundolf nie Ordinarius geworden wäre,[58] überhaupt wollen könne, wieder ein akademisches Lehramt zu bekleiden. Der Fall ist durchaus charakteristisch für Hesses grundsätzliche Bevorzugung der moralischen Instanz vor der politischen. Andererseits hat er auch auf Klagebriefe, die ihn aus Deutschland erreichten, in andern Fällen durchaus barsch geantwortet, wie etwa einem Studenten aus der sowjetischen Besatzungszone, dessen Vater als ehemaliges NSDAP-Mitglied nun pensioniert war: *Nominell oder wie immer, er hat durch seine Mitgliedschaft Hitler und die Judenfolterungen und die ganze satanische Welt jenes Deutschland bejaht und unterstützt. Und bezieht dafür noch heute und unter den Russen eine Pension, sei sie noch so gering. Unter Hitler hätte er die als gewesenes Mitglied der Kommunistischen Partei nicht bekommen...*[59] Hesse lehnte den Faschismus nachdrücklich ab, erklärte seine Sympathie für den fortdauernden Widerstand gegen die faschistische Franco-Regierung in Spanien[60] und warf den USA vor, ihre demokratische Ideologie nur noch in besetzten Ländern zu verfechten.[61] Bei aller Achtung vor jeglichem Versuch gesellschaftlicher Veränderungen fand Hesse doch nie Zugang zum Wesen des Marxismus, indem er das in die Zukunft Weisende nicht zu erkennen vermochte. Soweit Hesse sich intensiver mit Marx beschäftigt hat und sein Urteil nicht allein auf die reaktionäre Tagespolemik gegen Theorie und Wirklichkeit in der Sowjetunion und den Volksdemokratien gründete, nahm er die Lehre von Marx wohl in erster Linie als eine Heilslehre, als „reine" Philosophie, ohne deren Bezug auf Praxis als integrierenden Bestandteil zu verstehen. Als *einsamer Citoyen*[62] hat er es ausdrücklich abgelehnt, als Kommunist zu gelten. Größere Bedeutung als den Politikern des 20. Jahrhunderts glaubte Hesse dem Vorbild Ghandis beimessen zu dürfen. In seinem Appell zur Gewaltlosigkeit fühlte er sich einig mit Albert Schweitzer und Martin Buber.[63] Er warnte vor der westdeutschen Remilitarisierung. Und mit Heftigkeit hat er stets alle politischen Angriffe auf Thomas Mann zurückgewiesen und in solchen Fällen dreingeschlagen „wie ein junger Kämpe, daß die Funken stieben"[64]. Eng und freundschaftlich waren die Beziehungen zwischen den beiden großen alten Männern der deutschen Literatur, es war eine „Verbundenheit, auf die ich halte wie Sie"[65], um aus Thomas Manns letztem Brief an den Freund und Kollegen zu zitieren. Und als Thomas Mann wenige Wochen nach diesem Brief starb, hat Hesse noch einmal bekannt, was ihm der zwei Jahre Ältere bedeutet hatte: *Mit ihm ist mir der letzte gleichaltrige Kollege entschwunden, der mir wirklich Kamerad und Freund war, damit geht viel verloren, und Erlebnisse und Menschen, von denen ich nur noch mit ihm sprechen konnte, sinken mit hinab . . .*[66]

Der greise Dichter, „der sich entschlossen zur Ruhe gesetzt hat, hie und da ein Feuilleton, einen Rundbrief an seine Freunde schreibt und sich im übrigen einen guten Abend macht"[67], blieb dennoch dem literarischen Leben der Gegenwart gegenüber aufgeschlossen und ein kritisch interessierter Leser. So heißt es in einem Rundbrief des Jahres 1950: *Mehrere von Euch haben mir von schlechten Erfahrungen mit neuen Romanen erzählt, die sich die jüngste deutsche Historie zum Thema gewählt haben . . . Aber zufällig ist mir doch ein solches Buch bekannt, ein sehr gutes, ein Roman, der von 1919 bis 1945 die Geschichte des deutschen Nationalsozialismus und des deutschen Kommunismus erzählt. Der Roman ist von Anna Seghers, einer Kommunistin, und hat mir bis auf den Titel „Die Toten bleiben jung" überaus gut gefallen, denn es waltet in ihm eine dichterische Kraft, Liebe und Gerechtigkeit, die stärker ist als alle Parteigebundenheit.*[68] Lampedusas großen Roman „Der Leopard" rühmte er, den alten Fürsten den Figuren zuzählend, *die gleich den Heroen des Mythos in unsern innern Bilderschatz eingehen wie Robinson, Tom Jones, Werther, Kutusow oder Oblomow. Aber achten Sie beim Lesen auch auf den andern, nicht personellen Helden des Romans: Sizilien und sein Volk.*[69] Und verständnisvoll freundlich und kritisch hat er zu den epischen Versuchen von Peter Weiss, der ihn in Montagnola besucht hatte, Stellung genommen. Bemerkenswert ist hier das Urteil Hesses: *Sie haben eine andere Kindheit gehabt als ich, eine viel ärmere, einsamere, geistesfernere, und wenn ich an den P. W. denke, wie ich ihn damals in seiner Montagnolazeit kennenlernte, muß ich darüber staunen, wie verhältnismäßig heil Sie damals waren oder schienen. Und nun haben Sie aus Ihrer Kindheits- und Jugendgeschichte dies Buch gemacht, ein ebenso prachtvolles wie schreckliches Buch, das jeden Leser ergreifen und tief bewegen muß. Rein*

*literarisch betrachtet, ist es vollkommen, Gedächtnis und Beobach-
tungsgabe von ungewöhnlicher Genauigkeit treffen da mit einem
Sprachgewissen zusammen, dessen Sauberkeit und Intensität man
lieben muß.*[70] Er beschäftigte sich mit Max Frisch, *dessen Stiller
für ihn ein so beunruhigend-sympathischer Kerl ist.*[71] Jerome
D. Salingers ,,Fänger im Roggen'' machte ihm schon 1953
*manche Briefe von ganz jungen amerikanischen ,,Steppenwolf''-
Lesern, teils blasierte, teils verzweifelte, . . . vollends ganz durch-
sichtig;*[72] er rühmte dem Amerikaner nach, man werde *vom
Dichter den schönen Weg von der Befremdung zum Verstehen, vom
Ekel zur Liebe geführt. In einer problematischen Welt und Zeit
kann Dichtung nichts Höheres erreichen.*[73] Er machte Peter
Suhrkamp auf die französische Erzählerin Monique Saint-
Hélier aufmerksam, deren Roman ,,Der Eisvogel'' so ins
Verlagsprogramm aufgenommen wurde.

Werner Weber, Literaturkritiker und Feuilletonchef der
,,Neuen Zürcher Zeitung'', hat das Erlebnis persönlicher
Begegnung mit dem Dichter beschrieben: ,,Die Türe des
Arbeitszimmers ging auf. Er war da. Und sogleich nur er.
Jacke und Hose aus braunem Manchester; das Hemd sportlich,
ohne Krawatte — der alte Mann, frisch durchströmt von
Energien der Erfahrung, die Augen groß ruhig offen unter
rascher Neugier, den Gegenüber musternd, durchblickend;
und plötzlich fließen Freude ein, Herzlichkeit und Vergnügen.
In seiner Mundart mischen sich Laute der Ostschweiz, Basel
und leise ein schwäbischer Nachhall. Ist er bei uns? Sein
Lachen auf eine vergnügte Wendung im Gespräch sagt: Ja, ich
bin da — aber sein Augen, über uns weg, hinaus in die Luft,
die Waldhänge, den Himmelsbogen, die Wolkengänge — wie
ein Königsvogel auf dem Horst — sagt: Nein, ich bin fort. Den
Mund leicht geöffnet, scheint er Ansprache aus dem Weiten
zu hören, genau gesammelt, auf dem Sprung zur Antwort; aber
er wird es nicht laut tun, er wird schweigend reden. Dann
schließt er plötzlich den Mund und spitzt die Lippen, als
müßte der Abschluß gezeigt werden. Und ist wieder da.''[74]

So ist bei Hesse kaum ,,Altern als Problem für Künstler''
erkennbar. Im Gegenteil, der Dichter, dessen Gestalten früh
schon durch eine eigentümliche Alterslosigkeit oder auch
abgeklärte Reife gekennzeichnet waren, hat sich wiederholt zur
Heiligkeit des Alters bekannt und davon gesprochen, wie das
Alter ihm Steigerung des Lebensgenusses bedeute, indem er

Thomas Mann und Anna Seghers

nun, Mozarts „Hochzeit des Figaro" hörend, zugleich alle
Aufführungen, die er kenne, mithöre.

Wesentliches war mit dem geheimen Hang zu vorgreifender
Identifikation im Grunde bereits 1924 gesagt worden, als
anläßlich des soeben erschienenen Briefwechsels Goethes mit
Bettina das Goethesche Altern als exemplarischer Vorgang der
Entpersönlichung, der Verflüchtigung in die nicht mehr er-
reichbare Anonymität interpretiert worden war[75]: ... *es ist*

nicht Er mehr, nicht Goethe mehr, welcher spricht, es spricht aus den mit Wein befeuchteten Greisenlippen der Namenlose, nicht mehr Persönliche, in den er sich verwandelt hat.[76]

Und nochmals erschienen neue Hesse-Bücher: 1945 war *Traumfährte* herausgekommen, 1946 galt des Dichters Wort dem *Dank an Goethe* so sehr wie der Sorge um *Krieg und Frieden*, 1951 folgte die Sammlung *Späte Prosa*, vor allem erschienen die Briefe[77], deren Hesse eine große Anzahl geschrieben hat, mochte er auch im Alter einmal meinen: *Die Postkarte ist ja überhaupt eine der bessern Erfindungen, die Deutschland der Welt geschenkt hat.*[78]

Die Auswahl seiner Briefe, die als gleichberechtigter Bestandteil in die Ausgabe der Gesammelten Werke aufgenommen wurde, gehört zu den eigentümlichsten und aufschlußreichsten Dokumenten dieses Dichterlebens.[79] Wer Werkstattberichte oder Zeugnisse lebhafter Debatten zu finden hofft, wird enttäuscht werden. Da gibt es, aufs Ganze gesehen, nicht den pointierten kritischen Dialog mit bedeutenden Partnern wie

in den Briefen, die Thomas Mann etwa mit dem Bruder Heinrich, mit Theodor Adorno oder Agnes E. Meyer wechselte, oder wie man ihn auch aus anderen Künstlerbriefwechseln kennt. In Hesses Briefen, für deren Buchausgabe charakteristischerweise zumeist alles Persönliche, alle Anrede- und Grußformeln, beiseite gelassen ist, erscheint der Adressat, so es ihn als einzelnen überhaupt gibt und nicht gleich die Form des Rundbriefes gewählt wurde, nur allzuoft als Vorwand für ein Prosastück des Dichters Hesse, als Anlaß für ein Selbst-

Welkes Blatt

Jede Blüte will zur Frucht,
Jeder Morgen Abend werden,
Ewiges ist nicht auf Erden
Als der Wandel, als die Flucht.

Auch der schönste Sommer will
Einmal Herbst und Welke spüren.
Halte, Blatt, geduldig still,
Wenn der Wind dich will entführen.

Spiel dein Spiel und wehr dich nicht,
Lass es still geschehen,
Lass vom Winde, der dich bricht,
Dich nach Hause wehen.

Hermann Hesse

bekenntnis.[80] Gründe, die das an sich befremdliche Verfahren solcher Stilisierung verständlicher machen, werden erkennbar, liest man den unredigierten Briefwechsel mit dem Redakteur und Kritiker Heinrich Wiegand, die über Jahre hin stereotyp sich wiederholenden Mitteilungen über Unwohlsein, Schwäche, Rheuma, Gicht, Ischias, übles Befinden, die in der Summe gelegentlich peinlich wehleidigen und larmoyanten Äußerungen der Weltabkehr, des Sichzurückziehens in die Einsamkeit. Gegen das solcherart sich aufdrängende Bild hat Hesse seinen Briefwechsel stilisiert.

Die Briefe sind Selbstbekenntnisse und in oftmals ärgerlicher und unwirscher Ablehnung des Herausgeforderten, auf die Selbstmordpläne des einen oder die pubertären Seelennöte eines anderen Briefschreibers wie ein Beichtvater hilfreich-verbindlich zu reagieren, Abwehr der weitverbreiteten Auffassung, dieser Dichter sei mehr als ein Artist ein Weiser, mehr als ein Fragender und Suchender ein Antwortgeber und Botschafter säkularisierter Heilslehren.

In seinen Briefen und durch ihre Veröffentlichung hat der Dichter immer wieder versucht, seine Position unmißverständlich zu bezeichnen in der Abgrenzung gegen eine eng aufgefaßte protestantische Orthodoxie,[81] im Bekenntnis zu politischen Lösungen „nicht durch Rüstung und neue Anhäufung von Vernichtungsmitteln, sondern durch Vernunft und Verträglichkeit"[82].

Beschwörungen beschlossen 1955 die Reihe der Ersterscheinungen. Zum 80. Geburtstag konnte der Suhrkamp-Verlag die sieben Bände Gesammelte Schriften, die gewiß bisher repräsentativste, wenn auch durchaus nicht vollständigste Werkausgabe, vorlegen.

Anders als Thomas Mann, dessen Werke von den „Buddenbrooks" bis zur „Königlichen Hoheit", zum „Tonio Kröger" und „Felix Krull" Vorlagen für Filme wurden, hat Hesse alle Verfilmungen seiner Bücher abgelehnt — nicht weil er, wie ihm unterstellt wurde — im Film ein Teufelswerk sehe, sondern weil er seine Bücher in erster Linie als Sprachkunstwerke verstand, deren Beschädigung bei der Herstellung von Drehbüchern er in jedem Falle als *Degradierung und Barbarei*[83] empfand.[84]

Probleme des Erbes

Am 9. August 1962 ist Hermann Hesse in Montagnola an einer
Hirnblutung gestorben. Es war ein sanfter Tod, der den
Fünfundachtzigjährigen, der lange schon, ohne es zu wissen,
an Leukämie gelitten hatte, im Schlaf ereilte, nachdem der
Dichter sich am Abend noch von der Gattin hatte vorlesen
lassen. Mozart-Musik hatte er zuletzt gehört, Strawinskys
„Musikalische Poetik" beschäftigte ihn; die Lektüre des
kleinen Buches wurde nicht mehr beendet. Die Gespräche des
letzten Tages noch hatten der neueren französischen Literatur,
Sartre und Camus, auch älteren Autoren, auch Samuel Beckett
gegolten. Eine dritte, letzte, endgültige Fassung des Gedichts
Geknickter Ast war entstanden.[1]
Ein Kreis schloß sich — auch im dichterischen Bilde. Auf dem
Grabstein von Hesses Vater steht der Psalmenvers: „Der
Strick ist zerrissen, der Vogel ist frei." Am Weihnachtsabend
1961 hatte Hermann Hesse ein Gedicht geschrieben, über das
Ninon Hesse erschrak, als sie es las, spürte sie doch Todes-
sehnsucht in den Versen

> *Vogelschwingen möcht ich breiten*
> *Aus dem Bann, der mich umgrenzt.*[2]

Auf dem Friedhof von San Abbondio ist Hesse an der Stelle,
die er zu Lebzeiten sich bestimmt hatte, beigesetzt worden.
Am Grabe sprach Dekan Völter, ein Jugendfreund aus der
Maulbronner Zeit. Anders als sieben Jahre zuvor die Be-
stattung Thomas Manns, die ein offizielles Ereignis gewesen
war, zu dem Regierungsvertreter, Abgesandte von Akademien
und Künstlervereinigungen, Repräsentanten aus dem Ausland
erschienen waren, blieb die Trauerfeier für Hermann Hesse
eine primär von privater Reminiszenz bestimmte Angelegen-
heit, ein Treffen einer kleinen Gemeinschaft über Jahrzehnte
dem Dichter persönlich und geistig Verbundener.
Als Außenseiter in der deutschen Literatur erscheint dieser
Autor auf den ersten Blick als ein Unzeitgemäßer, ein Mann

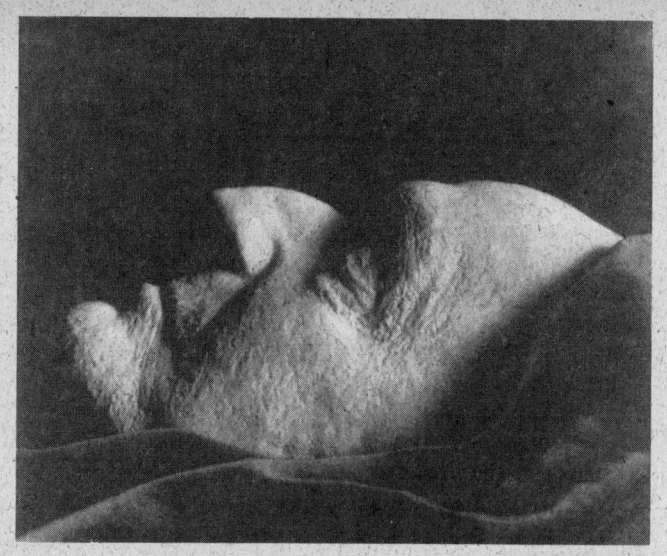

Die Totenmaske

der Tradition, des Bewahrens und bemühten Heraufholens verlorener Einheit im Geistigen, Moralischen wie im Künstlerischen. Berufung auf Vergangenes, als Antwort auf die Zeit, das Beharren auf absolut gesetzten Werten sind Grundthesen seiner Essayistik. Aus dem Leiden an einer Gegenwart, die er vorzugsweise einem moralisierenden und ästhetisierenden, weniger einem historischen Urteil unterworfen hatte, war als Flucht der Rückzug auf ein zeitlos Gesetztes gefolgt. Und damit mußte Hesse immer wieder in einen auch persönlich stark empfundenen Widerspruch zu vielen seiner Zeitgenossen geraten. In diesem Sinne schrieb er 1929 an den Verleger Kurt Wolff: *Ich finde bei meinen Altersgenossen keine Spur von Einklang mit dem Meinen, und oft scheint es mir völlig unbegreiflich, daß unter den deutschen „Geistigen", die zwischen 50 und 60 sind, wirklich ich allein das soll erlebt haben, was ich erlebt habe: das noch Aufgewachsensein in einer scheinbar soliden Kultur, das Hinwegschmelzen und sich als erstorben Erweisen dieser Kultur beim Älterwerden, und ihre völlige Auflösung seit 1914. Mir scheint: Jeder zwischen 1870 und 1880 Geborene müsse dies erlebt haben, und müsse durch Rückkehr zu den Quellen danach*

271

trachten, die geistlose und gewissenlose Zeit zu überdauern, damit eine kleine Minorität von Seelen übrigbleibe, in welchen mit der Zeit wieder ein neuer Glaube, eine neue Ehrfurcht und eine neue Legitimität des Geistes und des Wortes möglich wird.[3]

Von solcher Position her hatte Hesse sein Werk geschaffen, auch wider besseres Wissen immer wieder versucht, eine heile Welt zu imaginieren, da, wo es keine verbindliche Bildung mehr gibt, selbst ein Bild zu sein.[4] Das aber hatte bei dem seismographisch empfindlich auf die Krisen einer spätzeitlichen Bürgerwelt Reagierenden zu Rückzügen aus der Wirklichkeit, zu Symbolkonstruktionen, vor allem zu Märchen und Legenden, im Spätwerk zur Verquickung der Legende mit dem kulturkritischen Essay geführt. Aus Leiden nicht minder als Kritik an der spätbürgerlichen Welt unseres Jahrhunderts war, wie in der Schrift *Blick ins Chaos*, Polemik gegen die Bildungsfassade des Bourgeois, des verfetteten Kriegsgewinnlers Kebes, gefolgt, der sich an Schillers Versen und den *Gedichten des herrlichen Emanuel Geibel*[5] berauscht und dem mit den Worten des Akademikers Theophilos Hesse entgegenhält: *Der Dichter pfeift auf deine Ideale, o Kebes, welche dich nicht hindern, inmitten der Hungersnot reich und fett zu sein.*[6] Solche Antibürgerlichkeit im Namen des verteidigten Geistes, die Ablehnung einer Schmücke-dein-Heim-Kunst für den bourgeoisen Hausgebrauch, als Schleier über der Entfremdung in der spätbürgerlichen Gesellschaft entsprachen verbreiteten Anschauungen in den zwanziger Jahren, rückten den Dichter in eine Frontlinie mit schärferen und konsequenteren Kritikern der Bürgerwelt und rechtfertigen zweifellos auch heute noch den Ruhm eines Schriftstellers, der nicht zum Apologeten wurde, dessen Verteidigung des Geistes persönlicher Noblesse und Redlichkeit, einem zarten und verzweifelten Leiden an der Bürgerwelt entsprang, in der er den Kausalnexus nicht durchschaute. Der Widerspruch von humanistisch idealem Anspruch und bourgeoiser Wirklichkeit hat schließlich eine zumindest hypothetische Infragestellung der ästhetischen Kultur im *Glasperlenspiel* ergeben. Gelegentlich aggressive, satirisch zugespitzte, zumeist aber melancholische, leise elegische Darstellungen einer Bürgerwelt, in der ein empfindsamer Geist vereinsamt und heimatlos ist, ohne aus ihr Auswege zu finden, begründeten und begründen die Wirkung von Hesses Büchern.

Wie immer er sich selbst als Außenseiter empfinden und darstellen möchte, objektiv ist auch sein Werk gekennzeichnet von wesentlichen Charakteristika spätbürgerlich humanistischer Literaturentwicklung. Die Krise beispielsweise des modernen spätbürgerlichen Romans als Krise der Figurengestaltung kennzeichnet auch sein Werk.

Überschaut man die vorliegenden Romane, so haben zwar Camenzind und die Helden der frühen Bücher (wenn auch Gertrud, Kuhn, Muoth und Veraguth in sehr unterschiedlichem Maße) Plastizität, aber Siddharta, Demian, der Ich-Erzähler des Buches, Harry Haller und Pablo, der Ich-Erzähler der *Morgenlandfahrt* bleiben für den Leser schwer faß- und vorstellbar, dienen dem Autor vor allem als Vehikel seiner Ideen und Thesen. Greifbare Gestalten, freilich um den Preis der ideellen Höhe, waren in etwas holzschnitthafter Grobkontur noch einmal in *Narziß und Goldmund* gelungen. *Das Glasperlenspiel* hingegen — weite essayistische Passagen, dafür wiederum eigentümliche Unschärfen in der Personenzeichnung, gar eine Auflösung der Person in eine Mehrzahl — bedeutet wohl auch in dieser Beziehung einen äußersten Punkt.

Was sich hier als Erbe darbietet, stellt sich in eigentümlicher Widersprüchlichkeit dar. Seine humanistischen Werte, seine Aktualitäten sind Lebens- und Gesellschaftskrisen abgerungen. Bittere Zeiterfahrung und der Mangel einer positiven zeitgemäßen Weltanschauung auf der Höhe des historischen Augenblicks begründen darin das Verzweifelt-Hypothetische, das Anfechtbar-Defensive, das Beunruhigende. Und auch hier zeigt Hesse nur auf seine Weise durchaus typische Krisen und Wandlungen eines spätbürgerlichen Humanisten.

Ein Gesamtwerk, Kontinuität, Lebenseinheit in einem tieferen Sinne waren nicht zu erreichen ohne immer neue geistige und formale Experimente, ohne radikale Brüche im äußeren Erscheinungsbild. Daß solche experimentierende Suche nach angemessenen Ausdrucksformen von Hesse bis ins hohe Alter betrieben wurde, gab seinem Werk das immer von neuem Überraschende, machte es, bei bewahrter Lebenseinheit im Grundsätzlichen, offen für mancherlei Einflüsse, Anregungen, literarische Zeitmoden.

Thomas Mann hat einmal — mit Bezug auf seinen Bruder Heinrich — vom „Greisen-Avantgardismus" gesprochen,[7] und

die Formel gilt wohl — mutatis mutandis — wie für Heinrich
so für Thomas Mann, wie schließlich wesentlich eingeschränkt
auf Formales in seinem Werk für Hermann Hesse. Sie meint
allemal ein höchst bemerkenswertes Weiterführen der eigenen
Kunst zu ästhetischen Positionen der spätbürgerlichen Avant-
garde, im Einzelfall auch ein gelegentliches Vordringen zu
einzelnen ideologischen Prämissen sozialistischer Kunst. Die
Grundlage ist die Bewahrung einer großen gelebten Vergangenheit.
Dabei hat es Hesse entschieden weniger als Thomas Mann
vermocht, zumindest theoretisch spekulativ die gewünschte
und als notwendig erkannte Veränderung der Welt mit realen
gesellschaftlichen Kräften in Verbindung zu bringen. Er war
nicht, wie der greise Thomas Mann bis zuletzt, ein homo
politicus. Er hatte sich auf engere Bereiche zurückgezogen, auf
den Einzelmenschen und das Nachdenken über die Möglichkeiten einer Kunst schlechthin. Das führte im Alter zu einem
ästhetischen Postulat wie diesem: *Wir Erzähler von heute treiben*

eine Kunst von übermorgen, deren Formgesetze noch gar nicht vorhanden sind. Es wird eine Kunst sein, welche nicht mehr die Darstellung von Geschehnissen und Beziehungen zwischen handelnden Menschen ist, sondern nur die Offenbarung des inneren Seelenraumes eines einzelnen, einsamen Menschen.[8] Das wäre eine tragisch fatalistische, monologische Kunst, in der ein „bis zur Abstraktheit ungebundener Geist" der Erzählung[9] herrschte. Übrig blieb eine Reduktion auf verabsolutierte Sprachprobleme.

> O daß es Sprache gibt:
> Vokabeln, Verse, Reime,
> Zärtlichkeiten des Anklangs,
> Marsch und Tänze der Syntax!
> Wer ihre Spiele spielte,
> Wer ihre Zauber schmeckte,
> Ihm blüht die Welt,
> Ihm lacht sie und weist ihm
> Ihr Herz, ihren Sinn.[10]

Zur Absolutsetzung der Sprache hat sich der alte Glasperlenspieler in Montagnola bekannt, darin die einzige Möglichkeit am Ende einer Epoche spätbürgerlicher deutscher Literatur gesehen, ob anläßlich der Absichten, Meinungen und Gedanken des Autors ein aus Sprach-Stoff, aus Sprach-Garn gewobenes Gebilde entstanden sei, dessen nicht meßbarer Wert weit über dem Meßbaren des Inhalts steht.[11] Solche Absolutsetzung des Mediums Sprache — und auch hier steht Hesse poetologischen Überlegungen nachfolgender Generationen spätbürgerlicher Autoren durchaus nicht fern — bedeutete schließlich altersweise Beruhigung „oberhalb des Getümmels" erregter und erregender Gefühlsverwirrungen und scharfer Leiden an der Zeit, die in früheren Jahren zuweilen höhnische Formzertrümmerung auch als künstlerisches Programm zur Folge gehabt hatten. Auf die steppenwölfische Einsamkeit war die kastalische gefolgt, der Rückzug ganz auf das eigene Innere, in einer Korporation, gleichermaßen in letzter Instanz auf sich beschränkt, forschender, denkender, lebender Individualität.
So bietet sich denn das überschaubare Gesamtwerk als fast verzweifelter Versuch eines Erzählers dar, seine Kunst am Ende einer Epoche noch einmal gegen existenzbedrohende

Gefährdungen aus der Isolierung des Schriftstellers in der spätbürgerlichen Welt zu verteidigen. *Das Erzählen setzt Zuhörer voraus,* heißt es im Prolog zur *Unterbrochenen Schulstunde* 1948, *und fordert vom Erzähler eine Courage, welche er nur aufbringt, wenn ihn und seine Zuhörer ein gemeinsamer Raum, eine gemeinsame Gesellschaft, Sitte, Sprache und Denkart umschließt ... Und wenn ich heute irgendein noch so kleines, noch so gut isoliertes Erlebnis aufzuzeichnen versuche, dann rinnt mir alle Kunst unter den Händen weg, und das Erlebte wird auf beinah gespenstische Weise vielstimmig, vieldeutig, kompliziert und undurchsichtig.*[12] Gegen diesen gewiß nicht von ihm allein erfahrenen Tatbestand hat Hesse sein Werk gesetzt, als Versuch einer Wirklichkeitsbewältigung durch schriftstellerische Moralität, die eine notwendige Gemeinschaft ästhetisch Erzogener und damit erneut den Raum für die eindeutige Erzählung schaffen soll. Hier liegen die Ansatzpunkte sowohl für Bekenntnisse zum humanistischen schriftstellerischen Ethos Hermann Hesses wie auch für vorsichtige und respektvolle Kritik an der Isoliertheit dieses Autors.

Als der 1956 gestiftete, mit 10 000 DM dotierte westdeutsche Hermann-Hesse-Preis zu Hesses 80. Geburtstag 1957 Martin Walser für den Roman „Ehen in Philippsburg" verliehen wurde, bedankte sich der damals neunundzwanzigjährige Romancier mit Bemerkungen über den „Schriftsteller und die kritische Distanz", einer knappen Rede ohne unmittelbaren Bezug auf den Namenspatron des Preises, aber geprägt doch von dem deutlichen Bemühen eines jungen Schriftstellers, dem das Preisrichterkollegium soeben bescheinigt hatte, er habe „die Schwierigkeiten des Zusammenlebens in einer dissonanten Welt aggressiv und mit dem Blick des Satirikers erfaßt"[13], aus der unverkennbaren Distanz Verbindendes und Verbindliches herauszustellen. Walser sagte: „So gesellschaftskritisch sich also ein Schreiber auch aufführt, zuerst meint er doch immer sich selbst. Vielleicht ist das, was er schreibt, eine Buße für ihn, vielleicht ein Gericht, vielleicht eine vorbeugende Maßnahme, vielleicht ein Spaß, aber es ist nie — wenn es recht geschrieben ist — ein Aburteilen der Gesellschaft aus der elenden Distanz eines isolierten Schreibtisches, auf dem der Autor gewissermaßen den Scheiterhaufen, auf dem er die Gesellschaft verbrennt, zur eigenen Beweihräucherung entzündet..."[14] Hier vermochte Walser mit Hesse übereinzustim-

men im Bekenntnis zur humanistischen Verantwortlichkeit des Schriftstellers. Dann aber schloß er: „Wir sollten uns nicht allzusehr auf die Beispiele berufen, die bezeugen, daß die Gesellschaft den Schriftsteller nicht richtig verstanden hat. Es ist schlimm für den Schriftsteller, von der Gesellschaft nicht verstanden zu werden, aber die Isolation, in die er dadurch gerät, ist noch erträglich; viel, viel schlimmer jedoch ist es für ihn, wenn er die Gesellschaft, und das heißt doch: die Menschen nicht versteht. Diese Isolation ist für ihn — wie auch immer er sie ausschmücken mag — ein Verhängnis."[15] Dieser Vorwurf mußte, mochte der Name verschwiegen werden, auch Hesse und dessen Verhältnis zu Zeit und Zeitgenossen treffen.

Eine Preisrede also der zwar vorsichtig formulierten, aber unüberhörbaren Dissonanzen, redlicher Verehrung gewiß, aber auch deutlicher Vorbehalte hatte Martin Walser gehalten. Und was für den durch einen Preis in eine wie großzügig auch

immer aufgefaßte Nachfahrenschaft eingeordneten. westdeutschen Schriftsteller als Grundhaltung gilt, muß erst recht
die kritisch-wissenschaftliche Aneignung eines Erbes bestimmen, das in erster Linie als exemplarisches Zeugnis der
Schwierigkeiten eines humanistischen Schriftstellers erscheint,
von seiner ganz persönlichen Position aus die gesellschaftliche
Wirklichkeit in der ersten Hälfte unseres Jahrhunderts zu
bewältigen.

In der Tat, Werk und Lebensleistung des Schriftstellers
Hermann Hesse sind für die Nachgeborenen, sofern sie da
nicht nur die zeitlos gültig geglaubte poetische Formulierung
für eigene Zen- und Flower-Power-Weltfluchtideale rezipieren
wollen, .in größere Entfernung gerückt. In offenkundigem
Widerspruch zu aller Problematik eines „Kunstwerks im
Zeitalter seiner technischen Reproduzierbarkeit" (um auf
Walter Benjamins fundamentalen Essay zu verweisen) trägt
dieses Werk auch durchaus anachronistische Züge. Dennoch
stellt sich ein literarisches Erbe hier nicht nur in seinen gesellschaftlich wie individuell bedingten Kompliziertheiten, in
seiner Widersprüchlichkeit und Brüchigkeit dar, sondern auch
in nach wie vor lebendiger poetischer Frische, unmittelbar
berührender Sprachkraft, Respekt abnötigender intellektueller
Redlichkeit. Und da ist schwerlich obenhin nach Gültigem und
Ungültigem zu rubrizieren. Dazu bietet dieses Erbe übrigens
auch immer noch von der Erschließung neuer Materialien,
bisher verborgen gebliebener Zusammenhänge her zu viele
Überraschungen und zu viele Möglichkeiten anders ak-
zentuierender Interpretation.

Was sich abzeichnet, ist in gröber Kontur ein Gesamtbild der
Lebensleistung des Menschen und Schriftstellers Hermann
Hesse. Auch hier haben gewiß nicht mehr alle liebgewordenen
Züge die gleiche Überzeugungskraft. Eine stark in der spezifisch schwäbischen Tradition wurzelnde Grundhaltung stellte
sich in ihrer Ambivalenz dar, insofern die Opposition gegen
das Stift als besondere Schulform zwar einen zeittypischen
Widerspruch artikulierte, aber auch zu weltflüchtigem Einzel-
gängertum führte, insofern dann die Rückkehr zur Korporation der durch das Stift geistig Geprägten zwar Bewahrung
einer kultivierten Geistigkeit gegen den Anspruch dessen
bedeutete, was Hesse später das *feuilletonistische Zeitalter*
nannte, zugleich aber solches Traditionsbewußtsein Konser-

vierung einer antiaufklärerischen, gegen die schwäbische Liaison von Aufklärung und Absolutismus gerichteten Haltung einschloß. Daß dann Hesses Opposition gegen das intellektuelle Kriegsgeschrei vieler seiner literarischen Zeitgenossen 1914 bei aller Redlichkeit nur auf sehr unbestimmten Ein- und Ansichten gründete und in der Hoffnung auf eine positive kathartische Wirkung des Zeit- und Kriegserlebnisses mehr als bisher gesehen auch ideologische Gemeinsamkeiten mit manchen Kriegsbegeisterten deutlich wurden, stellt gewiß die Achtung vor Hesses Haltung nicht in Frage, macht aber auch objektive Grenzen eines derartigen persönlichen Protests sichtbar und zeigt an einem Drehpunkt dieses Lebens die Grundlagen für die künftige literarische Entwicklung des Autors. Und auch das spätere Ringen um den großen Altersroman vom *Glasperlenspiel* offenbart noch einmal in der Entscheidung zwischen kritischem Zeitroman und als fragwürdig empfundener Kulturutopie Polaritäten in Hesses Schaffen, läßt erkennen, aus welcher Distanz allein es diesem Romancier möglich war, Probleme seiner Zeit gestalterisch zu fassen, wie zugleich aus dieser kunstvoll geschaffenen Distanzierung ins weit Zurückliegende Schwierigkeiten im Dialog zwischen Autor und Leser folgen.

Dennoch: der Schriftsteller Hermann Hesse hat sich schließlich doch nicht auf die romantische Weltfluchtposition seines Camenzind begeben, *als eine Wolke durchs Leben (zu) gehen...*, *wandernd, überall fremd, schwebend zwischen Zeit und Ewigkeit*.[16] Und auch die Charakteristik des Zürcher Kritikers Eduard Korrodi, dieser Dichter sei weder Deutscher noch Schweizer, er sei ein Steppenwolf,[17] konnte höchstens für einen kurzen Augenblick zutreffen. Wie bitter, zuweilen wohl auch bösartig die zeitkritischen Momente vor allem im Werk des etwa Fünfzigjährigen waren, blieb steppenwölfischer Nihilismus dem Menschen und Dichter Hesse im Grunde stets fremd, führte bei ihm die Gesellschaftskritik eines Einzelgängers nicht zu inhumaner zynischer Menschenverachtung in der Art eines Gottfried Benn beispielsweise. Der greise Autor des *Glasperlenspiels* hat sich mit großem Nachdruck vielmehr zum humanistischen Auftrag des Schriftstellers bekannt, als er auf die Forderung eines Schweizer Arbeiters, es Josef Knecht gleichzutun und den Weg zurück zur Gemeinschaft zu finden, antwortete, Knecht tue das, *was ich auch zu tun versucht habe, solange ich noch meinen Beruf ausüben durfte, er stellt seine Gaben, seine Persönlichkeit, seine Energie in den Dienst am einzelnen Menschen.*[18]

Es ist bislang nicht bekannt, ob dieses briefliche Gespräch mit dem Arbeiter fortgeführt wurde, denn Hesses Antwort konnte wohl nicht ganz im Sinne des auf kollektives Wirken zielenden Schreibers gewesen sein. Zweifellos zeigt die Antwort eine Grenze von Hesses Humanismus, insofern er als ein individueller auf das Individuum eingeschränkt bleibt. Indem aber Hesse von sich schrieb und seiner Problematik, vermochte er durch die künstlerische Gestaltung persönliche Lebensproblematik zu objektivieren. So sind auch seine Werke im Sinne des Goethe-Wortes jeweils Bruchstücke einer großen Konfession. Ihr Inhalt ist in allen Phasen von Hesses Schaffen das Bekenntnis zu menschlicher Verantwortung und Güte, zur Formbarkeit des Menschen nach den Idealen eines unabgegoltenen klassischen Humanismus. Und wenn die Antworten dieses Dichters, weil sie wesentlich auf individuelle und nicht auf gesellschaftliche Lösungen zielen, zunehmend problematisch und fragwürdig geworden sind, so bleibt doch als große Lebens- und Künstlerleistung die nach wie vor bewegende, weil zutiefst wahrhaftige Formulierung einer Reihe wichtiger Probleme.

Hesse wollte niemals als Apologet alternder Ideologien schlechthin schreiben, er hat sich vielmehr schon frühzeitig zum Beispiel Heinrich Manns bekannt, bei dem er ein entschiedenes und rühmliches Weitermachen hervorhob, *während es in unserer Literatur eine gewisse Mode war, daß man bei einmaligen Proben oder Erfolgen sich beruhigte und dann den Kram so weitertrieb wie ein Ladengeschäft.*[19] Auch Hesses Werk ist gekennzeichnet von einer bemerkenswerten Offenheit für Problem- und Stilwandlungen im Laufe eines langen Lebens. Und wenn da von einer unbewußten Rilke-Nähe der frühesten Prosa bis zum gerade modischen I Ging des *Glasperlenspiels* auch manches Allzu-Zeitbedingte, heute längst Abgegoltene dieses Erbe beschwert, bleibt das Gesamtwerk doch stehen als ein eigentümliches Dokument der Auseinandersetzung mit literarischen Möglichkeiten bürgerlich-humanistischer Kunst im 20. Jahrhundert, der es um die Bewältigung von Problemen auf Leben und Tod bitterernst ist: *Ich habe schon seit Jahren den ästhetischen Ehrgeiz aufgegeben und schreibe keine Dichtung, sondern eben Bekenntnis, so wie ein Ertrinkender oder Vergifteter sich nicht mit seiner Frisur beschäftigt oder mit der Modulation seiner Stimme, sondern eben hinausschreit.*[20] Mag das in dieser Absolutheit wiederum auch nur für eine relativ kurze Periode in Hesses Leben und Schaffen um die Mitte der zwanziger Jahre zutreffen, so kennzeichnet das Bekenntnis doch eindrucksvoll den oftmals geradezu verzweifelten Ernst, der hinter diesem Werk steht, es, aufs Ganze gesehen, in den Rang eines *document humain* erhebt. Und solcher Ernsthaftigkeit gebührt auch da kritischer Respekt, wo ein fataler Hang des Dichters längst durchschaut wurde, statt alternde Ideologien ästhetisch zu verklären und zu beschönigen sich außerhalb aller im spätbürgerlichen Verstande als falsches Bewußtsein aufgefaßten Ideologie stellen zu wollen. Das hatte den extremen Subjektivismus von Hesses Werk zur Folge gehabt, ästhetisch eine längst an vielen Stellen brüchig gewordene Montage aus Konservatismus und Avantgardismus, politisch eine Verbindung von Anarchismus und Romantik im *Steppenwolf,* im *Glasperlenspiel* eine sich selbst in Frage stellende Kulturutopie als Infragestellung aller Ideologie. Zweifellos relativiert die Einsicht in solche Irrungen und Grenzen des Dichters gehörig die Gültigkeit seines Werks als Lebenshilfe für den Tag und die Stunde. Und diese Momente hat die marxistische Germanistik, wo sie die kritische Auseinandersetzung mit dem Autor begonnen hat, aus gutem Grund sowohl gegen affirmative spätbürgerliche Hesse-Schwärmerei als auch gegen ein im Formal-Ästhetischen steckenbleibendes Aburteilen eines Erbes hervorgehoben, das, aus Leiden an der Bürgerwelt erwachsen, immer noch reich und gewichtig genug erscheint, ihm interpretatorische wie editorische Aufmerksamkeit zu widmen.

Denn über alle das gewohnte Bild kritisch akzentuierenden Fragwürdigkeiten und Brüchigkeiten im Detail hinaus handelt es sich hier um ein Gesamtwerk, von dem nach wie vor, unabhängig von allem literarhistorischen Kalkül, eine lebendige Wirkung ausgeht. Seine in allen Dimensionen längst noch nicht literaturwissenschaftlich interpretatorisch erschlossenen Grundlagen sind — als besondere Formen eines spätbürgerlichen Humanismus — Hesses zarte Naturverbundenheit und die lebendig erhaltene Beziehung zur klassischen und romantischen Tradition der deutschen Literatur auch als Antwort

auf alle Versuche spätbürgerlicher bilderstürmerischer Negation des „Kaffrig-Klassischen"[21]. Ausgedrückt finden sie sich im verwirklichten schriftstellerischen Ethos Hermann Hesses, der — wie sehr er Sprache und Verantwortung vor der Sprache zu magischen Größen mythisieren, fetischhaft aufbauen mochte — im Handwerklichen, in der sorgsamen Handhabung des kostbarsten Materials, das dem Schriftsteller gegeben ist, noch immer nachfolgenden Schriftstellergenerationen ein studierenswertes Muster zu sein vermag — auch hinsichtlich der in einem Brief an Peter Weiss über dessen „Abschied von den Eltern" formulierten Forderung, über die schonungslose Darstellung privaten Erlebens zu allgemeingültigen Lösungen vorzudringen: *Wenn sich bei mir ein Einwand erhebt, so gilt er lediglich einem Teil des Inhalts, der Geschichte Ihrer langdauernden Sexualhemmung. Das ist eine pathologische Privatsache, und ihre Darstellung wäre nach meinem Gefühl nur dann von Wert, wenn der Leser auch den genaueren Vorgang der Heilung erfahren würde.*[22]

Sicherlich, Hesse verstand die Entfremdung des bürgerlichen Menschen im 20. Jahrhundert von der Natur vor allem als individuelle Problematik, deren gesellschaftliche Wurzeln außerhalb seines Blickfeldes blieben. *Aber gemeinsam ist allen stark individualisierten und geistig mehr oder weniger erzogenen Menschen unserer Generation das existentielle Hauptproblem: das gesteigerte Bedürfnis nach Wissen und Erkennen, und zugleich damit ein Leiden unter diesem Bedürfnis, ein schlechtes Gewissen der Natur und der Unschuld kreatürlicher Existenzen gegenüber, denen das Primitive, kritiklos übernommene traditionelle Formen des moralischen, religiösen, gesellschaftlichen Lebens genügt.*[23] Im erzählerischen Werk des Dichters jedoch hat das nie zu heimattümelnder Idyllik oder zu einem Kult des Primitiven, zu diabolischem Bekenntnis zum „Archaischen, Urfrühen, längst nicht mehr Erprobten"[24], zu keiner Zurücknahme eines klassischen Humanitäts- und Kunstideals geführt. Vielmehr zeigt die Übersicht über die Werkentwicklung vom *Peter Camenzind* bis zum *Glasperlenspiel* die Überwindung einer nur negativen Stadtfluchtthematik über die spätromantische Intensität der Naturdarstellung im *Klingsor* und in der *Morgenlandfahrt* bis zur Natursymbolik des Altersromans. Und das wäre nicht möglich gewesen ohne Hesses enge Beziehung zur klassischen und romantischen deutschen Dichtung. Die in solchem Traditionsbezug zuweilen stark hervortretenden Momente einer Jean-Paul-Imitation oder Eichendorff-Nachfahrenschaft sind die eine Seite. Die andere ist, daß Hesse hier nicht nur als Herausgeber und Rezensent Kostbarkeiten einer *Bibliothek der Weltliteratur* zu erschließen und einzuverleiben gesucht hat, daß er vor allem eine Tradition lebendig zu halten vermochte, ohne daß er darüber zum faden Epigonen wurde. Davor bewahrte ihn ein fast immer das erzählerische Werk bestimmender starker Realitätsbezug. Er führte notwendig zu wehmütig-ironischer Infragestellung romantisierender Märchenhaftigkeit und zu bald kritisch-realistisch oder ironisch verfremdend, bald symbolhaft akzentuiertem Durchbrechen imaginierter heiler Märchenwelten. Hesse überwand immer von neuem seine Gefahr, „auf leichte Weise eine leichte Weisheit" zu verkünden.[25] Werke, die wesentliche Etappen seiner Entwicklung markieren — *Peter Camenzind* und *Unterm Rad*, bei aller Problematik auch der *Demian*, dann der *Steppenwolf* und die *Morgenlandfahrt* sowie schließlich das *Glasperlenspiel* —, zeigen, begründet im jeweils neu gewonnenen Realitätsbezug, auch wesentliche formale literarische Errungenschaften. Aber auch da gründet alles Neurertum in Hesses Schaffen fest auf einem Erbe, das dieser Dichter immer von neuem in lebendiger Wirksamkeit zu stabilisieren trachtete, wenn er auch zu produktiv-kritischer Neuaneignung von seinem introvertierten, auf das geistige Glück einer Elite Eingeweihter gerichteten Traditionsbewußtsein keinen Ansatz fand. Daß indessen sein ganzes Wirken als Schriftsteller, Essayist, Rezensent und Herausgeber der Erziehung seiner Leser, der ständigen Vergrößerung dieses Kreises Eingeweihter, insofern durchaus einem Wiedergewinn der humanistischen Bildungsfunktion und Wirkungsweise von Literatur[26] galt, kennzeichnet — bei aller anachronistischen Fragwürdigkeit der Grundposition — das humanistische Wollen des Dichters Hermann Hesse.

Das Erbe bleibt an einem hohen Maßstab zu messen: „Die tatsächliche Scheidelinie zwischen prinzipiell progressiver und reaktionärer bürgerlicher Kunst im Imperialismus verläuft da, wo entweder das subjektive Engagement bürgerlicher Künstler mit wesentlichen progressiven gesellschaftlichen Tendenzen zusammenfällt oder wo deren objektive Dekadenzfunktion dominiert."[27] Wie fragwürdig gerade unter diesem Aspekt nicht wenige Einzelheiten erscheinen, so dürfte doch ein progressiv-humanistischer Grundzug in der Werkentwicklung deutlich geworden sein, der es nicht erlaubt, dieses Erbe in seiner Gesamtheit dem Mißverständnis eines anarchistisch-romantischen Revolutionarismus neulinker Provenienz zu alleiniger Verwertung zu überlassen.

Wie auch immer also: Schwierigkeiten, Überraschungen, Probleme, Vorbehalte überall, die unstreitiger Faszination durch dieses dichterische Gesamtwerk die Waage halten. Das Erbe, dessen sich bisher nur erst zögernd die Forschung bemächtigt, ist alles andere als beruhigend. Einstweilen widerlegt es immer von neuem die Sage vom flauen Romantiker und Idylliker.[28] Deutlicher treten dafür die Dissonanzen hervor.

Anhang

Anmerkungen

Lektüre ohne Unschuld

1 Vgl. zum Echo die Zusammenstellung der Rezensionen in den Bibliographien von Mileck, Bareiss und Waibler. — Die ersten in der damaligen sowjetischen Besatzungszone veröffentlichten Auseinandersetzungen sind bereits von der Themenstellung her aufschlußreich: Alfred Haering, Novalis redivus; in: Sonntag 18/1947; Friedrich Schultze. Das Glasperlenspiel; in: Aufbau 1/1947; Edith Braemer, Kastalien als pädagogische Provinz; in: die neue schule, 1948; Gerhard Kegel, Schönheit und Krisis der ästhetischen Existenz, Diss. Leipzig 1950. — Der Umstand, „daß die Buchhandlung H. in Calw das ‚Glasperlenspiel' nur gegen 25 Pfund Mehl abgeben will" [Okt. 1947, Hermann Hesse, Peter Suhrkamp, Briefwechsel, Frankfurt (Main) 1969, S. 69], wirft ein bezeichnendes Licht auf die Aktualität, die das Buch für die Leser im Nachkriegsdeutschland besaß.
2 Vgl. Gesammelte Schriften, Bd. VII, S. 428.
3 Thomas Mann, Gesammelte Werke, Bd. XII, S. 226.
4 Vgl. zu den Hesse-Editionen des Reclam-Verlages: 100 Jahre Reclams Universal-Bibliothek. Beiträge zur Verlagsgeschichte, Leipzig 1967.
5 Oskar Maria Graf, An manchen Tagen, Frankfurt (Main) 1961, S. 243.
6 Hermann Hesse 1877—1977. Stationen seines Lebens, des Werkes und seiner Wirkung. Sonderausstellung des Schiller-Nationalmuseums, Katalog 28, Marbach 1977, S. 389.
7 25. Dezember 1927; Brief an Heinrich Wiegand, S. 52.
8 Tägliche Rundschau, Berlin, vom 8. Oktober 1949.
9 Aufbau, Berlin 7/1957, S. 609.
10 Ebenda.
11 Ebenda, S. 610.
12 Von ihm erschienen 1952 „Peter Camenzind", „Unterm Rad", „Vom Baum des Lebens", 1957 „Narziß und Goldmund", „Eine Bibliothek der Weltliteratur", 1961 „Das Glasperlenspiel", 1963 „Der Steppenwolf", 1967 „Morgenlandfahrt", 1969 „Die späten Gedichte".
13 Neues Deutschland vom 11. August 1962.

14 Vgl. Erwin Neumann, Das epische Werk Hermann Hesses vom „Demian" bis zum „Siddharta", Diss. Potsdam 1964.

15 Die Welt, Hamburg, vom 11. August 1962, S. 5.

16 Der Spiegel, Hamburg, 40/1968, S. 177.

17 So erschienen weder in „Sinn und Form" noch in der „Neuen Deutschen Literatur" oder den „Weimarer Beiträgen" würdigende Gedenkartikel oder neue Ergebnisse einer marxistischen Hesse-forschung.

18 Gottfried Benn, Das gezeichnete Ich. Briefe, München 1962.

19 Vgl. Neumann, a. a. O., S. 12.

20 Käte Nadler, Hermann Hesse. Naturliebe. Menschenliebe. Gottesliebe, Leipzig 1956.

21 Vgl. dazu: Skizze einer Geschichte der deutschen Nationalliteratur von den Anfängen der deutschen Arbeiterbewegung bis zur Gegenwart, Weimarer Beiträge 5/1964; Hans Kaufmann, Krisen und Wandlungen der deutschen Literatur von Wedekind bis Feuchtwanger, Berlin und Weimar 1966; Hahn/Schlenstedt/Wagner, Thesen zum deutschen Roman im 20. Jahrhundert, Weimarer Beiträge 1/1968.

22 Kaufmann, a. a. O., S. 497.

23 Es überrascht doch, daß in den Thesen von Hahn/Schlenstedt/Wagner „Das Glasperlenspiel" unerwähnt bleibt.

24 Hans-Joachim Bernhard, Hesse-Pflege und Hesse-Kult; in Fritz Böttger, Hermann Hesse, Berlin 1974, S. 445 ff.

25 Vgl. Robert Weimann, Zur Tradition des Realismus und Humanismus, Weimarer Beiträge 10/1970, S. 111.

26 Franz Blei, Das große Bestiarium der Literatur, Berlin 1924, S. 40.

27 Bernhard Zeller, Hermann Hesse in Selbstzeugnissen und Bilddokumenten, Hamburg 1963.

28 Franz Baumer, Hermann Hesse, Berlin 1959.

29 Hugo Ball, Hermann Hesse, sein Leben und sein Werk. Fortgeführt von Anni Carlson und Otto Basler, Zürich 1947.

30 Edmund Gnefkow, Hermann Hesse, Freiburg 1952.

31 Kindheit und Jugend vor Neunzehnhundert. Hermann Hesse in Briefen und Lebenszeugnissen 1877—1895, hrsg. von Ninon Hesse, Frankfurt (Main) 1966; Hermann Hesse, Prosa aus dem Nachlaß.

32 Vgl. Jahrbuch der Deutschen Schillergesellschaft, Bd. 9, Stuttgart 1965, S. 640 ff.; Bernhard Zeller, Das Hermann-Hesse-Archiv des Deutschen Literaturarchivs; in: Hermann Hesse heute, hrsg. von Adrian Ilesia, Bonn 1980, S. 270 ff.

33 Hermann Hesse, Briefe an Heinrich Wiegand, Typoskript Universitätsbibliothek Leipzig.

34 Hermann Hesse, Die späten Gedichte, Leipzig 1969, S. 43.

35 Ebenda, S. 42 ff.

36 Robert Minder, Dichter in der Gesellschaft, Frankfurt (Main) 1966, S. 210. Zum Thema Heimatliteratur vgl. die 5. der Thesen zum deutschen Roman im 20. Jahrhundert von Hahn/Schlenstedt/ Wagner, a. a. O., S. 46 ff.

37 Hermann Hesse. Ein paar Aufzeichnungen und Briefe. Privatdruck 1960, S. 15.

38 Ebenda, S. 8.

39 Ebenda.

40 So empfing er nicht nur Hans Carossa, sondern auch Ludwig Finckh, dessen bienenfleißige Ahnenforschung „Schwäbische Vettern" Elemente der faschistischen Rassentheorien starrsinnig konserviert.

41 Bertolt Brecht, Gedichte, Bd. VI, Berlin und Weimar 1964, S. 41.

42 Bertolt Brecht, Schriften zur Literatur und Kunst, Berlin und Weimar, Bd. I, S. 100.

43 Basis I. Jahrbuch für deutsche Gegenwartsliteratur, Frankfurt (Main) 1970, S. 127.

44 Hermann Hesse 1877—1977, S. 302.

45 Eine Bilanz dieses Hesse-Kultes zieht Theodore Ziolkowski, Hermann Hesse in den USA; in: Hermann Hesse heute, hrsg. von Adrian Hsia, Bonn 1980, S. 1 ff.

Krisen der Kindheit

1 Ernst Marquardt, Geschichte Württembergs, Stuttgart 1961.

2 Ebenda, S. 385.

3 Kindheit und Jugend vor Neunzehnhundert. Hermann Hesse in Briefen und Lebenszeugnissen 1877—1895, hrsg. von Ninon Hesse, Frankfurt (Main) 1966, S. 95.

4 Ebenda, S. 40 ff.

5 Ebenda, S. 466.

6 Zitiert nach: Hermann Hesse. Eine Chronik in Bildern. Bearbeitet und mit einer Einführung versehen von Bernhard Zeller, Frankfurt (Main) 1960, S. 18.

7 Zitiert nach: Bernhard Zeller, Hermann Hesse in Selbstzeugnissen und Bilddokumenten, Hamburg 1963, S. 11.

8 Thomson, Johann Hesse. Ein Missionar aus dem Baltenland, Metzingen 1957, S. 7.

9 Gesammelte Schriften, Bd. VII.

10 Ebenda, S. 462.

11 Ebenda, S. 440.

12 Ebenda, S. 439.

13 Kindheit und Jugend vor Neunzehnhundert, a. a. O., S. 13.

14 Ebenda, S. 395.

15 Klingsors letzter Sommer, Berlin 1920, S. 48.

16 Ebenda.

17 Hugo Ball, Hermann Hesse, sein Leben und sein Werk. Fortgeführt von Anni Carlsson und Otto Basler, Zürich 1947, S. 124.

18 Gesammelte Schriften, Bd. IV, S. 606.

19 Kindheit und Jugend vor Neunzehnhundert, a. a. O., S. 79.

20 Ebenda, S. 180.

21 Ebenda, S. 189.

22 Corona, 3. Jg. 1931/32, H. 2, S. 200.

23 Vgl. Gesammelte Schriften, Bd. VII, S. 934 ff. Hesse hat da den Verzicht auf die Erörterung von Glaubensfragen sowohl mit den Eltern als auch mit den Geschwistern aus dem Respekt vor der Überzeugung des anderen, der Abneigung gegen alles Bekehrenwollen, aber auch aus dem Gefühl erklärt, „es dürfe an dem uns unbedingt Gemeinsamen nicht geklopft und gerüttelt werden". Das Ergebnis: „über dogmatische Abgründe hinweg ein schöner duldsamer Friede".

24 Kindheit und Jugend vor Neunzehnhundert, a. a. O., S. 187.

25 Gesammelte Schriften, Bd. IV, S. 769.

26 Kindheit und Jugend vor Neunzehnhundert, a. a. O., S. 230.

27 Ebenda, S. 244.

28 Ebenda, S. 218.

29 Ebenda, S. 248. Zur parallelen Heine-Begeisterung des jungen Thomas Mann vgl. dessen Aufsatz „Heinrich Heine, der ‚Gute'" sowie die Gedichte in der Schülerzeitschrift „Frühlingssturm", wiederabgedruckt in: Betrachtungen und Überblicke. Zum Werk Thomas Manns, hrsg. von Georg Wenzel, Berlin und Weimar 1966, S. 421 ff.

30 Kindheit und Jugend vor Neunzehnhundert, a. a. O.

31 Ebenda, S. 430 ff.

32 Ebenda, S. 443 ff.

33 Ebenda, S. 445.

34 Ebenda, S. 491.

35 Ebenda.

36 Ebenda, S. 492.

37 Ebenda, S. 491.

38 Ebenda, S. 491 ff.

39 Ebenda, S. 481 ff.

1 Gesammelte Schriften, Bd. IV, S. 474.
2 Ebenda.
3 Ebenda, S. 614 ff.
4 Ebenda, S. 615.
5 Zitiert nach: Bernhard Zeller, Hermann Hesse in Selbstzeugnissen und Bilddokumenten, a. a. O., S. 36.
6 Ebenda, S. 36.
7 Hermann Hesse 1877—1977, S. 201.
8 Vgl. Gesammelte Schriften, Bd. VII, S. 873.
9 Rainer Maria Rilke, Bücher, Theater, Kunst, Wien 1936, S. 108.
10 Frühe Prosa, Zürich 1948, S. 49.
11 Rainer Maria Rilke, a. a. O., S. 110.
12 Frühe Prosa, a. a. O.
13 Ebenda.
14 Vgl. Herman Meyer, Der Sonderling in der deutschen Dichtung, München 1963.
15 Vgl. Richard Hamann / Jost Hermand, Impressionismus, Berlin 1960, S. 381 ff.
16 Frühe Prosa, a. a. O., S. 301 ff.
17 Vgl. Karl Joel, Nietzsche und die Romantik, Jena 1923, S. 278.
18 Frühe Prosa, a. a. O., S. 271 ff.
19 Theodor Heuss, Vor der Bücherwand, Tübingen 1961, S. 274.
20 Frühe Prosa, a. a. O., S. 273.
21 Novalis, Schriften, Bd. 1, Stuttgart 1960, S. 134.
22 Ebenda, S. 116.
23 Frühe Prosa, a. a. O., S. 297 ff.
24 Ebenda, S. 282.
25 Vgl. Joseph Mileck, Names and creative process. A study of the names in Hermann Hesses „Lauscher", „Demian", „Steppenwolf" and „Glasperlenspiel"; in: Monatshefte für den deutschen Unterricht, Wisconsin 4/1961, S. 167 ff.
26 Zitiert nach: Bernhard Zeller, a. a. O., S. 40.
27 Krieg und Frieden, Zürich 1946.
28 Vgl. Karl Löwith, Jacob Burckhardt. Der Mensch inmitten der Geschichte, Stuttgart 1966, S. 152 ff.
29 Nach Johannes Wenzel, Jacob Burckhardt in der Krise seiner Zeit, Berlin 1962.
30 Ebenda.
31 Ebenda, S. 325.
32 Ebenda, S. 326.
33 Vgl. Johannes Wenzel, Jacob Burckhardt in der Krise seiner Zeit, Berlin 1967, S. 151 ff.
34 Das Glasperlenspiel, Berlin 1961, S. 194.

35 Ebenda, S. 205.

36 Im „Fabulierbuch" (Berlin 1935) hatte Hesse gegen die „Historiker, denen nichts heilig ist und die keinen Sinn für den Wert der Gebärde haben, obwohl ihre Wissenschaft sich eigentlich mit nichts anderem beschäftigt", erklärt: „Kurz, ich halte mich an die Legende und nicht an die Gelehrten ..."

37 Nach Jahrbuch der Deutschen Schillergesellschaft, 4. Jg. 1960, S. 73.

38 Vgl. Eine Bibliothek der Weltliteratur, Leipzig (o. J.).

39 Nach Bernhard Zeller, a. a. O., S. 40.

40 Ebenda, S. 41.

41 Frühe Prosa, a. a. O., S. 282.

42 Ebenda, S. 285.

43 Nach Bernhard Zeller, a. a. O., S. 47.

44 Prosa aus dem Nachlaß, Frankfurt (Main) 1965, S. 597.

45 Peter Camenzind, Berlin 1952, S. 125.

46 Ebenda, S. 59.

47 Otto Julius Bierbaum, Gesammelte Werke, Bd. 2, München 1912 ff., S. 382.

48 Die Insel, Leipzig 1900, S. 345 ff.

49 Peter Camenzind, a. a. O., S. 89.

50 Nach Bernhard Zeller, a. a. O., S. 49.

51 Peter Camenzind, a. a. O., S. 73.

52 Ebenda, S. 125.

53 Hugo Ball, a. a. O., S. 29 ff.

54 Ebenda, S. 30.

55 Ebenda, S. 28.

56 Hermann Hesse. Eine Chronik in Bildern, S. XIV.

57 Peter Camenzind, a. a. O., S. 118.

58 Vgl. Rainer Maria Rilke, Briefe 1906—1907, Leipzig 1934, S. 315.

59 Rainer Maria Rilke, Werke. Auswahl in zwei Bänden, Leipzig 1957, Bd. 1, S. 155.

60 Vgl. Paul Sabatier, Leben des Heiligen Franz von Assisi, Berlin 1897, S. 155.

61 Vgl. Rainer Maria Rilke, Werke, a. a. O., S. 105 ff.

62 Peter Camenzind, a. a. O., S. 81.

63 Ebenda, S. 112.

64 Ebenda, S. 117.

65 Ebenda, S. 166.

66 Bertolt Brecht, Schriften zur Kunst und Literatur, Bd. I, S. 13 ff.

67 Peter Camenzind, a. a. O., S. 123.

68 Hugo Ball, a. a. O., S. 23.

69 Ebenda, S. 28.

70 Sonntag vom 18. Mai 1952.

71 Vgl. Hans Wilhelm Rosenhaupt, Der deutsche Dichter um die Jahrhundertwende und seine Abgelöstheit von der Gesellschaft, Bern 1939.
72 Vgl. Rainer Maria Rilke, Werke, Auswahl in 2 Bänden, Bd. 1, S. 246 ff.
73 März 1907, S. 458.
74 Ebenda, S. 455.
75 Ebenda.
76 Ebenda, S. 459.
77 Vgl. Albert Soergel, Dichtung und Dichter der Zeit, Leipzig 1928.
78 Ebenda.
79 Hans Kaufmann, Krisen und Wandlungen der deutschen Literatur von Wedekind bis Feuchtwanger, Berlin und Weimar 1966, S. 97.
80 Vgl. Franz Baumer, Hermann Hesse, Berlin 1959, S. 16.
81 Nach Bernhard Zeller, a. a. O., S. 49.
82 Thomas Mann, Gesammelte Werke, Bd. XI, S. 343.
83 Vgl. Walter Rathenau, Briefe, Bd. I, Dresden 1926, S. 355.

Schülernot und Künstlerleiden

1 Briefe, S. 7.
2 Märchen, Berlin 1925, S. 180.
3 Ebenda, S. 182.
4 Ebenda.
5 Vgl. hierzu: Eike Middell, Thomas Mann, Versuch einer Einführung in Leben und Werk, Leipzig (o. J.), S. 47. Der Gedanke ließe sich durchführen von der „Bajazzohaltung" der frühen Künstlerfiguren über das Schauspielerhafte im Joseph bis zum Felix Krull, auf den Dichter selbst bezogen, vom früh bekundeten Vergnügen an der Repräsentation bis zur wiederholt bezeugten Lust des Greises am öffentlichen Auftreten als Vorlesender.
6 Nach Hugo Ball, a. a. O., S. 139.
7 Die Gesellschaft, April 1895.
8 Vgl. Hugo Ball, a. a. O., S. 127.
9 Nach Bernhard Zeller, a. a. O., S. 51.
10 Briefe, S. 7.
11 Gesammelte Schriften, Bd. IV, S. 622.
12 Ebenda.
13 Ebenda.
14 Hugo Ball, a. a. O., S. 137.
15 Vgl. Ludwig Finckh, Der Rosendoktor, Ulm 1950, S. 69 ff.
16 Unterm Rad, Leipzig 1963, S. 50.

17 Ebenda, S. 49.
18 Vgl. Kindheit und Jugend vor Neunzehnhundert, a. a. O.
19 Nach Albert Soergel, Dichtung und Dichter der Zeit, S. 585.
20 Thomas Mann, Briefe 1889 bis 1936, Berlin und Weimar 1965, S. 77.
21 Ebenda.
22 Vgl. Thomas Mann über das „Glasperlenspiel" (Gesammelte Werke Bd. XII, S. 227) und den Aufsatz „Hermann Hesse zum 70. Geburtstag" (a. a. O., Bd. XI, S. 254 ff., bes. S. 255).
23 Nach: Klaus Schröter, Thomas Mann in Selbstzeugnissen und Bilddokumenten, Reinbek bei Hamburg 1964, S. 25.
24 Gesammelte Schriften, Bd. II, S. 351 ff.
25 Vgl. Hugo Ball, a. a. O., S. 20.
26 Vgl. Julius Bach, Der deutsche Schülerroman und seine Entwicklung, Diss. Münster 1922.
27 Hans Kaufmann, a. a. O., S. 98.
28 Hermann Hesse. Werk und Persönlichkeit. Sonderausstellung zum 80. Geburtstag des Dichters im Schiller-Nationalmuseum Marbach 1957, Katalog S. 11.
29 Gesammelte Schriften, Bd. IV, S. 619.
30 Briefe, S. 9.
31 Gesammelte Schriften, Bd. IV, S. 588.
32 Hermann Hesse 1877—1977, S. 157.
33 Ebenda, S. 159.
34 Ebenda.
35 Nach Gerd Thumser, Ludwig Thoma und seine Welt, München 1966, S. 81 ff.
36 Theodor Heuss, Vor der Bücherwand, Tübingen 1961.
37 Gesammelte Schriften, Bd. IV, S. 475.
38 Nach Bernhard Zeller, a. a. O., S. 62.
39 Vgl. Theodor Heuss, Erinnerungen 1905—1933, Tübingen 1963, S. 188 ff.
40 Zum Historischen vgl. Fritz Klein, Deutschland 1897/98 bis 1917, Berlin 1961, S. 173 ff.
41 März 1907, Bd. I, S. 5.
42 Ebenda, S. 6 ff.
43 Ebenda, S. 296.
44 Ebenda, Bd. IV, S. 4.
45 Ebenda, Bd. I, S. 246 ff.
46 Gesammelte Schriften, Bd. VII, S. 7.
47 Ebenda, S. 8.
48 Ludwig Finckh, Himmel und Erde, Stuttgart 1961, S. 40.
49 Gertrud, Berlin 1955, S. 9.
50 Es heißt: „. . . von der Einsamkeit ausgehungert wie ein Wolf" (a. a. O., S. 53).

51 Vgl. Bernhard Zeller, a. a. O.

52 Nach Baumer, a. a. O., S. 37.

53 Die Hilfe, Jahrgang 16, 1910, S. 725.

54 Nach Bernhard Zeller, a. a. O., S. 58.

55 Gertrud.

56 Ebenda, S. 205.

57 Ebenda.

58 Ebenda, S. 175.

59 Ebenda, S. 217.

60 Ebenda, S. 268.

61 Von Wiegand am 15. April 1927 empfangener Brief; Briefe an Heinrich Wiegand, S. 35 ff.

62 Ebenda, S. 34. Vgl. die bemerkenswerte Parallele bei Arthur Schnitzler: „Mit Worten so wenig lügen als möglich ist" (Dramen, Berlin und Weimar 1968, S. 605). In weiterem Zusammenhang ist als Ausdruck einer Zeitproblematik Hofmannsthals „Brief des Lord Chandos" zu beachten (dazu vgl. Weimarer Beiträge 1/1968, S. 40).

63 Briefe an Heinrich Wiegand, S. 34 ff.

64 Gertrud, S. 178 ff.

65 März 1910, Bd. I, S. 282.

66 Ebenda, S. 283.

67 Hermann Hesse. Thomas Mann, Briefwechsel, Frankfurt (Main) 1968, S. 6.

In und aus Indien

1 Aus Indien, Berlin 1913, S. 125.

2 Vgl. Hugo Ball, a. a. O., S. 123.

3 Gesammelte Schriften, Bd. III, S. 758.

4 Carl Sternheim, Vermischte Schriften, Berlin und Weimar 1965, S. 529.

5 Nach André Dabezies, Visages de Faust au XXe siècle, Paris 1967, S. 44.

6 Gertrud, S. 235 ff.

7 Gesammelte Schriften, Bd. VII, S. 13.

8 Vgl. Ludwig Finckh, Himmel und Erde, S. 84.

9 Nach Bernhard Zeller, a. a. O., S. 65.

10 Vgl. Roßhalde, Berlin 1914, S. 69.

11 Vgl. Bernhard Zeller, a. a. O., S. 66. Vgl. dazu Hans Fridericis Habilitationsvortrag „Die Indien-Rezeption in den Erzählungen Hermann Hesses"; in: Wissenschaftliche Zeitschrift der Friedrich-Schiller-Universität Jena, Gesellschafts- und sprachwissenschaftliche Reihe, Heft 4/5, 1955/56, S. 459 ff.

12 Richard Hamann / Jost Hermand, Impressionismus, S. 30.

13 Ebenda, S. 31.

14 Diesseits, Berlin 1930, S. 656.

15 Gesammelte Schriften, Bd. VII, S. 162. Wenn Hans Kaufmann (a. a. O., S. 353) in diesem Zusammenhang nur den Reflex der russischen Revolution hervorhebt, scheinen zugunsten eines Moments von zweifellos hervorragender Bedeutung kulturphilosophische Traditionslinien, die weiter zurückreichen, ungenügend berücksichtigt.

16 Aus Indien, S. 42 ff.

17 Ebenda, S. 25.

18 Ebenda, S. 100.

19 Carl Sternheim, Vermischte Schriften, S. 25.

20 Aus Indien, S. 30.

21 Ebenda, S. 81.

22 Ebenda, S. 117.

23 Ebenda.

24 Ebenda.

25 Ebenda.

26 Ebenda, S. 101.

27 Umwege, S. 309.

28 Prosa aus dem Nachlaß, S. 597.

29 Aus Indien, S. 118.

30 Vgl. Albrecht Oepke, Moderne Indienfahrer und Weltreligionen, Leipzig 1921.

31 Der Weg nach Innen, Berlin 1940, S. 432 ff.

32 Vgl. Gertrud.

33 Gesammelte Schriften, Bd. VII, S. 338.

34 Ebenda, Bd. IV, S. 482.

35 Die Morgenlandfahrt, Berlin 1967, S. 9.

36 Gesammelte Schriften, Bd. VII, S. 371.

37 Neue deutsche Bücher, Marbach 1965, S. 64.

Künstler und Taugenichts

1 Nach Weltbühne 1927, Bd. II, S. 332.

2 Vgl. Ludwig Finckh, Himmel und Erde.

3 Roßhalde, S. 152.

4 In der „Morgenlandfahrt" heißt es dann: „Was ihn nach dem Morgenlande zog, war sein Wunsch, nach salomonischem Schlüssel die Sprachen der Vögel verstehen zu lernen" (S. 27). Das Motiv läßt sich in der neueren Prosa weiterverfolgen bis zu Ingeborg Bachmanns Erzählung „Alles" in dem Band „Das dreißigste Jahr".

5 Hugo Ball, a. a. O., S. 148.
6 Ebenda, S. 148 ff.
7 Ebenda, S. 132.
8 Nach Bernhard Zeller, a. a. O., S. 70.
9 Vgl. Karl Joel, Nietzsche und die Romantik.
10 Thomas Mann, Gesammelte Werke, Bd. XII, S. 362.
11 Roßhalde, S. 60 ff. Zur Sprachkritik vgl. Ernst Robert Curtius, Kritische Essays zur europäischen Literatur, Bern 1954.
12 Roßhalde, S. 304.
13 Österreichische Erzähler, Berlin 1967, Bd. 1, S. 142 ff.
14 Nach Bernhard Zeller, a. a. O., S. 70.
15 Roßhalde, S. 18.
16 Ebenda, S. 75.
17 Ebenda, S. 77.
18 Ebenda, S. 303 ff.
19 Knulp, Berlin 1915, S. 144 ff.
20 Thomas Mann, Betrachtungen eines Unpolitischen, Berlin/ Darmstadt/Wien 1959, S. 373 ff.
21 Ebenda.
22 Hans Kaufmann, Krisen und Wandlungen, S. 312.
23 Hermann Hesse. Werk und Persönlichkeit, S. 20.

„O Freunde, nicht diese Töne"

1 Hugo Ball, a. a. O., S. 146.
2 Karl Kraus, Die Fackel, Nr. 404.
3 Ebenda.
4 Nach Theodor Heuss, Vor der Bücherwand, S. 275.
5 Nach Gerd Thumser, Ludwig Thoma und seine Welt, S. 188.
6 Hermann Hesse 1877—1977, S. 133.
7 Betrachtungen, Berlin 1928, S. 246.
8 Ebenda, S. 249.
9 Ebenda.
10 Ebenda, S. 251 ff.
11 Gesammelte Schriften, Bd. IV, S. 476.
12 Nach Bernhard Zeller, a. a. O., S. 74.
13 Vgl. Theodor Heuss, Erinnerungen 1905—1933, S. 188 ff.
14 Ebenda, S. 275.
15 Vgl. dazu Brigitte Hockes Rolland-Aufsatz in: Wissenschaftliche Zeitschrift der Karl-Marx-Universität Leipzig, Gesellschafts- und sprachwissenschaftliche Reihe, Heft 1/2, 1967.
16 Nach Hugo Ball, a. a. O., S. 152. Vgl. dazu Erwin Neumann, a. a. O., S. 59 ff.

17 Expressionismus, Literatur und Kunst 1910—1923, Marbach 1960, S. 138 ff.

18 Ebenda, S. 139.

19 Ebenda.

20 Hermann Hesse. Romain Rolland, Briefe, S. 12.

21 Gesammelte Schriften, Bd. IV, S. 475.

22 Goethe, West-östlicher Divan, Leipzig 1965, S. 104.

23 Unterwegs, München 1915, S. 92.

24 Die Neue Rundschau 1914, S. 1475.

25 Ebenda, S. 1472.

26 Gesammelte Schriften, Bd. V, S. 609.

27 März 1915, Bd. II, S. 283.

28 Ebenda, S. 167 ff.

29 Ebenda.

30 Ebenda.

31 Briefe, S. 13.

32 Ebenda, S. 12.

33 Vgl. Joseph Mileck, Hermann Hesse and His Critics, Chapel Hill 1958, S. 41 ff.

34 Krieg und Frieden.

35 Vivos voco 1919, S. 79.

36 Hermann Hesse. Romain Rolland, Briefe, S. 17.

37 Gesammelte Schriften, Bd. IV, S. 663.

38 Briefe, S. 10.

39 Ebenda, S. 12.

40 Gesammelte Schriften, Bd. V, S. 595.

41 Vgl. ebenda, S. 595 ff.

42 Ebenda, S. 569.

43 Ebenda.

44 Edmund Gnefkow, Hermann Hesse, Freiburg 1952, S. 58.

45 Briefe, S. 24.

46 Vgl. dazu Eike Middell, Imaginierte heile Welt; in: 100 Jahre Reclams Universal-Bibliothek, Leipzig 1967, S. 181 ff.

47 Betrachtungen, S. 60.

48 Ebenda, S. 61.

49 Ebenda, S. 72.

50 Ebenda.

51 Menschheitsdämmerung. Ein Dokument des Expressionismus, neu hrsg. von Kurt Pinthus, Leipzig 1968, S. 387.

52 Nach Treffpunkt Zukunft, hrsg. von Wolfgang Tenzler, Berlin 1967, S. 13.

53 Krieg und Frieden, S. 46.

54 Franz Werfel, Menschheitsblick, Berlin und Weimar 1967, S. 51.

55 Sinclairs Notizbuch, Zürich 1923, S. 7.

56 Gesammelte Schriften, Bd. VII, S. 514.

57 Klabund, Kunterbuntergang des Abendlandes, Berlin 1967,
S. 331.
58 Sinclairs Notizbuch, S. 38.
59 Ebenda, S. 32.
60 Blick ins Chaos, Bern 1920, S. 1. Vgl. dazu den Brief an Rolland
vom 4. August 1917.
61 Blick ins Chaos, S. 2 ff.
62 Thomas Mann, Gesammelte Werke, Bd. XI, S. 168.
63 Expressionismus, S. 313.
64 Thomas Mann, Gesammelte Werke, Bd. X, S. 265.
65 Ebenda.
66 Ebenda, S. 619.
67 Blick ins Chaos, S. 4.
68 Ebenda, S. 16.
69 Ebenda, S. 20.
70 T. S. Eliot, Das wüste Land, Frankfurt (Main) 1962, S. 59,
S. 37 ff.
71 Nach Erwin Neumann, a. a. O., Anhang S. 114.
72 Ebenda, S. 115.
73 Zarathustras Wiederkehr, Bern 1919, S. 39.
74 Ebenda, S. 30.
75 Vivos voco 1919, S. 79.
76 Expressionismus, S. 302.
77 Zarathustras Wiederkehr, S. 33.
78 Ebenda, S. 26.
79 Ebenda, S. 29 ff.
80 Ebenda, S. 24.
81 Ebenda, S. 25.
82 Ebenda.
83 Ebenda, S. 38.
84 Thomas Mann, Briefe 1889 bis 1936, S. 187 ff.

Neubeginn und Abschied

1 Vivos voco 1920, S. 474.
2 Alfred Döblin in: Die Neue Rundschau 1919, S. 622.
3 Expressionismus, S. 245.
4 Gesammelte Schriften, Bd. VII.
5 Thomas Mann in: Die Neue Rundschau 7/1947, S. 59.
6 Hanns W. Eppelsheimer, Handbuch der Weltliteratur, Frankfurt
(Main) 1950, Bd. II, S. 279.
7 Hermann Hesse 1877—1977, S. 217 ff.
8 Vivos voco 1920, S. 658.
9 Thomas Mann, Briefe 1889 bis 1936, S. 198.

10 Menschheitsdämmerung, a. a. O., S. 387.
11 Albert Ehrenstein, Stimme über Barbaropa, Berlin und Weimar 1967, S. 77.
12 Demian. Die Geschichte einer Jugend von Emil Sinclair, Berlin 1919, S. 24.
13 Ehrenstein, a. a. O., S. 77.
14 Alfred Döblin in: Die Neue Rundschau 1919, S. 622.
15 Demian, a. a. O., S. 213.
16 Ebenda, S. 223 ff.
17 Gottfried Benn, Briefe, Wiesbaden 1957, S. 12.
18 Expressionismus, S. 231. Hugo Ball schrieb in der Einleitung zu einer Sammlung künstlerischer und literarischer Beiträge des Cabaret Voltaire (u. a. von Apollinaire, Arp, van Hoddis, Huelsenbeck, Kandinsky, Marinetti, Picasso und Tzara): „Das kleine Heft, das wir heute herausgeben, verdanken wir unserer Initiative und der Beihilfe unserer Freunde in Frankreich, Italien und Rußland. Es soll die Aktivität und die Interessen des Cabarets bezeichnen, dessen ganze Absicht darauf gerichtet ist, über den Krieg und die Vaterländer hinweg an die wenigen Unabhängigen zu erinnern, die anderen Idealen leben." (Cabaret Voltaire, Zürich 1916.)
19 Vgl. Der Malik-Verlag 1916—1947, Berlin 1966, S. 7 ff.
20 Nach Waltraut Seifert, Künstler und Gesellschaft im Prosawerk Hermann Hesses, Diss. Leipzig 1956, S. 203.
21 Demian, a. a. O., S. 9.
22 Ebenda, S. 255.
23 Ebenda.
24 Vgl. Joseph Mileck, The poetry of Hermann Hesse; in: Monatshefte für den deutschen Unterricht 1954, S. 192 ff.
25 Zum Problem vgl. Walter Killy, Deutscher Kitsch. Ein Versuch mit Beispielen, Göttingen 1961.
26 Vgl. Demian, a. a. O., S. 218.
27 Ebenda, S. 80. Vgl. Malte Dahrendorf, Hermann Hesses „Demian" und C. G. Jung; in: Germanisch-Romanische Monatsschrift 39 (1958), S. 81 ff.
28 Expressionismus, S. 214.
29 Else Lasker-Schüler, Leise sagen, Berlin und Weimar 1968.
30 Demian, a. a. O., S. 107.
31 Ebenda, S. 198.
32 Ebenda, S. 201.
33 Ebenda, S. 228.
34 Ebenda, S. 200.
35 Ebenda, S. 226.
36 Ebenda, S. 227.
37 Ebenda, S. 211.
38 Ebenda, S. 251.

39 Max Scheler in: Die Neue Rundschau 1914, S. 1314. Vgl. dazu die Untersuchungen von Günter Albrecht in: Weimarer Beiträge 1967.
40 Demian, a. a. O., S. 252.
41 Die Neue Rundschau 1929, S. 823.
42 Nach Bernhard Zeller, a. a. O., S. 81.
43 Ebenda.
44 Corona, 3. Jg. 1932/33, Heft 2, S. 293 ff.
45 Klingsors letzter Sommer, Berlin 1920, S. 56.
46 Ebenda, S. 63.
47 Ebenda, S. 77.
48 Ebenda, S. 137.
49 Ebenda, S. 138.
50 Wie es Franz Baumer (a. a. O., S. 88 ff.) versucht, wenn er kurzerhand dekretiert: „Hesses Bewußtsein ist existentialistisch."
51 Vgl. das Tagebuch 1920 in: Corona, a. a. O.
52 Klingsors letzter Sommer, a. a. O., S. 142.
53 Ebenda, S. 93.
54 Hugo Ball, a. a. O., S. 203.
55 Klingsors letzter Sommer, a. a. O., S. 212.
56 Hugo Ball, a. a. O., S. 209.
57 Klingsors letzter Sommer, a. a. O., S. 166.
58 Die Neue Rundschau, 29. 1918, S. 838 ff.
59 Vgl:
„Laß mich nicht so der Nacht, dem Schmerze,
Du allerliebstes, du mein Mondgesicht!
Oh, du mein Phosphor, meine Kerze,
Du meine Sonne, du mein Licht."
Goethe, West-östlicher Divan, a. a. O., S. 77.
60 Nach Bernhard Zeller, a. a. O., S. 86.
61 Ebenda, S. 88.
62 Corona, a. a. O., S. 193.
63 Ebenda, S. 193.
64 Ebenda, S. 193 ff.
65 Ebenda, S. 194.
66 Ebenda, S. 192.
67 Nach Bernhard Zeller, a. a. O., S. 92.
68 Corona, a. a. O., S. 195.
69 Ebenda, S. 199.
70 Ebenda, S. 200.
71 Ebenda, S. 197.
72 Vgl. Gesammelte Schriften, Bd. VII.
73 Corona, a. a. O., S. 193.
74 Weimarer Beiträge 5/1964, S. 714.
75 Vgl. Gesammelte Schriften, Bd. VII, S. 370.

76 Vgl. Siddharta, Berlin 1922, S. 138. Siddharta heißt im Sanskrit derjenige, der sein Ziel erreicht hat.

77 Ebenda, S. 146.

78 Vgl. Gerhart Mayer, Hermann Hesse. Mystische Religiosität und dichterische Form; in: Jahrbuch der Deutschen Schillergesellschaft, Stuttgart 1960, S. 434 ff.

79 Ebenda, S. 442.

80 Corona, a. a. O., S. 195.

81 Siddharta, a. a. O., S. 39.

82 Ebenda, S. 96.

83 Ebenda, S. 127.

84 Ebenda, S. 109.

85 Ebenda, S. 138.

86 Ebenda, S. 142 ff.

87 Corona, a. a. O., S. 206.

88 Ebenda.

89 Ebenda, S. 207.

90 Vgl. Maurice Colleville, Hesse und Frankreich; in: Deutschland — Frankreich. Ludwigsburger Beiträge zum Problem der deutsch-französischen Beziehungen, Stuttgart 1954, S. 216.

91 Alfred Döblin, Berlin Alexanderplatz, Berlin 1965, S. 505.

Krisis eines Kurgastes

1 Klingsors letzter Sommer, S. 176.

2 Nach Hermann Hesse. Eine Chronik in Bildern, S. 109.

3 Ebenda.

4 Briefe, S. 217.

5 10. Januar 1929. Briefe an Heinrich Wiegand, S. 129.

6 19. April 1928. Ebenda, S. 78 ff.

7 Nürnberger Reise, Berlin 1927, S. 94.

8 Ebenda, S. 94 ff.

9 Carl Sternheim, Vermischte Schriften, S. 305.

10 Gesammelte Schriften, Bd. IV, S. 469.

11 Briefe, S. 25.

12 Kurgast, Berlin 1925, S. 13.

13 Vgl. Gesammelte Schriften, Bd. VII, S. 234.

14 Briefe, S. 31.

15 Carl Sternheim, a. a. O., S. 430 ff.

16 Kurgast, a. a. O., S. 55.

17 Ebenda, S. 49.

18 Ebenda, S. 80.

19 Ebenda.

20 Nach Relativitätstheorie und Weltanschauung, Berlin 1967, S. 179.

21 Vgl. Pirandellos Vorwort zu „Sechs Personen suchen einen Autor"; in: Spectaculum 6, Frankfurt (Main) 1963, S. 366 ff.

22 Kurgast, a. a. O., S. 32. Vgl. dazu Siegfried Unseld, Hermann Hesses Anschauung vom Beruf des Dichters, Diss. Tübingen 1951. S. 72.

23 Kurgast, a. a. O., S. 136.

24 Ebenda.

25 Ebenda.

26 Hermann Hesse. Thomas Mann, Briefwechsel, S. 10.

27 Nürnberger Reise, S. 22.

28 Ebenda, S. 36.

29 Ebenda, S. 42.

30 Ebenda, S. 77 ff.

31 Vgl. Nürnberger Reise, S. 95.

32 Oskar Loerke, Tagebücher 1903—1939, Heidelberg/Darmstadt 1955, S. 138.

33 Ebenda.

34 Thomas Mann, Briefe 1889 bis 1936, S. 280.

35 Hermann Hesse. Werk und Persönlichkeit, S. 31.

36 Krisis, Berlin 1928, S. 76.

37 Briefe, S. 19.

38 Krisis, a. a. O., S. 81.

39 Ebenda, S. 82.

40 Ebenda, S. 81.

41 Ebenda.

42 Thomas Mann, Doktor Faustus, Kap. XXV.

43 Krisis, a. a. O., S. 36.

44 Ebenda, S. 26.

45 Ebenda, S. 49.

46 Ebenda, S. 73.

47 Ebenda, S. 60.

48 Ebenda, S. 16.

49 Ebenda, S. 66.

50 Weltbühne 1927, Bd. II, S. 333.

51 Ebenda, S. 335.

52 Ebenda.

53 Ebenda, S. 335.

54 Ebenda, S. 336.

55 Ebenda, S. 227.

56 Alfred Döblin, Vertreibung der Gespenster, S. 386.

57 Robert Musil, Tagebücher, Aphorismen, Essays, Reden, Hamburg 1955, S. 872.

58 Ebenda.

59 Briefe, S. 16.

60 Vgl. Thomas Mann, Briefe 1889 bis 1936, S. 138, S. 376.

61 Manifest 1905—1933, Dresden 1965, S. 371.

62 Der Steppenwolf, Berlin 1963, S. 262.

63 Von Wiegand am 15. April 1927 erhalten; Briefe an Heinrich Wiegand, S. 38.

„Der Steppenwolf"

1 Der Steppenwolf, S. 36.

2 Ebenda.

3 Weltbühne 37/1931, S. 402 ff. Bestandsaufnahme einer geistigen Situation war auch drei Jahre vor dem „Steppenwolf" Thomas Manns „Zauberberg" gewesen; bemerkenswert übrigens, wie beide Dichter die Walpurgisnacht aus Goethes „Faust" als Walpurgisnacht der karnevalfeiernden Sanatoriumsinsassen, als Maskenball im „Steppenwolf" zum Strukturmodell nehmen und travestieren.

4 Vgl. Weltbühne 1927.

5 Die Linkskurve 9/1932, S. 13.

6 Erinnerungen an Brecht, Leipzig (o. J.), S. 52.

7 Alfred Döblin, Die Vertreibung der Gespenster, S. 394.

8 Vgl. Weltbühne 1927, Bd. II, S. 961.

9 Thomas Mann, Gesammelte Werke, Bd. XI, S. 258.

10 Der Steppenwolf, S. 38 ff.

11 Gottfried Benn, Gesammelte Werke in 4 Bänden, Bd. 1, Wiesbaden 1962, S. 410.

12 Vgl. Colin Wilson, Der Outsider. Eine Diagnose des Menschen unserer Zeit, Stuttgart 1957. Das Buch des englischen Autodidakten ist interessant als Zeugnis für die Wirkung von Hesses Roman in der bürgerlichen Gesellschaft der zweiten Nachkriegszeit.

13 Damit ist dies Hesses unmittelbarste epische Selbstdarstellung, zugleich wird die Bilanzierung der persönlichen Situation als Mann und Künstler zur charakteristischen Gestaltung der Gesellschaftskrise. In dieser Verschränkung liegt die Ausnahmestellung des Romans im Werk Hermann Hesses.

14 Der Steppenwolf, S. 243.

15 Ebenda, S. 229 ff.

16 Ebenda, S. 150.

17 Ebenda, S. 222.

18 Vgl. Thomas Mann, Gesammelte Werke, Bd. XI, S. 172.

19 Weltbühne 1927, Bd. II, S. 258.

20 Der Steppenwolf, S. 258.

21 Margot Böttcher, Aufbau und Form von Hesses „Steppenwolf", Diss. Berlin 1948, S. 9.

22 Hans Mayer, Hesses „Steppenwolf" nach 35 Jahren; in: Der Steppenwolf, Berlin 1963, S. 265.

23 Der Steppenwolf, S. 210.

24 Ebenda, S. 218.

25 Ebenda, S. 219.

26 Briefe, S. 23.

27 Bertolt Brecht, Schriften zum Theater, Bd. II, Berlin und Weimar 1964, S. 12.

28 Der Steppenwolf, S. 248.

29 E. T. A. Hoffmann, Poetische Werke, Bd. I, Berlin 1958, S. 131 ff.

30 Gesammelte Schriften, Bd. IV, S. 486.

31 Der Steppenwolf, S. 229.

32 Hugo Ball, a. a. O., S. 245.

33 Der Steppenwolf, S. 241.

34 Ebenda, S. 244.

35 Ebenda, S. 255.

36 Hans Mayer irrt, wenn er (diesen Angaben folgte die Edition im Aufbau-Verlag 1963) für die Fackel von Karl Kraus einen gelben Umschlag nennt; sie erschien im roten.

37 Tractat vom Steppenwolf, S. 16.

38 Ebenda, S. 21 ff.

39 Der Steppenwolf, S. 57.

40 Tractat vom Steppenwolf, S. 25.

41 Vor allem ist die Widersprüchlichkeit zwischen den Lehren des magischen Theaters und denen des Tractats zu beachten, die unbeantwortete Frage nach den Steppenwölfen als einzigartigen oder typenmäßig gebundenen Erscheinungen.

42 Tractat vom Steppenwolf, S. 27.

43 Briefe.

44 George Wallis Field, Hermann Hesse as a critic of English and American literature; in: Monatshefte für den deutschen Unterricht, Madison 1961.

45 Nach Franz Baumer, a. a. O., S. 66.

Imaginierte heile Welt

1 Nach Walter Killy, Die deutsche Literatur, München, Bd. VII, S. 807 ff.

2 Ebenda, S. 1082.

3 Ebenda, S. 1093.

4 Ebenda, S. 1127.

5 Robert Musil, Aus den Tagebüchern, Frankfurt (Main) 1963, S. 157.

6 Nach Franz Baumer, a. a. O., S. 63.

7 Briefe.

8 9. April 1929; Briefe an Heinrich Wiegand, S. 141.

9 Thomas Mann, Gesammelte Werke, Bd. X, S. 270. Thomas Mann hatte 1922 in seinem Essay „Goethe und Tolstoi" über den Sozialismus geschrieben: „Er ist heute in politischer Hinsicht unsere eigentliche nationale Partei; aber er wird seiner nationalen Aufgabe nicht wahrhaft gewachsen sein, bevor nicht, um das Ding auf die Spitze zu stellen, Karl Marx den Friedrich Hölderlin gelesen hat, eine Begegnung, die übrigens im Begriffe scheint, sich zu vollziehen."

10 9. April 1929; Briefe an Heinrich Wiegand, S. 143.

11 Nach Horst Dieter Kreidler, Hermann Hesses „Steppenwolf". Versuch einer Interpretation, Diss. Freiburg 1957, S. 334.

12 21. Oktober 1929; Briefe an Heinrich Wiegand, S. 173.

13 Ebenda.

14 Vgl. Armand Schwartz, Création litteraire et psychologie des profondeurs, Paris 1960, S. 20.

15 Vgl. Briefe, S. 75.

16 Vgl. Ernst Robert Curtius, a. a. O., S. 136.

17 Thomas Mann, Der Zauberberg, Berlin 1962, S. 5.

18 Thomas Mann, Gesammelte Werke, Bd. XI, S. 258.

19 Narziß und Goldmund, Berlin 1930, S. 324.

20 Karlheinz Deschner, Kitsch, Konvention und Kunst, München 1957, S. 115. Vgl. dazu, weil in gewisser Weise charakteristisch für eine Art gläubiger Dichterverehrung, die im Ton wütender Gereiztheit gehaltene Auseinandersetzung mit Deschners gewiß nicht unangreifbarem Buch im Publikationsorgan des in Frankfurt (Main) etablierten Freundeskreises Hermann Hesse „Gespräch".

21 Narziß und Goldmund, a. a. O.

22 Ernst Robert Curtius, a. a. O., S. 157.

23 Ebenda.

24 Vgl. Käte Nadler, Hermann Hesse. Naturliebe, Menschenliebe, Gottesliebe, Leipzig 1956, S. 80. Hier wird aus Hesses Roman und den Schriften des Dirigenten Wilhelm Furtwängler auf ein absolutes und unwandelbares „Wesen des Künstlerischen" geschlossen, dessen Erkenntnis „uns freilich heute weitgehend verlorengegangen ist".

25 Vgl. Hans Egon Holthusen, Rainer Maria Rilke in Selbstzeugnissen und Bilddokumenten, Hamburg 1958, S. 129 ff.

26 Thomas Mann, Briefe 1889 bis 1936, S. 203.

27 Friedrich Hölderlin, Sämtliche Werke, Leipzig 1965, S. 190.

28 Briefe, S. 49.

29 März 1907, S. 458.

30 Robert Musil, a. a. O., S. 127.

31 Rainer Maria Rilke, Werke, Leipzig 1957, Bd. I, S. 243.

32 Thomas Mann, Briefe 1889 bis 1936, S. 325.

33 Gesammelte Schriften, Bd. VII, S. 303.

34 Ebenda.

35 Ebenda.

36 Ebenda, S. 304.

37 Ebenda, S. 306.

38 Ebenda, S. 307.

39 8. Mai 1928; Briefe an Heinrich Wiegand, S. 87.

40 Briefe, S. 48.

41 Vgl. den Aufsatz „Warum Dichterakademien?“; in: Robert Minder, Dichter in der Gesellschaft, Frankfurt (Main) 1966, S. 7 ff.;
   dort auch weiterführende Literaturhinweise.

42 Briefe, S. 57 ff.

43 Die Neue Rundschau 12/1930, S. 761 ff.

44 Ebenda.

45 Ebenda.

46 Ebenda.

47 Vgl. Günther Cwojdrak, Glanz und Elend eines Katalogs; in: 100
   Jahre Reclams Universal-Bibliothek, S. 167 ff.

48 Eine Bibliothek der Weltliteratur, Leipzig (o. J.), S. 23 ff.

49 Gesammelte Schriften, Bd. VII.

50 Goethes Werke, Hamburger Ausgabe, Bd. XII.

51 Die berühmte Formel des deutschen Historismus, vgl. Leopold von
   Ranke, Über die Epochen der neueren Geschichte; in: Ranke,
   Geschichte und Politik, Stuttgart 1942, S. 138 ff., dort S. 141.

52 Eine Bibliothek der Weltliteratur, a. a. O.

53 Ebenda, S. 39.

54 Den chinesischen Weisen und Lyrikern galt — genau zur gleichen
   Zeit — auch das Interesse Bertolt Brechts. Er entdeckte in Po Chü-yi
   das Vorbild des plebejischen, um Volkstümlichkeit und Allgemein-
   verständlichkeit bemühten Dichters. Er bewunderte gleichzeitig
   die artistische Vollkommenheit ostasiatischer Poesie, um „in der
   edelen Sprache, vordem reserviert der Verherrlichung der Könige“
   nun seinerseits von den Leiden der Niedrigen und den Taten der
   Kämpfer zu berichten, daß man ihm nicht Mangel an Feng (Kritik
   an den Herrschenden) und Ya (moralischer Anleitung für die
   Massen) vorwerfe. Konfuzius ist ihm eine große öffentliche Gestalt, „die alles selber formuliert hat, was sie für nützliche Information hielt“. Und entsprechend, wie beim Konfuzius ohne alles
   Interesse an „feinen psychologischen Interieurs“, hebt er beim
   Taoteking des Laotse die Information über Einsichten in die
   Dialektik des gesellschaftlichen Oben und Unten hervor.

55 Eine Bibliothek der Weltliteratur, a. a. O., S. 29.

56 Ebenda.

57 Gesammelte Schriften, Bd. VII.

58 Ebenda.

59 Eine Bibliothek der Weltliteratur, a. a. O., S. 29.

60 Prosa aus dem Nachlaß, S. 522 ff.

61 Gesammelte Schriften, Bd. VII, S. 259.

62 Ebenda, S. 254.

63 Ebenda.

64 Ebenda, S. 277.

65 Ebenda.

66 Die Morgenlandfahrt, Berlin 1967, S. 9.

67 Ebenda, S. 29.

68 Ebenda, S. 50.

69 Ebenda, S. 42.

70 Robert Musil, a. a. O., S. 121.

71 Die Morgenlandfahrt, a. a. O., S. 33.

72 Ebenda, S. 106.

73 Sie drückt sich auch in Hesses vorsichtiger Ablehnung bzw. romantisierender Umwertung Schillers aus; sie wurde gelegentlich an Thomas Mann hervorgehoben.

74 Die Kolonne, Dresden, 4/1932.

75 Vgl. Ernst Rose, Faith from the Abyss, New York 1965, S. 110.

76 Hugo Ball, a. a. O., S. 252. Und genau an diesem Punkt der realistischen Zerstörung der mythischen Fabel mußte die Dichtung den künftigen Herren des Dritten Reiches suspekt werden, für die Hanns Johst monierte: „... immer wieder gehen diese schönen Brücken kurz vor dem Ufer, nach dem sie strebten, unter. Sie tragen nicht die Verheißungen völliger Dichtung, sie bleiben Konstruktionen ohne die letzte Grundlage: das Selbstvertrauen, die Zuversicht, vielleicht ... die Gnade!" (Velhagen & Klasings Monatshefte 1931/32, S. 567.)

77 Goethe, West-östlicher Divan, a. a. O., S. 159.

78 Vgl. Kurt Weibel, Hermann Hesse und die deutsche Romantik, Diss. Bern 1954, S. 91 ff.

79 Thomas Mann, Gesammelte Werke, Bd. X, S. 521.

80 Thomas Mann — Robert Faesi, Briefwechsel, Zürich 1962, S. 61 f.

81 Vgl. Thomas Mann, Gesammelte Werke, Bd. XII, S. 460.

82 Die Morgenlandfahrt, a. a. O., S. 26. Einem Irrtum ist freilich Gerhard Schneider (Hermann Hesse und das „Glasperlenspiel", Wissenschaftliche Zeitschrift der Humboldt-Universität Berlin, Gesellschafts- und sprachwissenschaftliche Reihe, Heft 4, 1953/54, S. 219 ff.) erlegen, wenn er nach Auflösung des Anagramms Hans Resom meint, auch der Komiker Hans Moser gehöre zu den Morgenlandfahrern (S. 225). Es handelt sich vielmehr um den mit Hesse befreundeten Hans Moser aus Bern (vgl. Briefe, S. 459).

83 Die Morgenlandfahrt, a. a. O., S. 28 ff.
84 Gesammelte Schriften, Bd. IV, S. 486.
85 Ebenda.
86 Deutsche Literaturkritik im 20. Jahrhundert, S. 499.
87 Ebenda, S. 486 ff.

Hausherr in Montagnola

1 Gesammelte Schriften, Bd. IV, S. 633.
2 Hermann Hesse, Die späten Gedichte, Leipzig 1969, S. 28.
3 Thomas Mann, Briefe 1937 bis 1947, Berlin und Weimar 1965, S. 233.
4 Gesammelte Schriften, Bd. IV, S. 633.
5 Ebenda, S. 632.
6 Vgl. Bernhard Zeller, a. a. O., S. 107.
7 Gesammelte Schriften, Bd. IV, S. 638.
8 Ebenda, Bd. V, S. 323 ff.
9 Ebenda, S. 350 ff.
10 Briefe, S. 96.
11 Nach Bernhard Zeller, a. a. O., S. 116.
12 Hermann Hesse, eine Chronik in Bildern, S. 151.
13 Ebenda, S. 164.
14 Briefe, S. 116.
15 Ebenda.
16 Thomas Mann, Gesammelte Werke, Bd. XII, S. 107.
17 Hermann Hesse, Werk und Persönlichkeit, S. 38.
18 Ebenda.
19 Briefe, S. 102.
20 Ebenda, S. 85.
21 Ebenda, S. 102.
22 Ebenda, S. 69.
23 Ebenda, S. 101 ff.
24 Hermann Hesse 1877—1977, S. 252.
25 29. Februar 1932; Briefe an Heinrich Wiegand, S. 266.
26 Ebenda.
27 18. März 1932; ebenda, S. 271.
28 Ebenda, S. 272.
29 Gesammelte Schriften, Bd. V, S. 741.
30 Briefe, S. 114.
31 Vgl. Horst S. Daemmrich, Hermann Hesses „Besinnung"; in: Jahrbuch der Deutschen Schillergesellschaft, 11. Jahrgang 1967, S. 558 ff.
32 Daemmrich von der Wayne State University, deren Bibliothek über eine größere Hesse-Kollektion verfügt (German Quarterly 38/1965,

S. 123 ff.), wertet das Gedicht als „wesentliches Dokument zum Verständnis des Werkes Hesses" (ebenda, S. 565) und wendet sich unter Bezug auf dieses Gedicht gegen Fritz Strich (Dank an Hermann Hesse; in: Der Dichter und die Zeit, Bern 1947, S. 384 ff.), der „in das Werk Hesses ein rein dualistisches Weltbild (interpretiere). Wie im folgenden gezeigt wird, trifft eine derartige Deutung auf ‚Besinnung' nicht zu!" (Ebenda, S. 562.)

33 Gesammelte Schriften, Bd. VII, S. 589.

34 Nach Daemmrich, a. a. O., S. 561.

35 Briefe, S. 106.

36 Neue deutsche Bücher, S. 91.

37 Briefe, S. 128.

38 Vgl. Joseph Mileck, Hermann Hesse and His Critics.

39 Thomas Mann, Briefe 1948 bis 1955, Berlin und Weimar 1967, S. 625.

40 Neue deutsche Bücher, S. 152.

41 Ebenda, S. 157.

42 Briefe, S. 152.

43 Ebenda, S. 158.

44 Vgl. zu Thomas Manns Vorkriegsauffassungen den Masereel-Aufsatz von 1927 (Gesammelte Werke, Bd. XI, S. 604).

45 Briefe, S. 175.

46 Hermann Hesse. Eine Chronik in Bildern, S. 164.

47 Briefe, S. 142.

48 Hermann Hesse. Eine Chronik in Bildern, S. 164.

49 Briefe, S. 209 ff.

50 Neue deutsche Bücher, S. 153.

51 Hermann Hesse. Werk und Persönlichkeit, S. 39 ff.

Das Glasperlenspiel

1 Ernst Robert Curtius, a. a. O., S. 162.

2 Ebenda, S. 164.

3 Briefe, S. 227.

4 Joseph Mileck, a. a. O.

5 Briefe, S. 436.

6 Ebenda.

7 Das Glasperlenspiel, Berlin 1961, S. 487.

8 Am Beginn der Auseinandersetzung hatte viel Aufmerksamkeit für die Kulturkritik am feuilletonistischen Zeitalter gestanden. In den Debatten über Möglichkeit und Unmöglichkeit einer pädagogischen Provinz Kastalien als utopische Antwort auf die geistige Situation nach zwölf Jahren Faschismus blieben künstlerische Eigentümlichkeiten von Hesses Buch vielfach unberücksichtigt.

9 G. W. Field, On the Genesis of the "Glasperlenspiel"; in: The German Quarterly, Vol. XLI, 4/1968, S. 673.

10 Ebenda, S. 674.

11 Ebenda.

12 Ebenda, S. 675.

13 Rudolf Pannwitz, Hermann Hesses west-östliche Dichtung. Frankfurt (Main) 1957.

14 Roger C. Norton, Variant Endings of Hesse's "Glasperlenspiel"; in: Monatshefte für deutschen Unterricht, deutsche Sprache und Literatur, Wisconsin, Vol. LX, Nr. 2, 1968, S. 143.

15 Ebenda.

16 Ebenda.

17 Field, a. a. O., S. 681. Vgl. zum Problem auch Theodore Ziolkowski, Hermann Hesse: Der Vierte Lebenslauf; in: The Germanic Review, New York, Vol. XLII, Nr. 2, März 1967, S. 124 ff.

18 Briefe, S. 439.

19 Vgl. Die Morgenlandfahrt, a. a. O., S. 28.

20 Nach Aufbau 7/1957, S. 12.

21 Briefe, S. 297.

22 Das Glasperlenspiel.

23 Nach Bernhard Zeller, a. a. O., S. 131.

24 Das Glasperlenspiel, S. 91.

25 Nach Bernhard Zeller, a. a. O., S. 130.

26 Ebenda, S. 134.

27 Thomas Mann, Gesammelte Werke, Bd. XII, S. 558.

28 Dafür ist auf Details aus der Schweizer Realität einer noch nicht automatisierten Epoche verwiesen worden. Knecht verfügt zwar über Radio, aber noch nicht über Fernsehen.

29 Das Glasperlenspiel, S. 169.

30 Neue deutsche Bücher, S. 22.

31 Hermann Hesse. Thomas Mann, Briefwechsel, S. 39.

32 Das Glasperlenspiel, S. 122.

33 Zu Bengel vgl. Benno von Wiese, Schiller, Stuttgart 1959, S. 57 ff.

34 Das Glasperlenspiel, S. 167.

35 Ebenda, S. 175.

36 Briefe, S. 274 ff.

37 Ebenda, S. 204.

38 Das Glasperlenspiel, S. 295.

39 Ebenda, S. 276.

40 Hermann Hesse. Thomas Mann, Briefwechsel, S. 146.

41 Betrachtungen, Berlin 1928, S. 205.

42 Friedrich Hölderlin, Sämtliche Werke, S. 962.

43 Betrachtungen, S. 205 ff.

44 Das Glasperlenspiel, S. 111.

45 Ebenda, S. 74.

46 Ernst Robert Curtius, a. a. O., S. 166.

47 Thomas Mann stellte die Frage, „ob es nicht aussähe, als käme auf dem Gebiet des Romans heute nur noch das in Betracht, was kein Roman mehr sei" (Gesammelte Werke, Bd. XII, S. 238). Der Gedanke ist von der spätbürgerlichen Literaturwissenschaft vielfach aufgegriffen und diskutiert worden.

48 Ernst Morgenthaler, Ein Maler erzählt, Zürich 1957, S. 171 ff.

49 Vgl. Rolf Geissler, Dekadenz und Heroismus, Stuttgart 1964; dazu: Hermann Kähler, Literatur und Bewußtsein; in: Weimarer Beiträge, Brecht-Sonderheft 1968, S. 136 ff.

50 Vgl. dazu das Problem des Parodistischen im Werk Thomas Mann: Parodie des Bildungs- und Erziehungsromans in den „Memoiren des Hochstaplers Felix Krull", Parodie des mittelalterlichen Epos vom „Erwählten", um nur zwei Beispiele zu nennen.

51 Thomas Mann, Gesammelte Werke, Bd. XII, S. 238; dazu: Dieter Schlenstedt, Zur deutschen Romanentwicklung im 20. Jahrhundert, Weimarer Beiträge 1/1968, S. 15 ff., bes. S. 25 ff. Anders bei Beda Allemann, der in seinem Nachwort zum „Tractat vom Steppenwolf" (Suhrkamp-Texte 7) vor allem die Differenz zwischen dem „Steppenwolf"-Autor einerseits, Broch und Musil als Repräsentanten moderner Erzählweisen hervorhebt (ebenda, S. 38).

52 Vgl. dazu Jürgen Scharfschwerdt, Thomas Mann und der deutsche Bildungsroman, Stuttgart 1967; dazu: Miroslav Beck, Bericht von der Konferenz zu Problemen der Entwicklung des deutschen Romans im 20. Jahrhundert; in: Weimarer Beiträge 1/1968, S. 11 ff., bes. S. 13.

53 Thomas Mann, Der Zauberberg, S. 5.

54 Robert Musil, Der Mann ohne Eigenschaften, Hamburg 1952, S. 1640.

55 Max Frisch, Tagebuch, Gütersloh 1964, S. 229.

56 Vgl. Hermann Hesse. Thomas Mann, Briefwechsel, S. 49.

57 Thomas Mann, Gesammelte Werke, Bd. IV.

58 Vgl. Wilhelm Emrich, Protest und Verheißung, Frankfurt (Main) und Bonn 1960, S. 120. Zur Debatte steht hier nicht Emrichs wissenschaftlicher Agnostizismus; es geht allein um die präzise Formulierung einer entscheidenden Differenz. Dazu: Hahn/ Schlenstedt/Wagner, Thesen zum deutschen Roman im 20. Jahrhundert, Weimarer Beiträge 1/1968, S. 44.

59 Es wäre einer eigenen Untersuchung wert, wie es sich in der spätbürgerlichen Literatur mit den Werken der dargestellten Künstler, den Kompositionen Leverkühns oder Jean Christofs zum Beispiel verhält.

60 Das Glasperlenspiel, S. 115.

61 Ebenda, S. 113.
62 Max Frisch, Mein Name sei Gantenbein, Frankfurt (Main) 1964, S. 30.
63 Vgl. Rudolf Pannwitz, Hesses west-östliche Dichtung, Frankfurt (Main) 1957.
64 Das Glasperlenspiel, S. 567.
65 Prosa aus dem Nachlaß, S. 604.
66 Ebenda, S. 605. Zu den zwei unvollendeten Fassungen des Vierten Lebenslaufes [Prosa aus dem Nachlaß, Frankfurt (Main) 1965, S. 443 ff., vgl. Theodore Ziolkowski, Hermann Hesse: Der Vierte Lebenslauf (a. a. O.)]. Dort wird die Auffassung vertreten, daß im Zusammenhang mit der politischen Entwicklung in den dreißiger Jahren und angesichts der bitteren Wirklichkeit die ursprünglich geplante Rekapitulation der Vergangenheit dem Dichter weniger wichtig geworden sei. Zugunsten einer Zukunftsvision seien die Lebensläufe in ihrer Bedeutung zurückgedrängt worden. Hesses Konzeption habe sich dahingehend geändert, daß in ihr für einen schwäbischen Pietisten, der die Theologie der Musik opfert, kein Raum mehr gewesen sei. Knecht schaue nicht mehr zurück, er weise voraus.
67 Das Glasperlenspiel, S. 535.
68 Ebenda, S. 531.
69 Ebenda, S. 576.
70 Ebenda.
71 Briefe, S. 320.

Deutschland und Europa

1 Hermann Hesse. Eine Chronik in Bildern, S. 170.
2 Hermann Hesse. Thomas Mann, Briefwechsel, S. 101. Zu Hesses Lyrik vgl. Ute Hertling, Hermann Hesses Lyrik als Widerspiegelung persönlichen und gesellschaftlich bedingten Erlebens; in: Wissenschaftliche Zeitschrift der Friedrich-Schiller-Universität Jena, Gesellschafts- und sprachwissenschaftliche Reihe, 3/1969/60, S. 321 ff., dort der Hinweis: „Von den rund 600 in die Sammlung aufgenommenen Gedichten entfällt der weitaus größte Teil (etwa 500) in die ersten drei Jahrzehnte von Hesses literarischer Tätigkeit (1895 bis 1928), S. 324.
3 Bernhard Zeller, a. a. O., S. 142.
4 Vgl. Siegfried Unseld, a. a. O., S. 171.
5 Nach Bernhard Zeller, a. a. O., S. 142.
6 Ernst Robert Curtius, a. a. O., S. 162.
7 Johannes R. Becher, Verteidigung der Poesie, Berlin 1960, S. 408.

8 Nach Bernhard Zeller, a. a. O., S. 142.

9 14. Oktober 1926; Briefe an Heinrich Wiegand, S. 14 ff.

10 Ebenda, S. 15.

11 Joseph Mileck, Hermann Hesse and His Critics, S. 16 ff.

12 Kurt Tucholsky, Gesammelte Werke, Bd. I, Hamburg, S. 104.

13 Ebenda, S. 104.

14 Gesammelte Schriften, Bd. V, S. 452.

15 Ernst Robert Curtius, a. a. O., S. 161.

16 Ebenda, S. 162.

17 Eine Bibliothek der Weltliteratur, S. 15.

18 Hermann Hesse zum Gedächtnis, Frankfurt (Main) 1962.

19 Nach Joseph Mileck, a. a. O., S. 27.

20 Vgl. Briefe, S. 255.

21 Thomas Mann, Briefe 1937 bis 1947, S. 236.

22 Gesammelte Schriften, Bd. VII, S. 422.

23 Ebenda.

24 Ebenda, S. 423.

25 Ebenda, S. 449.

26 Ebenda, S. 428.

27 Ebenda, S. 434.

28 Ebenda.

29 Ebenda, S. 435.

30 Tägliche Rundschau vom 12. April 1946, S. 3.

31 Gesammelte Schriften, Bd. VII, S. 436.

32 Ebenda, S. 437.

33 Thomas Mann, Briefe 1937 bis 1947, S. 453.

34 Ebenda, S. 472.

35 Ebenda, S. 459.

36 Ebenda, S. 266.

37 Nach Hugo Ball, a. a. O., S. 312 ff.

38 Tägliche Rundschau vom 8. Oktober 1949, S. 4.

39 Ebenda.

40 Börsenblatt für den deutschen Buchhandel, Leipzig 1952, S. 326.

41 Gesammelte Schriften, Bd. VII, S. 440.

42 Ebenda.

43 Vgl. Siddharta, La collection des prix Nobel de littérature, Paris 1963.

44 Thomas Mann, Briefe 1937 bis 1947, S. 554.

45 Oskar Maria Graf, An manchen Tagen, S. 241.

46 Ebenda, S. 245.

47 Ebenda.

48 Die Weltbühne 1946, S. 384.

49 Thomas Mann, Briefe 1937 bis 1947, S. 572.

50 Briefe, S. 296.

51 Ebenda.

52 Nach Bernhard Zeller, a. a. O., S. 152.
53 Westermanns Monatshefte 7/1957, S. 13.
54 Vgl. Hermann Hesse — Peter Suhrkamp, Briefwechsel, Frankfurt (Main) 1969.
55 Ebenda, S. 438.
56 Gesammelte Schriften, Bd. VII, S. 437.
57 Briefe, S. 252.
58 Thomas Mann, Briefe 1948 bis 1955, S. 42.
59 Briefe, S. 264.
60 Ebenda, S. 298.
61 Ebenda, S. 298.
62 Neue Deutsche Literatur, Berlin 6/1957, S. 7 ff.
63 Briefe, S. 430.
64 Thomas Mann, Briefe 1948 bis 1955, S. 197.
65 Ebenda, S. 424.
66 Hermann Hesse. Werk und Persönlichkeit, S. 37.
67 Thomas Mann, Briefe 1948 bis 1955, S. 376.
68 Gesammelte Schriften, Bd. VII.
69 Ein paar Aufzeichnungen..., S. 11.
70 Briefe.
71 Westermanns Monatshefte 7/1957, S. 13.
72 Hermann Hesse. Über Literatur, Berlin und Weimar 1978, S. 475.
73 Ebenda, S. 476.
74 Hermann Hesse zum Gedächtnis.
75 Betrachtungen, S. 216.
76 Ebenda, S. 217.
77 Vgl. Hans Heinrich Reuter, Dokument der Humanität; in: Aufbau 7/1957, S. 30 ff.
78 Briefe, S. 386.
79 Vgl. Hans Mayer, Deutsche Literatur und Weltliteratur, Berlin 1957, S. 665.
80 Vgl. Mayer, a. a. O., S. 667.
81 Ebenda, S. 335 ff.
82 Ebenda, S. 356.
83 Ebenda, S. 326 ff.
84 Inzwischen haben allerdings amerikanische Produzenten Filmrechte am „Steppenwolf" und am „Siddharta" erworben (der Spiegel 40/1968, S. 177).

Probleme des Erbes

1 Vgl. Hermann Hesse zum Gedächtnis, Frankfurt (Main) 1962.
2 Nach Bernhard Zeller, a. a. O.

3 Kurt Wolff, Briefwechsel des Verlegers, Frankfurt (Main) 1966, S. 271 ff.

4 Vgl. Thomas Mann, Briefe 1889 bis 1936, S. 376.

5 Blick ins Chaos, S. 31.

6 Ebenda, S. 34.

7 Thomas Mann, Gesammelte Werke, Bd. XI, S. 770.

8 Nach Etuden Germaniques, 7/8, 1952/53, S. 261.

9 Thomas Mann, Gesammelte Werke, Bd. VIII, S. 13.

10 Briefe, S. 532.

11 Nach Siegfried Unseld, a. a. O., S. 6.

12 Nach Aufbau 7/1957, S. 12.

13 Frankfurter Allgemeine Zeitung vom 4. Juli 1957, S. 8.

14 Ebenda.

15 Ebenda.

16 Peter Camenzind, a. a. O.

17 Eduard Korrodi, Aufsätze zur Schweizer Literatur, Bern/Stuttgart 1962, S. 106.

18 Briefe, S. 320.

19 Ebenda, S. 11.

20 Briefe an Heinrich Wiegand, S. 15.

21 Kurt Hiller, Die Weisheit der Langeweile, Bd. 1, Leipzig 1913, S. 120.

22 Zitiert nach: Dichten und Trachten. 2. Halbjahr 1964. Suhrkamp Verlag, Frankfurt (Main), S. 41.

23 Ein paar Aufzeichnungen und Briefe, S. 7.

24 Thomas Mann, Gesammelte Werke, Bd. VI, S. 322.

25 Hans Kaufmann, Krisen und Wandlungen ..., S. 312.

26 Robert Weimann, Zur Tradition des Realismus und Humanismus, Weimarer Beiträge 10/1970, S. 117.

27 Ebenda, S. 108 ff.

28 30. Dezember 1931; Briefe an Heinrich Wiegand, S. 259.

Zeittafel

1877   Am 2. Juli Hermann Hesse in Calw geboren
1881   Übersiedlung nach Basel
1886   Rückkehr nach Calw
1890   Lateinschule in Göppingen
1891   Landexamen. Seminarist in Maulbronn
1892   Im März Flucht aus Maulbronn. Nervenheilanstalt Bad Boll.
        Im Juni Flucht von dort. Irrenanstalt Stetten
1893   Einjähriges in Cannstadt. Buchhändlerlehre in Eßlingen
1894   Lehrling beim Turmuhrenfabrikanten Perrot
1895   Buchhändlerlehre in Tübingen bei Heckenhauer
1898   *Romantische Lieder* bei Piersson in Dresden erschienen
1899   *Eine Stunde hinter Mitternacht.* Le petit cénacle; Bekanntschaft
        mit Julie Hellmann in Kirchheim. Übersiedlung nach Basel
        (Reichsche Buchhandlung)
1900   *Lulu*
1901   Tätigkeit im Wattenwylschen Antiquariat. „Hinterlassene
        Schriften und Gedichte von Hermann Lauscher, herausgegeben
        von Hermann Hesse". Erste Italienreise
1903   *Peter Camenzind* in der Neuen Rundschau. Zweite Italienreise
        nach Florenz zusammen mit Maria Bernoulli
1904   Ehe mit Maria Bernoulli. Ansiedlung in Gaienhofen. Bauern-
        feldpreis
1905   Bruno Hesse geboren
1906   *Unterm Rad*
1907   Bau des eigenen Hauses. Gründung des „März". *Diesseits*
1908   *Nachbarn*
1909   Heiner Hesse geboren. Vortragsreisen: Zürich, Deutschland,
        Österreich
1910   *Gertrud*
1911   Martin Hesse geboren. *Unterwegs.* Indienreise. *Umwege*
1912   Große Vortragsreise. Übersiedlung nach Bern
1913   *Aus Indien. Roßhalde*
1914   *O Freunde, nicht diese Töne*
1915   Begegnung mit Romain Rolland. Leitung der Bücherzentrale
        für deutsche Kriegsgefangene in Bern (zusammen mit Richard
        Woltereck). *Knulp*
1916   *Musik des Einsamen.* Herausgeber des Sonntagsboten für
        deutsche Kriegsgefangene. Tod des Vaters. Krankheit von Frau

und Sohn Martin. Sanatorium Sonnmatt bei Luzern (Dr. Lang)

1917 *Sinclairs Notizbuch*

1919 Unterzeichnung der Declaration d'independence de l'Esprit. *Untergang Europas. Demian.* Rückgabe des an „Sinclair" dafür verliehenen Fontanepreises. *Zarathustras Wiederkehr.* Mitherausgeber von „Vivos voco". Übersiedlung nach Montagnola

1920 *Klingsors letzter Sommer. Gedichte des Malers. Wanderung*

1921 *Blick ins Chaos*

1922 *Siddharta*

1923 Erwerb der Schweizer Staatsangehörigkeit. Kuraufenthalt in Baden bei Zürich

1924 Ehe mit Ruth Wenger

1925 *Kurgast*

1926 *Bilderbuch.* Bekanntschaft mit Ninon Dolbin

1927 *Die Nürnberger Reise. Der Steppenwolf*

1928 *Betrachtungen. Krisis*

1930 *Narziß und Goldmund*

1931 Ehe mit Ninon Dolbin geb. Ausländer. Einzug in das neue, von H. C. Bodmer gebaute, Hesse auf Lebenszeit zur Verfügung gestellte Haus in Montagnola

1932 *Die Morgenlandfahrt*

1936 *Stunden im Garten.* Gottfried-Keller-Preis

1937 *Gedenkblätter*

1942 *Die Gedichte*

1943 *Das Glasperlenspiel*

1945 *Traumfährte*

1946 Goethepreis. Nobelpreis. *Krieg und Frieden*

1950 Wilhelm-Raabe-Preis

1951 *Späte Prosa*

1955 Friedenspreis des (west)deutschen Buchhandels. Berufung in die Friedensklasse des Ordens Pour le mérite

1962 Am 9. August Hermann Hesse in Montagnola gestorben

Literaturhinweise
(Auswahl)

I. Bibliographien

Bareiss, Otto: Hermann Hesse. Eine Bibliographie der Werke über Hermann Hesse. Teil 1, Basel 1962; Teil 2, Basel 1964.

Kliemann, Horst; *Silomon*, Karl H.: Hermann Hesse. Eine bibliographische Studie, Frankfurt (Main) 1947.

Mileck, Joseph: Hermann Hesse and His critics. The criticism and bibliography of half a century, Chapel Hill 1958.

Pfeifer, Martin: Hermann Hesse. Bibliographie der im Gebiet der DDR seit 1945 erschienenen Schriften von und über Hermann Hesse, Leipzig 1955.

Waibler, Helmut: Hermann Hesse. Eine Bibliographie, Bern, München 1962.

Hermann Hesse. Werk und Persönlichkeit. Sonderausstellung zum 80. Geburtstag des Dichters, Marbach (Neckar) Schiller-Nationalmuseum 1957.

Das Werk von Hermann Hesse. Ein Brevier. Hrsg. von Siegfried Unseld. Zum 75. Geburtstag des Dichters, Frankfurt (Main) 1955.

II. Briefe und Zeugnisse

Ball, Hugo: Briefe 1911—1927.

Ball-Hennings, Emmy: Briefe an Hermann Hesse, Frankfurt (Main) 1956.

Cabaret: Voltaire, Zürich 1916.

Hesse, Hermann: Briefe. Erweiterte Ausgabe, Frankfurt (Main) 1965.

Hesse, Hermann: Kindheit und Jugend vor Neunzehnhundert. Hermann Hesse in Briefen und Lebenszeugnissen 1877—1895, Frankfurt (Main) 1966.

Hermann Hesse 1877—1977. Stationen seines Lebens, des Werkes und seiner Wirkung. Sonderausstellung des Schiller-Nationalmuseums, Katalog 28, Marbach 1977.

Hesse, Hermann; *Mann*, Thomas: Briefwechsel, Frankfurt (Main) 1968.

Hesse, Hermann; *Rolland*, Romain: Briefe, Zürich 1954.

Hesse, Hermann; *Suhrkamp*, Peter: Briefwechsel 1945—1959, Frankfurt (Main) 1969.

Hesse, Hermann: Briefe an Heinrich Wiegand. Typoskript Universitätsbibliothek Leipzig (o. J.).

Hesse, Hermann: Ein paar Aufzeichnungen und Briefe. Privatdruck 1960.

Hesse, Hermann: Prosa aus dem Nachlaß, Frankfurt (Main) 1965.

Hesse, Hermann: Neue deutsche Bücher. Literaturberichte für Bonniers Litterära Magasin 1935—1936. Hrsg. von Bernhard Zeller, Marbach (Neckar) Schiller-Nationalmuseum 1965.

Hoffmann, Wilhelm; *Zeller*, Bernhard: Die Deutsche Schillergesellschaft 1964/65; in: Jahrbuch der Deutschen Schillergesellschaft, Bd. IX, 1965, Stuttgart 1965, S. 633 ff., zur Eröffnung des Hermann-Hesse-Archivs, S. 635 ff.

Manifeste. Manifeste. 1905—1933. Schriften deutscher Künstler des zwanzigsten Jahrhunderts. Bd. I, gesammelt und herausgegeben von Diether Schmidt, Dresden 1965.

Mann, Thomas: Briefe 1889 bis 1955, 3 Bände, Berlin und Weimar 1965, 1965, 1968.

Rathenau, Walther: Briefe, Bd. I, Dresden 1926.

Zeller, Bernhard: Hermann Hesse. Eine Chronik in Bildern, Frankfurt (Main) 1960.

III. Memoiren und Erinnerungen

Finckh, Ludwig: Schwäbische Vettern, Köln-Löwenich 1948.

Graf, Oskar Maria: An manchen Tagen, Frankfurt (Main) 1961.

Gundert, Adele: Marie Hesse. Ein Lebensbild in Briefen und Tagebüchern, Stuttgart 1934.

Hesse, Martin: Besuch bei Hermann Hesse. Bilder aus Montagnola, Konstanz 1957.

Hunnius, Monika: Mein Onkel Hermann, Heilbronn 1955.

Loerke, Oskar: Tagebücher 1903—1939, Heidelberg und Darmstadt 1955.

Mann, Thomas: Hermann Hesse zum 70. Geburtstag; in: Altes und Neues, Berlin 1956.

Mann, Thomas: Die Entstehung des Doktor Faustus; in: Zeit und Werk, Berlin 1956.

Morgenthaler, Ernst: Ein Maler erzählt, Zürich 1957.

Suhrkamp, Peter: Der Leser, Frankfurt (Main) 1960.

Thomson, Erik: Johannes Hesse. Ein Missionar aus dem Baltenland, Metzingen 1957.

IV. Monographien

Ball, Hugo: Hermann Hesse, sein Leben und sein Werk. Fortgeführt von Annie Carlsson und Otto Basler, Zürich 1947.

Baumer, Franz: Hermann Hesse, Berlin 1959.

Gnefkow, Edmund: Hermann Hesse, Freiburg 1952.

Nadler, Käte: Hermann Hesse. Naturliebe, Menschenliebe, Gottesliebe, Leipzig 1956.

Zeller, Bernhard: Hermann Hesse in Selbstzeugnissen und Bilddokumenten, Reinbek bei Hamburg 1966.

Dank an Hermann Hesse. Reden und Aufsätze, Frankfurt (Main) 1952.

Hermann Hesse. Hilfsmaterial für den Literaturunterricht, Berlin 1956.

Hermann Hesse. Zu seinem 80. Geburtstag am 2. Juli 1957. Zusammengestellt von Hans Klähn und Waldemar Sowade. Als Manuskript gedruckt, Berlin 1957.

Hermann Hesse zum Gedächtnis. Als Privatdruck herausgegeben von Siegfried Unseld, Frankfurt (Main) 1962.

Homage to Hermann Hesse, New Delhi 1962.

V. Spezialuntersuchungen

Baaten, Heta: Der Romantiker Hermann Hesse. Eine geistesgeschichtliche Untersuchung seiner Werke auf dem Hintergrund der pietistischen Tradition seiner Familie, Diss. Münster 1934.

Bach, Julius: Der deutsche Schülerroman und seine Entwicklung, Diss. Münster 1922.

Barbet, Pierre: Das Problem der Ehrfurcht im Werk Hermann Hesses, Mainz 1961.

Blei, Franz: Das große Bestiarium der Literatur, Berlin 1924.

Böttcher, Margot: Aufbau und Form von Hermann Hesses „Steppenwolf", „Morgenlandfahrt" und „Glasperlenspiel", Diss. Berlin 1948.

Braemer, Edith: Kastalien als pädagogische Provinz; in: die neue schule 1948.

Carlsson, Annie: Der Steppenwolf und die Nashörner; in: Neue Zürcher Zeitung, 27. Januar 1962.

Colleville, Maurice: Hesse und Frankreich; in: Deutschland — Frankreich. Ludwigsburger Beiträge zum Problem der deutschfranzösischen Beziehungen, Stuttgart 1954.

Curtius, Ernst Robert: Kritische Essays zur europäischen Literatur, Bern 1954.

Cwojdrak, Günther: Glanz und Elend eines Kataloges. Deutsche

Literatur des 20. Jahrhunderts in Reclams Universal-Bibliothek; in: 100 Jahre Reclams Universal-Bibliothek 1867—1967. Beiträge zur Verlagsgeschichte, Leipzig 1967.

Daemmrich, Horst S.: Die Wayne Hesse Collection; in: German Quarterly 38 (1965).

Daemmrich, Horst S.: Hermann Hesses „Besinnung"; in: Jahrbuch der Deutschen Schillergesellschaft, Bd. XI, 1967, Stuttgart 1967.

Dahrendorf, Malte: Hermann Hesses „Demian" und C. G. Jung; in: Germanisch-Romanische Monatsschrift 39 (1958).

Deschner, Karl-Heinz: Kitsch, Konvention und Kunst, München 1957.

Expressionismus. Literatur und Kunst 1860—1923. Eine Ausstellung des deutschen Literaturarchivs im Schiller-Nationalmuseum Marbach (Neckar), Marbach (Neckar) 1960.

Field, George Wallis: Hermann Hesse as a critic of English and American litterature; in: Monatshefte für den deutschen Unterricht, Wisconsin 1961.

Field, George Wallis: On the genesis of the "Glasperlenspiel"; in: German Quarterly 41 (1968).

Friderici, Hans: Die Indienrezeption in den Erzählungen Hermann Hesses; in: Wissenschaftliche Zeitschrift der Friedrich-Schiller-Universität Jena, Gesellschafts- und sprachwissenschaftliche Reihe, Heft 4/5, 1955/56.

Haering, Alfred: Novalis redivivus; in: Sonntag 18/1947.

Hafner, Gotthilf: Hermann Hesses Anfänge; in: Welt und Wort, Tübingen 1952.

Hahn, Manfred; *Schlenstedt*, Dieter; *Wagner*, Frank: Thesen zum deutschen Roman im 20. Jahrhundert; in: Weimarer Beiträge 1/1968.

Hamann, Richard; *Hermand*, Jost: Naturalismus, Berlin 1959.

Hamann, Richard; *Hermand*, Jost: Impressionismus, Berlin 1960.

Hertling, Ute: Hermann Hesses Lyrik als Widerspiegelung persönlichen und gesellschaftlich bedingten Erlebens; in: Wissenschaftliche Zeitschrift der Friedrich-Schiller-Universität Jena, Gesellschafts- und sprachwissenschaftliche Reihe, Heft 3, 1959/60.

Joel, Karl: Nietzsche und die Romantik, Jena 1923.

Kaufmann, Hans: Krisen und Wandlungen der deutschen Literatur von Wedekind bis Feuchtwanger, Berlin und Weimar 1966.

Kegel, Gerhard: Schönheit und Krisis der ästhetischen Existenz, Diss. Leipzig 1950.

Killy, Walter: Deutscher Kitsch. Ein Versuch, Göttingen 1961.

Klein, Fritz: Deutschland 1897/98—1917, Berlin 1961.

Kreidler, Horst-Dieter: Hermann Hesses „Steppenwolf". Versuch einer Interpretation, Diss. Freiburg 1957.

Marquardt, Ernst: Geschichte Württembergs, Stuttgart 1961.

Mayer, Gerhard: Hermann Hesse. Mystische Religiosität und dichterische Form; in: Jahrbuch der Deutschen Schillergesellschaft, IV, 1960, Stuttgart 1960.

Mayer, Gerhart: Die Begegnung des Christentums mit den asiatischen Religionen im Werk Hermann Hesses, Bonn 1956.

Mayer, Hans: Studien zur deutschen Literaturgeschichte, Berlin 1954.

Middell, Eike: Imaginierte heile Welt. Hermann Hesses „Bibliothek der Weltliteratur" — kritisch gesehen; in: 100 Jahre Reclams Universal-Bibliothek 1867—1967. Beiträge zur Verlagsgeschichte, Leipzig 1967.

Mileck, Joseph: Names and creative process. A study of the names in Hermann Hesse's "Lauscher", "Demian", "Steppenwolf" and "Glasperlenspiel"; in: Monatshefte für den deutschen Unterricht, Wisconsin, 4/1961.

Mileck, Joseph: The poetry of Hermann Hesse; in: Monatshefte für den deutschen Unterricht, Wisconsin 1954.

Mihailovich, Vasa D.: Hermann Hesse as a critic of Russian literature; in: Arcadia 1/1967.

Minder, Robert: Dichter in der Gesellschaft, Frankfurt (Main) 1966.

Neumann, Erwin: Das epische Werk Hermann Hesses vom „Demian" bis zum „Siddharta", Diss. Potsdam 1964.

Norton, Roger C.: Variant endings of Hesse's "Glasperlenspiel"; in: Monatshefte für den deutschen Unterricht, Wisconsin 1968.

Oepke, Albrecht: Moderne Indienfahrer, Leipzig 1921.

Pannwitz, Rudolf: Hermann Hesses west-östliche Dichtung, Frankfurt (Main) 1957.

Pfeifer, Martin: Hermann Hesses Kritik am Bürgertum, Diss. Jena 1952.

Pleßke, Hans-Martin: Hermann Hesse und die Musik; in: Aufbau 7/1957.

Reuter, Hans-Heinrich: Dokument der Humanität. Das Briefwerk Hermann Hesses; in: Aufbau 7/1957.

Rilke, Rainer Maria: Bücher, Theater, Kunst, Wien 1934.

Rose, Ernst: Faith from the Abyss, New York 1965.

Rosenhaupt, Hans Wilhelm: Der deutsche Dichter um die Jahrhundertwende und seine Abgelöstheit von der Gesellschaft, Bern 1939.

Sabatier, Paul: Leben des Heiligen Franz von Assisi, Berlin 1897.

Scharfschwerdt, Jürgen: Thomas Mann und der deutsche Bildungsroman, Stuttgart 1967.

Schlenstedt, Dieter: Zur deutschen Romanentwicklung im 20. Jahrhundert; in: Weimarer Beiträge 1/1968.

Schneider, Rolf: Hermann Hesse zum 80. Geburtstag; in: Aufbau 7/1957.

Schneider, Gerhard: Hermann Hesse und das „Glasperlenspiel"; in: Wissenschaftliche Zeitschrift der Humboldt-Universität Berlin. Gesellschafts- und sprachwissenschaftliche Reihe, Heft 4, 1953/54.

Schultze, Friedrich: Das Glasperlenspiel; in: Aufbau 1/1947.

Schwartz, Armand: Création littéraire et psychologie des profondeurs, Paris 1960.

Seifert, Waltraut: Künstler und Gesellschaft im Prosawerk Hermann Hesses, Diss. Leipzig 1956.

Skizze einer Gechichte der deutschen Nationalliteratur von den Anfängen der deutschen Arbeiterbewegung bis zur Gegenwart; in: Weimarer Beiträge 5/1964.

Soergel, Albert: Dichtung und Dichter der Zeit, Leipzig 1928.

Thumser, Gerd: Ludwig Thoma und seine Welt, München 1966.

Unseld, Siegfried: Hermann Hesses Anschauung vom Beruf des Dichters, Diss. Tübingen 1952.

Weibel, Kurt: Hermann Hesse und die deutsche Romantik, Winterthur 1954.

Wilson, Colin: Der Outsider. Eine Diagnose des Menschen unserer Zeit, Stuttgart 1957.

Wenzel, Johannes: Jacob Burckhardt in der Krise seiner Zeit, Berlin 1967.

Ziolkowski, Theodore: Hermann Hesse: Der Vierte Lebenslauf; in: The Germanic Review, New York 1967.

Ziolkowski, Theodore: The novels of Hermann Hesse, Princeton 1965.

Personenregister

329

Bildquellen

Inhalt

Renate Hartleb
KARL HOFER

Mit 32 Abbildungen
Band 1118 · Broschur 3,– M

Karl Hofer (1878–1955) gehört, ähnlich wie z. B. Oskar Kokoschka oder Max Beckmann, zu den großen Einzelgängern in der deutschen Malerei des 20. Jahrhunderts. Er ging sensibel und kompromißlos einen Weg der „Mitte", antwortete auf schlimme Erfahrungen mit konstruktiver Aktivität; sein Werk ist einerseits Mahnung und Warnung vor zerstörerischen Kräften, andererseits Sehnsucht nach Schönheit und Harmonie. Renate Hartleb beschreibt das Leben des Künstlers und deutet die Welt seiner Bilder.